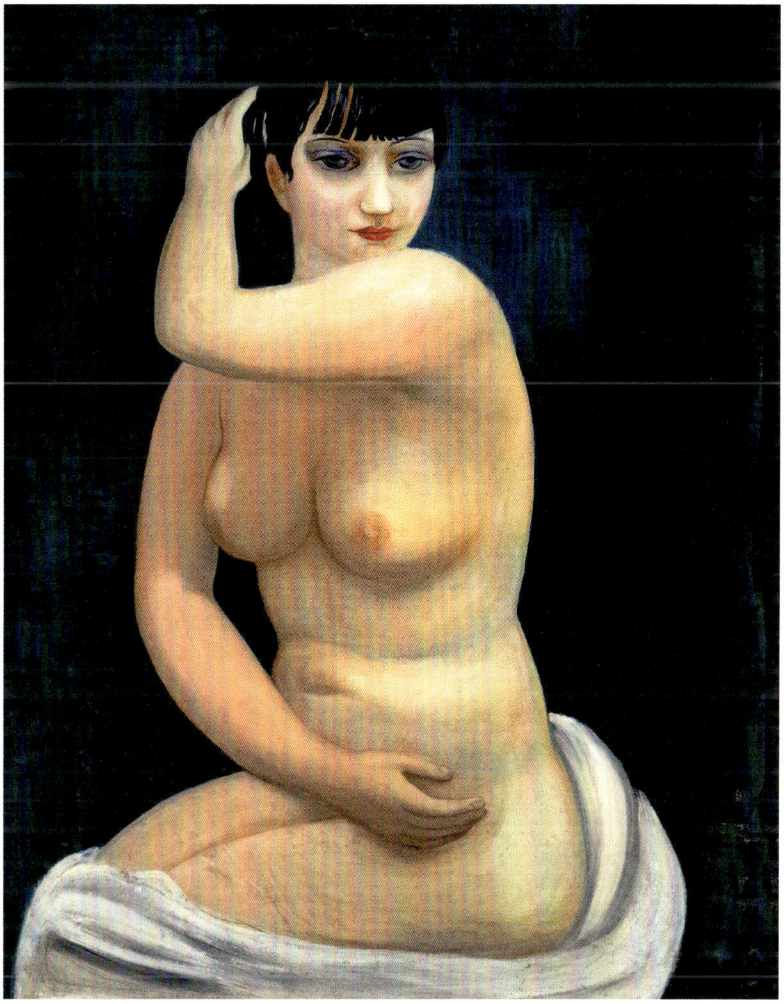

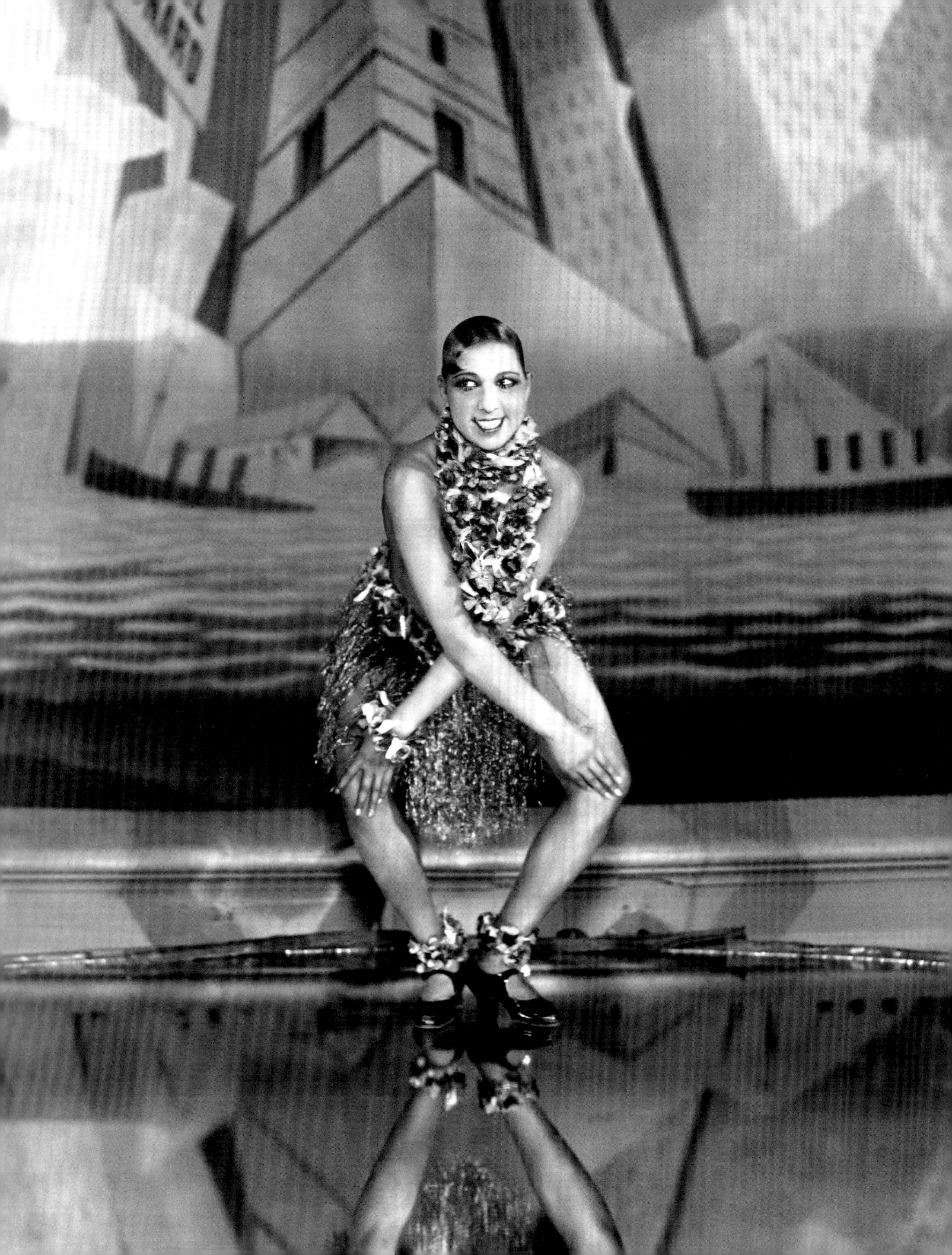

Rainer Metzger (Hg.)
Daniela Gregori, Carolin Meister,
Maik Novotny, Manja Wilkens

1920s Paris

TASCHEN

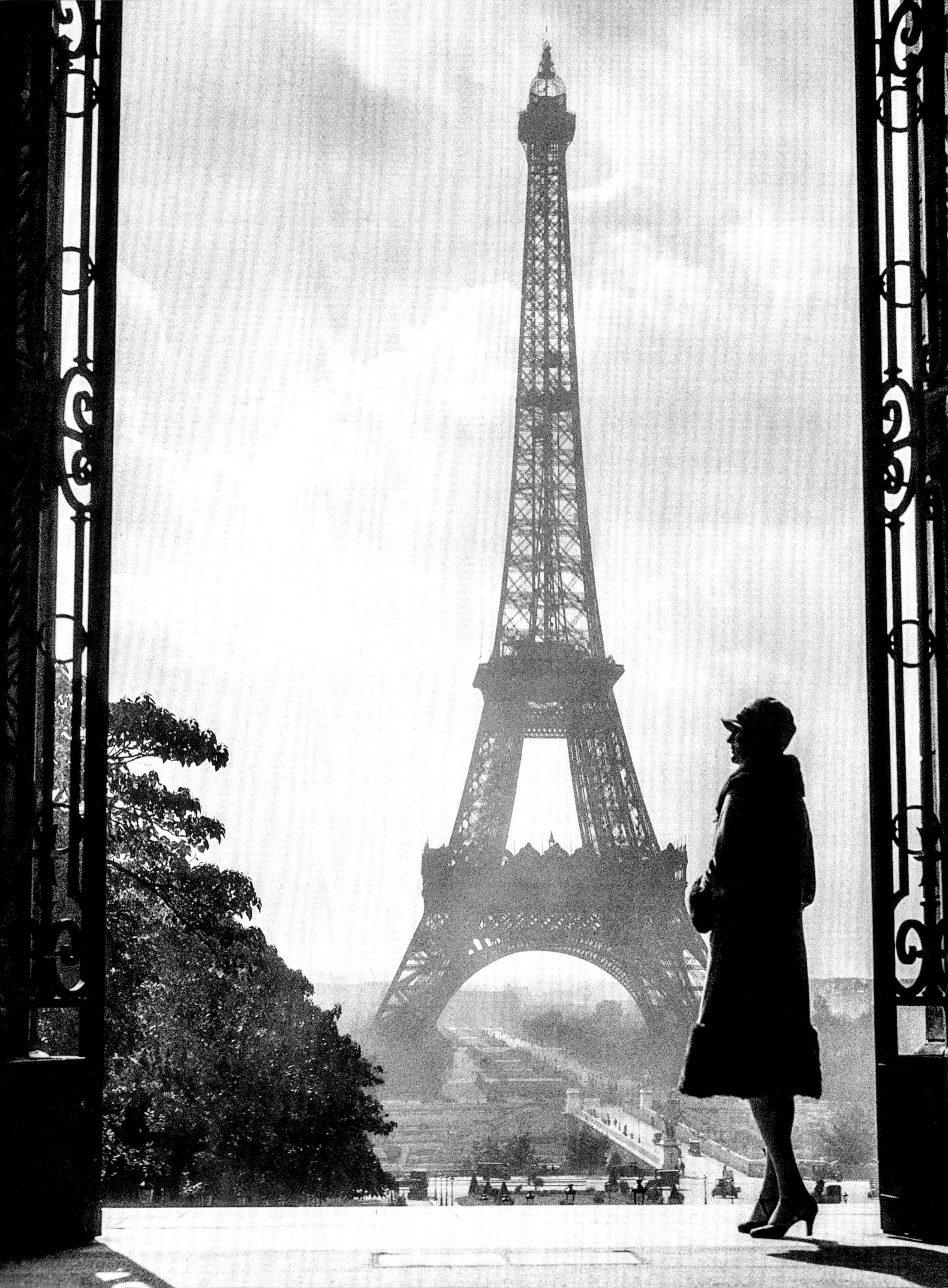

Inhalt

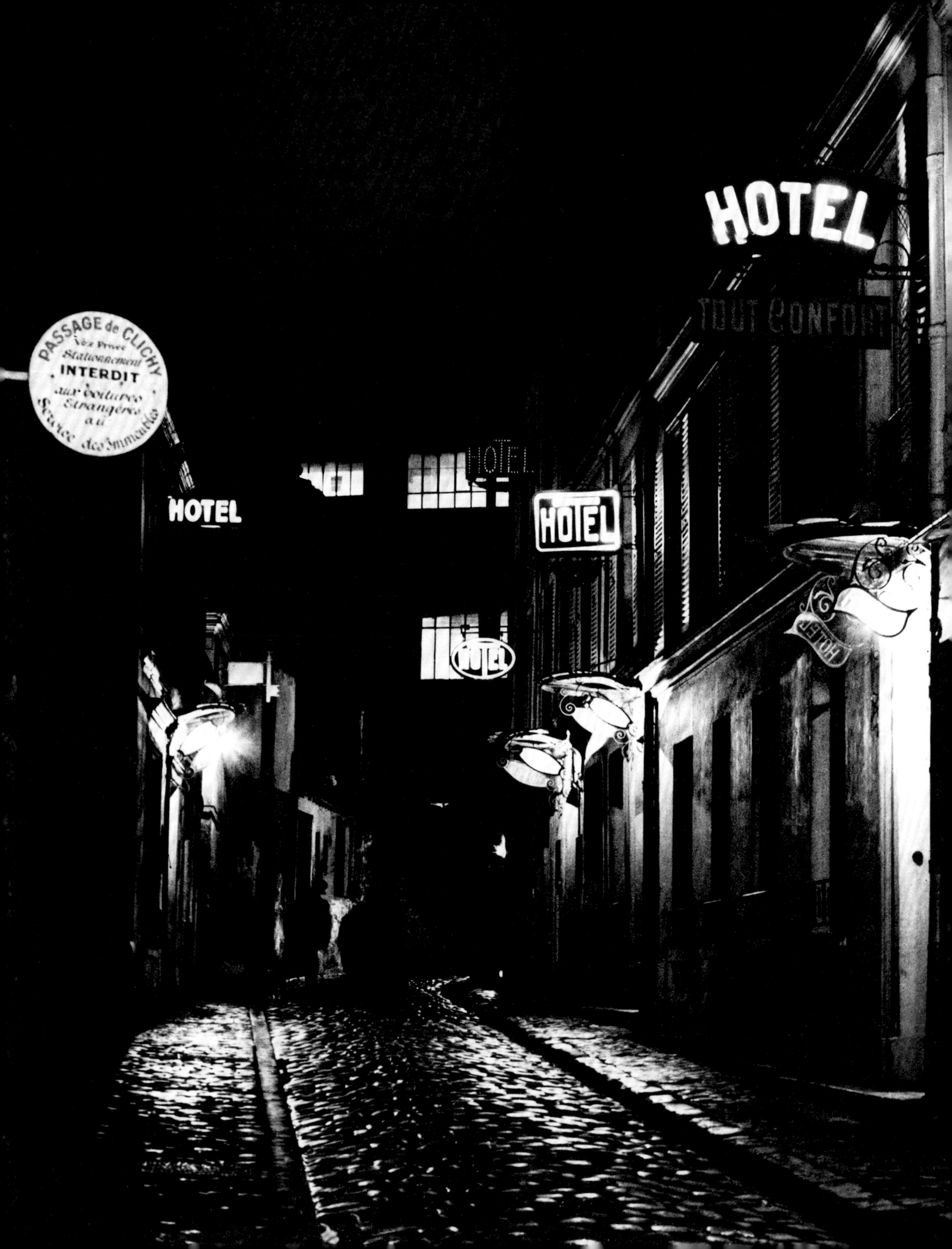
PASSAGE de CLICHY
INTERDIT
HOTEL
TOUT CONFORT
HOTEL
HOTEL
HOTEL
HOTEL

Klassische Moderne

Rainer Metzger

Elianes Zimmer war seltsamerweise nachts durch die Lichtreklame eines benachbarten Hauses erleuchtet. Große gelbe Buchstaben, die jede Minute dunkel und wieder hell wurden, priesen den Wert einer Schuhmarke. Selbst in den späten Stunden, wenn die Geräusche auf der Straße verebbten, drangen die Lichtkegel durch die Fensterläden bis zum Bettvorleger und zwangen Eliane, die Augen zu öffnen. Sie sagte zu sich: ‚Ich will versuchen, in den zehn Sekunden einzuschlafen, wenn es dunkel ist.' Und genau in dem Augenblick, wo sie den Schlummer nahen fühlte, brachte das starke Licht, hell wie eine Fanfare, sie wieder zu sich.

— JULIEN GREEN, TREIBGUT, 1932

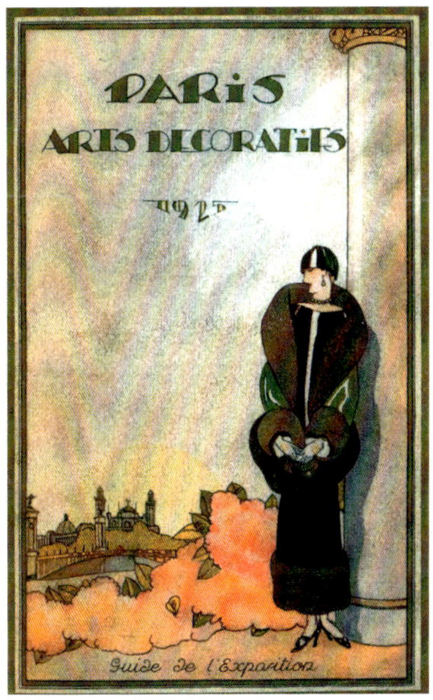

Exposition internationale des arts décoratifs et industriels modernes, 1925
Umschlagvorderseite des Ausstellungsführers

SEITE 1
Moïse Kisling
Kiki de Montparnasse, 1927
Öl auf Leinwand, 100 x 81 cm
Genf, Musée du Petit Palais

SEITE 4
H. Armstrong Roberts
Blick vom Trocadéro auf den Eiffelturm, Mai 1927

Brassaï
Passage Clichy, um 1930–32
Silbergelatine-Abzug
Paris, Grand Palais /
Fonds Gilberte Brassaï, Inv. N 27

Eliane

Paris ist die Stadt des Lichts, in all seinen Facetten. *La Ville des lumières* ist beschienen von der Sommersonne und der Elektrizität, doch es leuchtet auch in den Herzen und den Hirnen. Paris ist die Stadt der Rationalität, der Zivilisation, der guten Manieren und des feinen Umgangstons, und das seit Jahrhunderten. Doch die Aufklärung, die von hier ihren Ausgang nahm, hat eine Kehrseite, eine Dialektik. Wo Licht hinfällt, entsteht Schatten, gibt es Dunkelheit, und man sieht das Schauderhafte in all seiner Grellheit. Keine urbane Kultur, der die finsteren Stellen in den Seelen und in den Straßen präsenter wären als jene von Paris.

So spiegeln die abendlichen Einschlafnöte von Eliane, der Heldin ohne Nachnamen aus Julien Greens (1900–1998) Roman *Épaves* (*Treibgut*) von 1932, nicht nur einen Gemütszustand, sondern den Status quo einer Metropole. Grell wie eine Fanfare und düster wie die Nacht kommt sie im Stakkato daher. Das Vis-à-vis der Gegensätze zieht sich durch die Literatur, in der Paris – ob es will oder nicht – Milieu, Schauplatz, Tatort abgibt. Von jedem Dunkeln zum Hellen, von jeder Begierde zum Kalkül, mit jedem Abgrund hinter der Oberfläche tut sich eine Art Schockwirkung auf, derer man ebenso gewahr ist wie sie doch stets aufs Neue verwirrt. Noch ein Gegensatz, abermals in den Worten Julien Greens, des in Paris von amerikanischen Eltern geborenen Jahrhundertzeugen: „Die ganze Bosheit des Menschen, alles, was unrein und dem Glück feindlich war, hatte seinen Ursprung in der Seele. Der Körper war einfach und gut, und nie hatte sie [Eliane] so deutlich wie an diesem Abend die Unschuld des Fleisches begriffen."[1]

Diese buchstäblich unchristliche, und doch die Religion beschwörende Umkehrung des alten Leib-Seele-Dualismus ist typisch für die Pariser Kultur in den 1920er-Jahren. Ein Aufbegehren, das sich aus Traditionen speist: Ein wenig Blasphemie hilft vielleicht dabei, Planken zu schlagen über den Abgrund, der beschworen wird. „Nächte am hellichten Tage" beschreibt Louis Aragon (1897–1982) in einer der schönsten Hommagen an seine Stadt – in seinem 1926 skizzierten Porträt des Pariser Bauern. Der *Paysan de Paris*

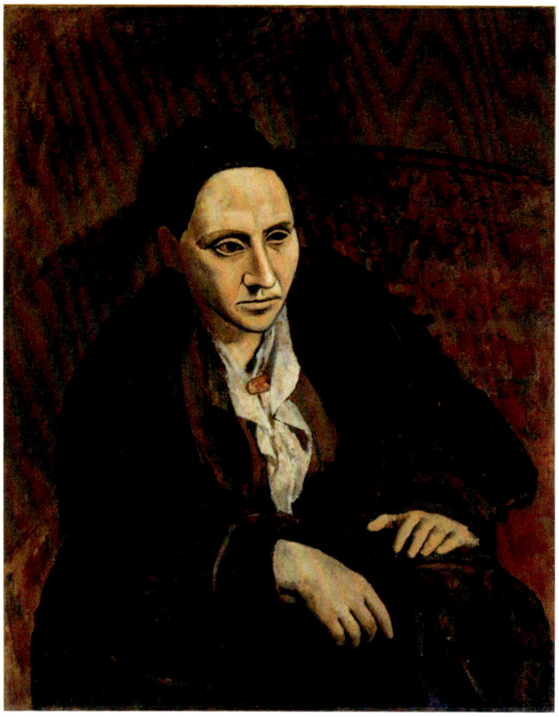

Pablo Picasso
Gertrude Stein, 1905/06
Öl auf Leinwand, 100 x 81,3 cm
New York, The Metropolitan Museum of Art, Bequest of Gertrude Stein, 1946

kann seine Rustikalität brauchen im Wüten des Elementaren, das herrscht in der Großstadt, Hauptstadt, Weltstadt. „Abenteuerliche, ernste Herzen" will Aragon rekrutieren, „die ihr nicht auf den Sieg aus seid, sondern in der Nacht einen Abgrund sucht, in den ihr euch stürzen könnt." [2] Eine *Reise ans Ende der Nacht* (*Voyage au bout de la nuit*) gelangt eben zu keinem Ende – Louis-Ferdinand Céline (1894–1961) konstatiert es unmissverständlich im vielleicht bedeutendsten Stück Literatur, das in diesen Jahren, nämlich 1932, in französischer Sprache erschienen ist. Und noch heute kommt ein Genre, das man Romantische Komödie nennt, an der Komposition von Mitternacht und Metropole nicht vorbei: Woody Allen (geb. 1935) jedenfalls muss seinen Film *Midnight in Paris* nennen, als er seine Nostalgie der Années folles oder Roaring Twenties im Jahr 2011 für diesmal an der Seine ansiedelt.

Die Sehnsucht, dem Dunklen ins Helle zu entkommen, entlarvt auch den deutlichsten Fingerzeig als vergeblich. Das Dauerdementi, das die Avantgarde der Jahre vor dem Weltkrieg angestimmt hatte, wird zurückgenommen im Wissen um die Melancholie, die ihm unausweichlich folgt. So tritt als einer der treuesten Wegbegleiter der künstlerischen Positionsbestimmungen in den 20er-Jahren ein Dichter auf, der vor mehr als einem halben Jahrhundert gestorben war. Charles Baudelaire (1821–1867), Lyriker, Kritiker, Ästhetiker von epochalem Format, gibt Wort- und Sinnspenden, wenn es gilt, Elan und Elendsgefühl zu versöhnen. Er gibt auch Titelspenden: Baudelaire hatte die Reststücke, die in seinem dichterischen Hauptwerk von 1857 *Les Fleurs du mal* (*Die Blumen des Bösen*) aus diversen Gründen – nicht zuletzt jenen der Zensur – unberücksichtigt geblieben waren, unter dem Motto *Épaves* (*Treibgut*) zusammengefasst. Und Baudelaire lieferte auch das Zauberwort für ein künstlerisches Programm, das seine Aktualität im Grunde bis heute bewahrt hat: Es kreist, so schreibt Baudelaire in seinem 1863 erschienenen Essay *Der Maler des modernen Lebens*, um „jenes Etwas, das ich mit Verlaub als die Modernität bezeichnen will; denn es bietet sich kein besseres Wort, um die in Rede stehende Idee auszudrücken. Es handelt sich [...] darum, von der Mode das loszulösen, was sie im Geschichtlichen an Poetischem, im Flüchtigen an Ewigem enthalten mag." [3]

In diesem Sinn huldigt Baudelaire in einem der bezauberndsten Gedichte seiner Anthologie einer *Vorübergehenden*, die er geliebt hätte, wäre nur nicht alles so schnell vorübergegangen auf dem Boulevard. Es reimt sich dabei *fugitive beauté* auf *éternité*, die flüchtige Schönheit rührt geradewegs ans Ewige. Und Baudelaire macht diese Honneurs in einem Sonett, der erotischen Gedichtform schlechthin, mehr als ein halbes Jahrtausend alt. Das tut der Modernität keinen Abbruch, im Gegenteil, das Hier und Heute verbindet sich mit dem Zeitlosen zur Aktualität über den Tag hinaus. Es ist, als wären die vielerlei Künstlerinnen und Künstler geradezu erleichtert, hier einen Gegensatz vorliegen zu haben, der sich überwinden ließ. Nach den Überhitzungen der Avantgarde tritt eine gewisse Reduziertheit auf den Plan, eine Nonchalance, die sich nicht scheut, ins historische Fach zu wechseln. Nach der *orthodoxen* Moderne der Vorkriegsjahre ergibt sich nun, was man eine *klassische* Moderne nennen kann.

Das *Klassische* ist dabei durchaus wörtlich zu nehmen. Der Großmeister des Bürger-Erschreckens, des *Épater le bourgeois*, Pablo Picasso (1881–1973), der einst der Welt die *Demoiselles d'Avignon* (1907) und insgesamt den Kubismus vorgesetzt hatte, nimmt mediterrane Formen auf, wird mittelmeerisch-heiter und erstellt ein Repertoire von ausgesucht antikischer Monumentalität. Desgleichen André Derain (1880–1954): Einst als Wilder, als *Fauve* geschmäht, nimmt er sich seinerseits die menschliche Figur vor, um sie in ihrer Gestalt, ihrer Stattlichkeit und selbstverständlichen Gegebenheit zu untersuchen (Abb. S. 9). Deformation hatte die künstlerischen Erkundungen davor geleitet; nun geht es um Formation. Igor Strawinsky (1882–1971), der seit 1920 in Frankreich lebende russi-

UMSCHLAGVORDERSEITE
Tamara de Lempicka
Junges Mädchen in Grün (Detail), 1927–30
Öl auf Holz, 61,5 x 45,5 cm
Paris, Centre Pompidou – Musée national d'art moderne – Centre de création industrielle

UMSCHLAGRÜCKSEITE UND SEITE 2
Josephine Baker im Varietétheater Folies Bergère, 1928

André Derain
Harlekin und Pierrot, 1924
Öl auf Leinwand, 175 x 175 cm
Paris, Musée de l'Orangerie, Collection Jean Walter et Paul Guillaume

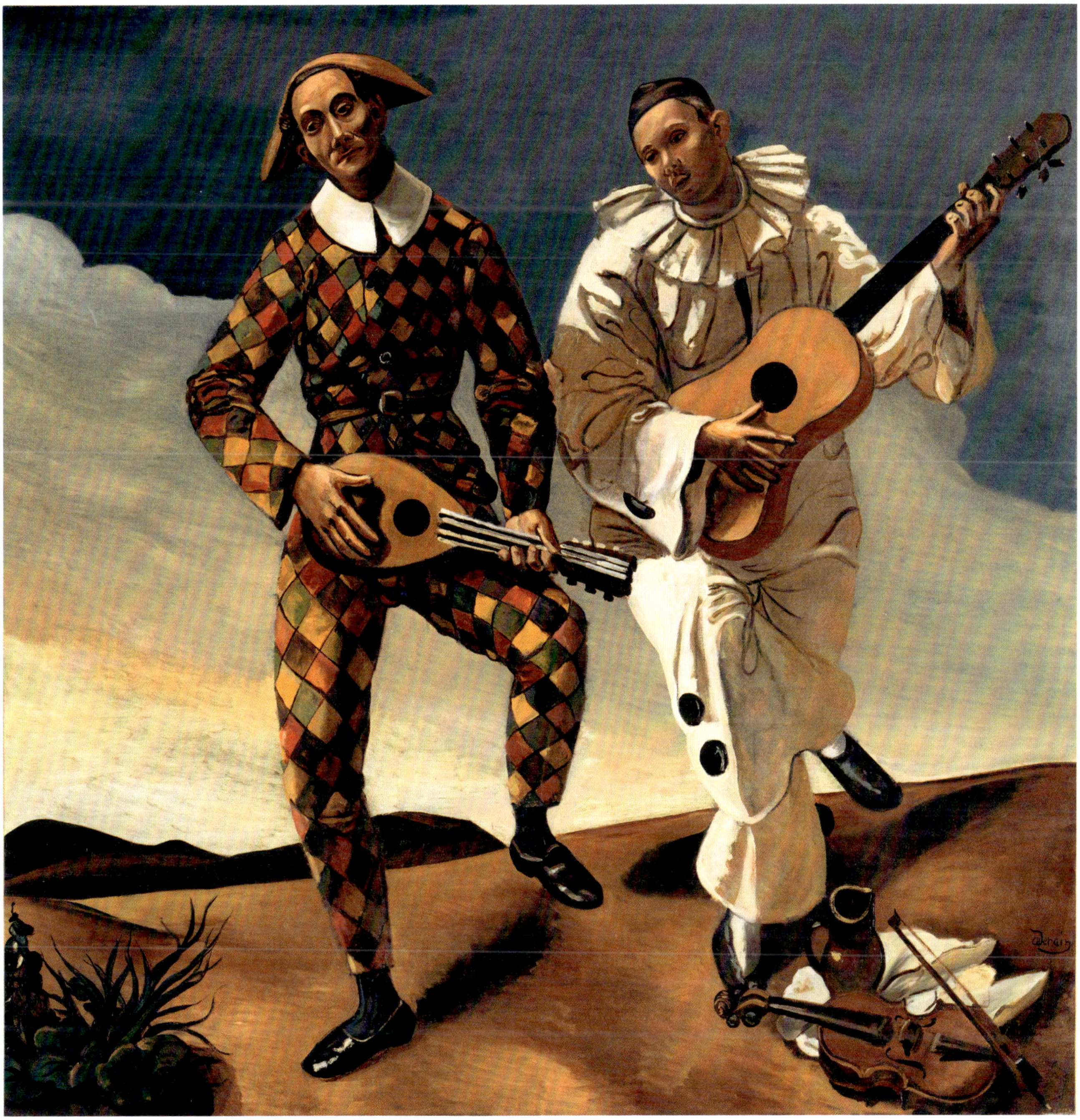

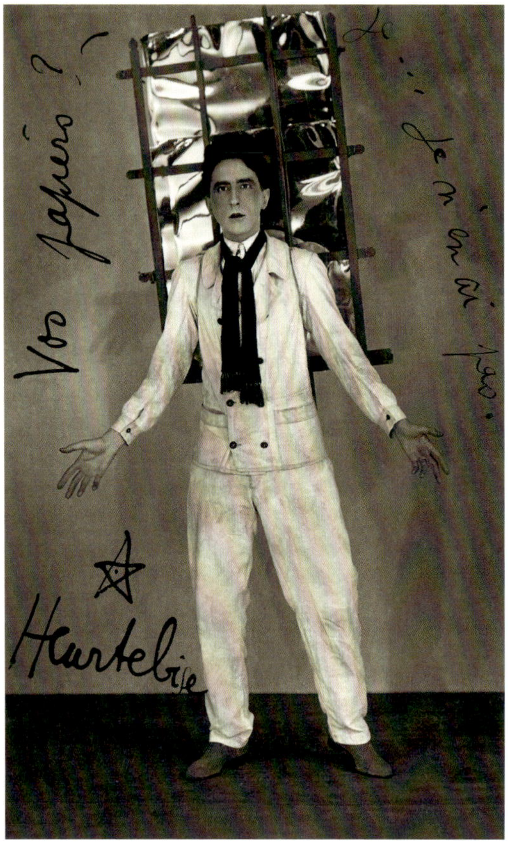

Man Ray
Cocteau als Heurtebise im Theaterstück *Orphée*, 1927
Fotografie, 38 x 28 cm

sche Komponist, findet in die Tonalität zurück und sein Ballett von 1927 rankt sich um *Apoll den Musenführer*. Desgleichen die Poesie, auch sie nimmt sich antike Mythen vor. Jean Cocteau (1889–1963) zum Beispiel, der Impresario der innovativen Tendenzen der Zeit, steter Begleiter, Vermittler und Schöngeist, lässt *Orpheus* 1926 in ein Bühnenstück (und 1949 in einen Film) eingehen. Ins Schema passt auf seine Weise auch *Ulysses*, der 1922 publizierte Schlüsselroman der Moderne. Sein Verfasser James Joyce (1882–1941) war 1920 in Paris sesshaft geworden.

Cocteau findet das treffende Wort für diese neue und darin uralte, für diese ebenso aktuelle wie zeitlose Aufmerksamkeit fürs Klassische. Er prägt 1926 den Begriff *Rappel à l'ordre*. Es hat in der Tat etwas von einem Ordnungsruf, dem hier gefolgt wird. Man überlässt sich einer gewissen Routine, ganz im Vertrauen auf das Ausgesuchte der Wahl. Momente des Überraschenden, Grenzenüberschreitenden, Transgressiven bleiben dabei gewahrt, Irritation darf sich durchaus breitmachen. Aber derlei Schockhaftigkeiten werden nun deutlich geringer dosiert. Der Einbruch des Klassischen ist jedenfalls eines der beständigsten Merkmale dieser Pariser Modernität.

Vielleicht findet sich an ungewöhnlicher Stelle eine Erklärung für diesen Appell, sich im Namen und im Rahmen der Kultur zusammenzunehmen. Sie stammt aus dem *Tagebuch 1946–1949* des Schweizer Schriftstellers Max Frisch (1911–1991). Sein Argument ist schlagend: „Die Lust, Paris zu skizzieren, erstirbt doch immer wieder im Bewußtsein, wer alles es schon getan hat und dazu meisterlich. Kaum in Briefen wagt man es, jeder kennt es, jeder liebt es, die Luft ist voll vom Gespräch erlauchter Geister, die keinen Partner brauchen. Am Vormittag war ich an der Seine, Bücher blätternd, wie es Millionen vor mir getan haben. Es gibt nichts in dieser Stadt, was nicht Millionen schon getan haben, gesehen, gemalt, geschrieben, gelebt.“ [4] Es ist das Fluidum der Stadt, ihr Aroma, ihr Esprit. Mit dem klassischen Begriff: der Genius Loci. Wer hat sich nicht an ihm abgearbeitet!

Rrose

„Es war die Zeit der Sechsundzwanzigjährigen. Während der folgenden zwei oder drei Jahre waren alle jungen Männer sechsundzwanzig Jahre alt.“ [5] Diejenige, die das schreibt, ist etwas älter, sie ist eine Frau und sie ist Amerikanerin. Gertrude Stein (1874–1946) hält Rückschau auf ein Jahrzehnt der Jugendbewegtheit, wie sie noch jede Moderne ausmacht. *Autobiographie von Alice B. Toklas* sind ihre 1933 erschienenen Erinnerungen betitelt, und sie geben durchaus zeittypisch vor, aus der Feder ihrer Lebensgefährtin und buchstäblich besseren Hälfte Alice (1877–1967) zu stammen. Diese ist vor allem als Verfasserin eines Kochbuches in die Kulturgeschichte eingegangen. Die Damen Stein und Toklas sind die großen Salonièren der Stadt, bei denen sich die Avantgarden die Klinke in die Hand gaben. 1906 hat der damals 25-jährige Picasso Miss Stein in ein Porträt, dauerhafter als Erz, gegossen (Abb. S. 8). Zwei Jahrzehnte später sind es immer noch die 26-Jährigen, die ihr die Aufwartung machen. Einer davon ist Ernest Hemingway (1899–1961).

Dass sich speziell die 1920er-Jahre als Glanzzeit von Paris präsentieren – Konkurrenten wären allemal die Jahre um 1860 und jene um 1900 –, hat viel mit der amerikanischen Community zu tun, die sich damals in der französischen Hauptstadt ihr Stelldichein gibt und wortreich darüber berichtet. Vertrieben von der Prohibition, angelockt vom billigen Franc und umwölkt vom Nimbus der Stadt lebt man aus Übersee kommend sein spezielles Leben der Boheme. *Ein Fest fürs Leben* (*A Moveable Feast*) sind Hemingways Spurensicherungen des Damals betitelt. Das Buch wird, aufbauend auf Material, das sich eines Tages im Hotel Ritz finden wird, erst in den 1950er-Jahren publiziert, doch es bestätigt, was man immer schon wusste oder zumindest fühlte: „Paris geht niemals zu Ende […] Wir sind immer dorthin zurückgekehrt, egal, wer wir waren oder wie es sich verändert

Marcel Duchamp und Man Ray
Marcel Duchamp als Rrose Sélavy, um 1920/21
Silbergelatine-Abzug, 21,6 x 17,3 cm
Philadelphia Museum of Art, The Samuel S. White 3rd and Vera White Collection

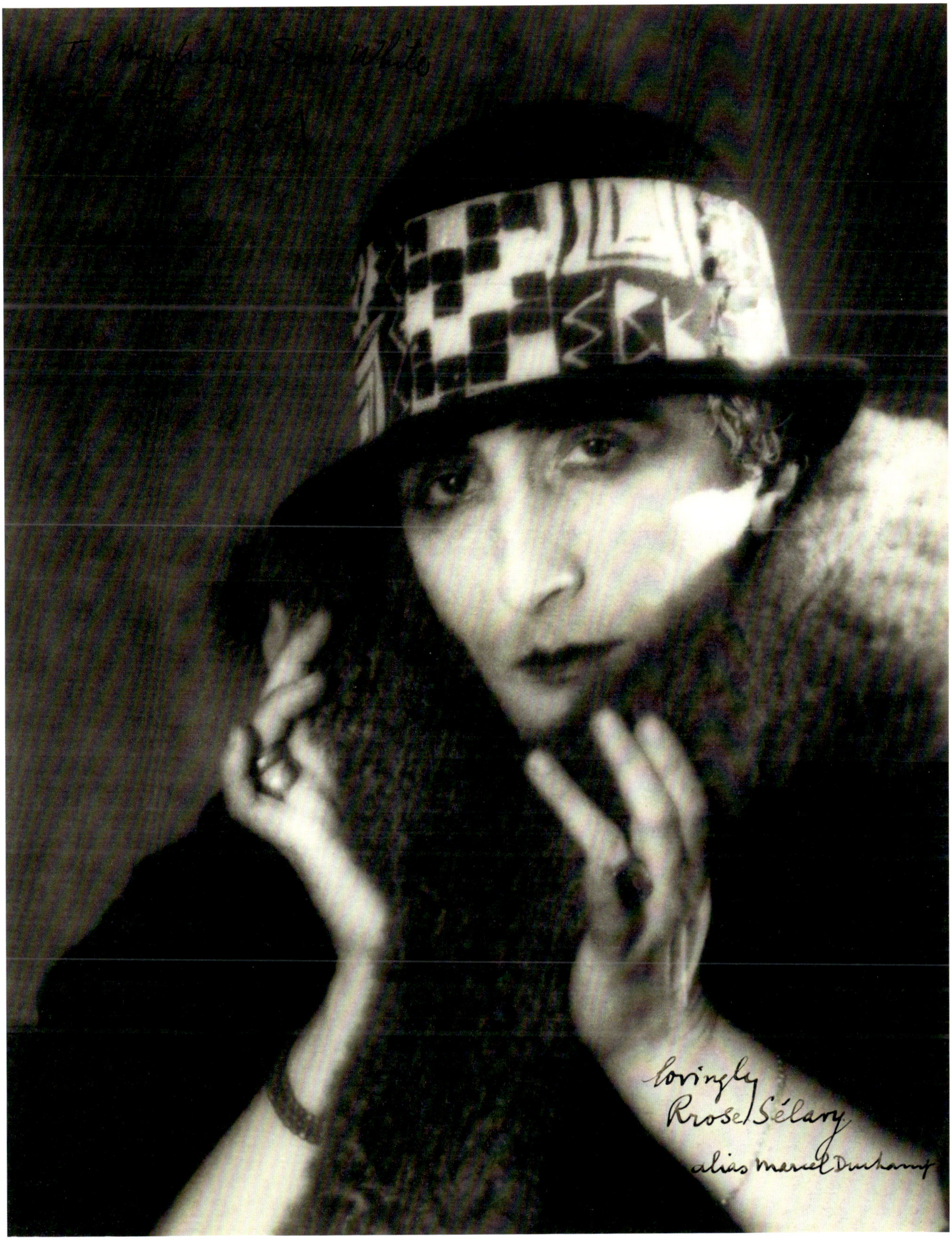
lovingly
Rrose Sélavy
alias Marcel Duchamp

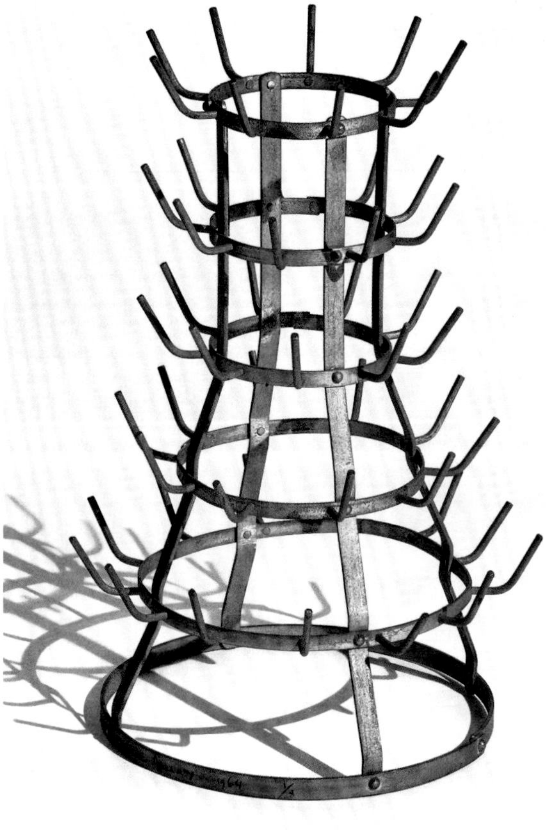

Marcel Duchamp
Flaschentrockner, 1914/1964
Readymade, verzinkter Stahl,
Höhe 62,20 cm, Ø 37 cm
Original verloren, nummerierte Edition,
Galleria Schwarz, Mailand
Staatsgalerie Stuttgart

hatte [...] Es hat sich immer gelohnt, und wir bekamen immer etwas zurück für das, was wir mitgebracht hatten.“ [6]

Unter ihren Landsleuten sind es vor allem Literaturschaffende wie Francis Scott Fitzgerald (1896–1940) oder Ezra Pound (1885–1972), die bei Gertrude Stein verkehren. Sie hat für sie den Begriff „Verlorene Generation“ parat, den Hemingway vehement zurückgewiesen hat, der sich indes eingeschrieben hat in die Schilderungen des Milieus. Bei Fitzgerald muss unbedingt Zelda (1900–1948) erwähnt werden, seine Frau und ihrerseits ebenso begabte wie gefährdete Literatin. Ehegattinnen indes dürfen nicht an den Tisch von Miss Stein – sie werden in die Küche zu Alice verfügt. Gertrude Stein, bei der der Name Joyce, als wäre er Konkurrent, auf dem Index stand, pflegt heldinnenhaft ihre Verkanntheit und damit ihre Allüren. Der Pariser Reflex von Hell zu Dunkel und wieder zurück findet bei ihr eine spezielle Personifizierung.

26 Jahre alt war Marcel Duchamp (1887–1968), als er mit einer schlichten Geste die Moderne revolutionierte. Im Jahr 1913 ging er in ein Kaufhaus namens Bazar de l'Hôtel de Ville, besorgte sich dort einen handelsüblichen Flaschentrockner und machte aus ihm Kunst, indem er ihn, zunächst nur im Atelier, als Skulptur inszenierte (Abb. S. 12). Das Ready-made war geboren. Vor dem Ersten Weltkrieg sollte Duchamp dann 1915 in die USA ausweichen und damit die Gegentendenz zu den diversen Emigrationen nach Europa verkörpern. Gertrude Stein sieht in ihm gleichwohl eines der „vollendetsten Beispiele dieses französischen Charmes“ [7]. Ab 1919 ist Duchamp, mit Stippvisiten in beide Richtungen, wieder in Paris. Er wird zum ungekrönten König einer Bewegung, die Monarchisches ebenso ablehnt wie überhaupt alles, was mit Hierarchie zu tun hat. Sie kleidet sich in den Begriff Dadaismus.

Dada war kein primär Pariser Phänomen. Eher muss man Dada in Zürich verorten, denn die Schweiz war so ziemlich das einzige Land, das sich dem großen europäischen Schlachten versagte. Es kamen Pazifistinnen und Pazifisten aus allen Teilen des Kontinents und kleideten ihren Protest in Provokation. Der Weltkrieg hatte die Zivilisation endgültig in den Orkus gefegt. Das Hauptsächliche, was es zu tun gab, war nun die Demonstration von Bedeutungslosigkeit. Dada war Geste, war Auftritt, war das notorische Ausloten von Transgression. Dada überschritt Grenzen, von deren Nicht-Existenz man zugleich überzeugt war. Schließlich hatte der Krieg den universalen Nonsens längst vorgeführt. So blieb Dada letztlich jene Nische, in der die Vorführung von Sinnlosigkeit doch mit Sinn besetzt wurde: Dada war Kunst.

In dieser Eigenschaft gelangt Dada nach Paris und verpasst sich ein Suffix, dank dessen sich immer schon alles einordnen ließ. Dada wird Dadaismus. Sein Wortführer kommt aus Zürich, und ist noch nicht einmal 26, als er sich im Januar 1920 in der Hauptstadt niederlässt: Tristan Tzara (1896–1963). Wie es sich für einen Ismus gehört, schreibt Tzara ihm ein Manifest. Darin wird erklärt, was es mit der Sinnlosigkeit auf sich hat. Bald wird Tzara reich heiraten und sich 1926 vom Wiener Großmeister des architektonischen Modernismus Adolf Loos (1870–1933) am Montmartre ein in allen Belangen repräsentatives Haus bauen lassen (Abb. S. 13). Tzaras Gefolgschaft wird aus all dem die Konsequenz ziehen und den einzigen Ismus kreieren, der genuin in die Pariser 1920er-Jahre gehört: den Surrealismus. Dieser wird nicht von der Provokation lassen, aber sich auch nicht mit der Außenseiterschaft abfinden. Vielleicht ist es ein zentraler Mechanismus von Kunst, Verweigerung mit Verzauberung anzureichern. Im Surrealismus gelangt dieser Mechanismus zur Vollendung.

Bei Duchamp ebenso. Zu all seinen freihändigen, ironisch-zynischen Inszenierungen, die die Kunstgeschichte in den folgenden Jahrzehnten zum Kanon erhoben hat, gehört der Rollentausch. So gibt er sich im Jahr 1920 eine neue Identität im Sinn von – wie man heute sagen würde – Transgender. Marcel Duchamp wird „Rose Sélavy". Das ist der Name, mit dem er einige der Gegenstände, die unter seiner Hand zu Werken werden, signiert. *Fresh Widow* (1920, Museum of Modern Art, New York) etwa, das zum einen ein Fenster ist, und das zum anderen ein Wortspiel im Titel trägt, bezieht es sich doch auf das französische Fenster, das *French Window*. Ein wenig schlüpfrig ist es dabei geworden, die frische Witwe gibt sich jedenfalls bereit. Im Sinn einer solchen Koketterie mit der Umgangssprache, dem Argot, verdoppelt Duchamp das R seines augenzwinkernden Pseudonyms: Rrose Sélavy (Abb. S. 11) heißt es nun, und es verdoppeln sich auch die Anspielungen: „Eros, c'est la vie" lässt es sich aussprechen, aber es lädt auch zu „arroser la vie" ein, das Leben begießen. So ist es, das Leben: Duchamp versieht die Hochkultur mit einer Perspektive von unten.

Aber die Rose, die das Leben ist, ergibt auch eine Hommage an eine der hübschesten Nachreden, die sich um Paris ranken. Schließlich ist sie die Stadt des „la vie en rose", wie Edith Piaf (1915–1963) es unvergesslich auf den Punkt bringt. Paris ist die „Dame in rosa Papier", schreibt der deutsch-französische, nach Kriegsende von Zürich nach Paris übergesiedelte Dichter Yvan Goll (1891–1950). Und Gertrude Stein verfasst hier jene

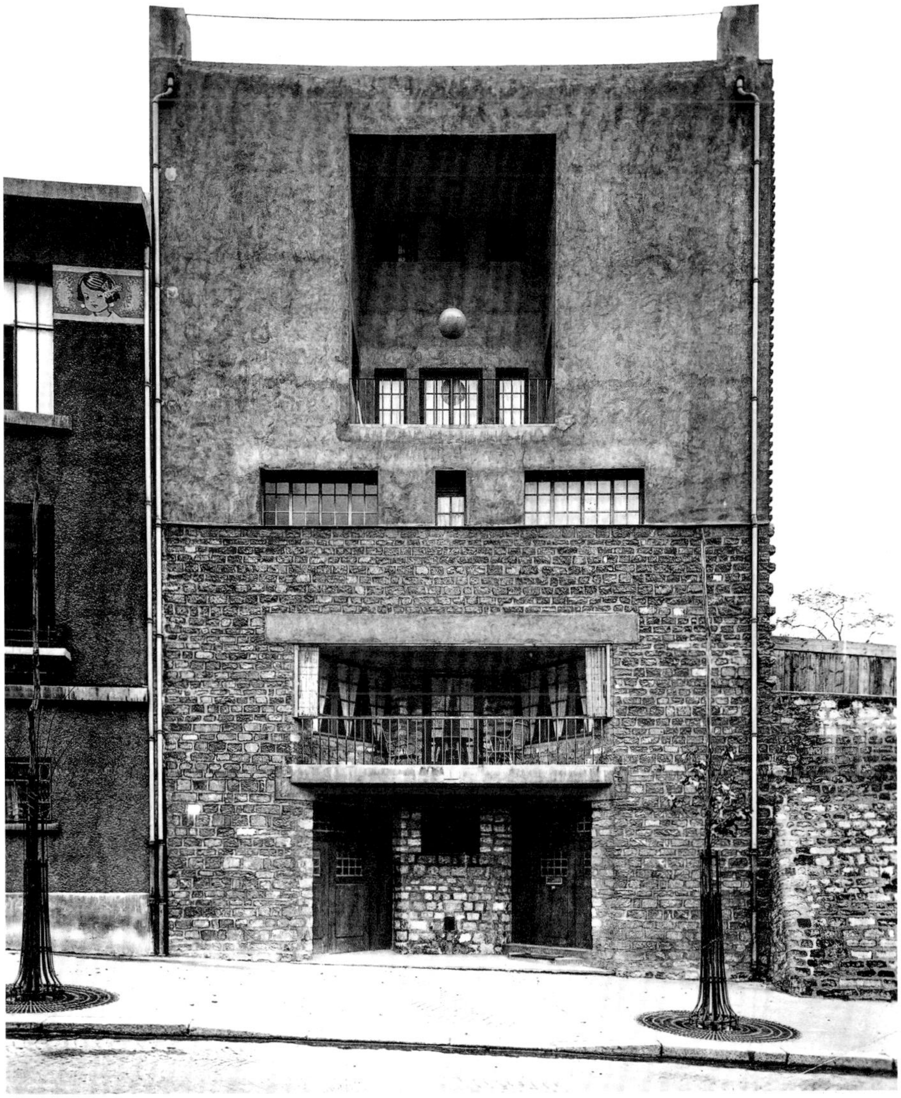

Adolf Loos
Haus Tzara auf dem Montmartre,
Avenue Junot, 1926
Fotografie von Martin Gerlach jun., 1930
Wien, Albertina

1922 erstmals veröffentlichte Zeile, die vielleicht die berühmteste aus ihrer Feder ist: „A ROSE IS A ROSE IS A ROSE IS A ROSE", wobei poetischerweise offenbleibt, wer oder was damit gemeint ist. Duchamp jedenfalls nimmt seine Rolle der Rose ernst und lässt sich in ausgesuchter Femininität fotografieren (Abb. S. 11). Porträtiert wurde er von einem amerikanischen Freund, den er überredet hatte, ihn nach Europa zu begleiten. Man Ray (1890–1976) wird ab 1921 zu einer der Schlüsselfiguren der Künstlerszene: Von allen, die aus Übersee in Paris anlanden, ist er wohl die zentrale Figur.

Kiki

Am 14. Juli 1921, passend zum Nationalfeiertag, betritt Man Ray französischen Boden. Der Amerikaner Emmanuel Radnitzky, so sein Geburtsname, ist russisch-jüdischer Herkunft, und diese Facette seiner Biografie passt vortrefflich in das Milieu, in das er nun eintritt. In Paris verschlägt es ihn in das Viertel, das schier überquillt von jungen, hoffnungsvollen, ihrer Meisterschaft ein wenig unsicheren und vor allem bettelarmen Existenzen, deren Wurzeln vielfach im Osten Europas liegen (Abb. S. 45, 60, 70). Das Viertel ist der Montparnasse. Im Süden der Stadt gelegen, löst er jenen anderen Berg ab, der in der Vorkriegszeit die Boheme angelockt hatte, den Montmartre. Auch die Galionsfigur des künstlerisch Menschenmöglichen, Picasso (Abb. S. 37, 95), war in der Zwischenzeit vom Märtyrerberg zum Parnassberg und damit von rechts der Seine nach links gewechselt. Bei ihm bedeutet das eine profunde Verbesserung. Der Reichtum, zu dem Picasso es in der Zwischenzeit gebracht hatte, wird für die vielen, die auf dem Montparnasse erwartungsvoll vor sich hinarbeiten, indes noch ein wenig auf sich warten lassen. Man Ray immerhin findet sich schnell aufgenommen in jenen Kreis, der bald den Surrealismus ausmachen wird. Und er findet schnell ein Mädchen, eine Geliebte, eine Lebensgefährtin,

André Kertész
Kiki de Montparnasse, 1927
Silbergelatine-Abzug, 9 x 12 cm
Charenton-le-Pont, Médiathèque de l'Architecture et du Patrimoine

Brassaï
Kiki de Montparnasse und ihre Freundinnen Thérèse Treize de Caro und Lily, 1932
Silbergelatine-Abzug
Privatsammlung

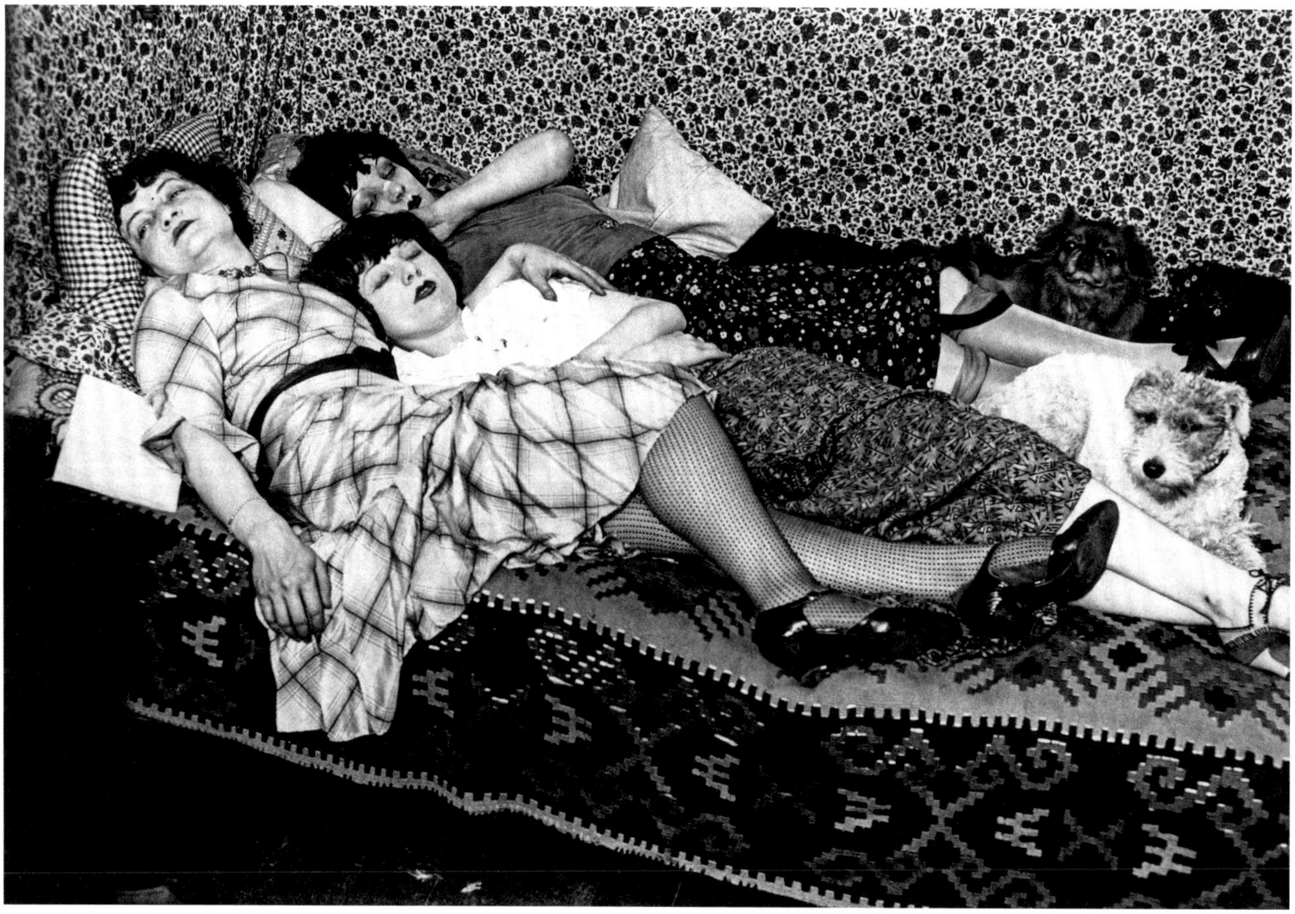

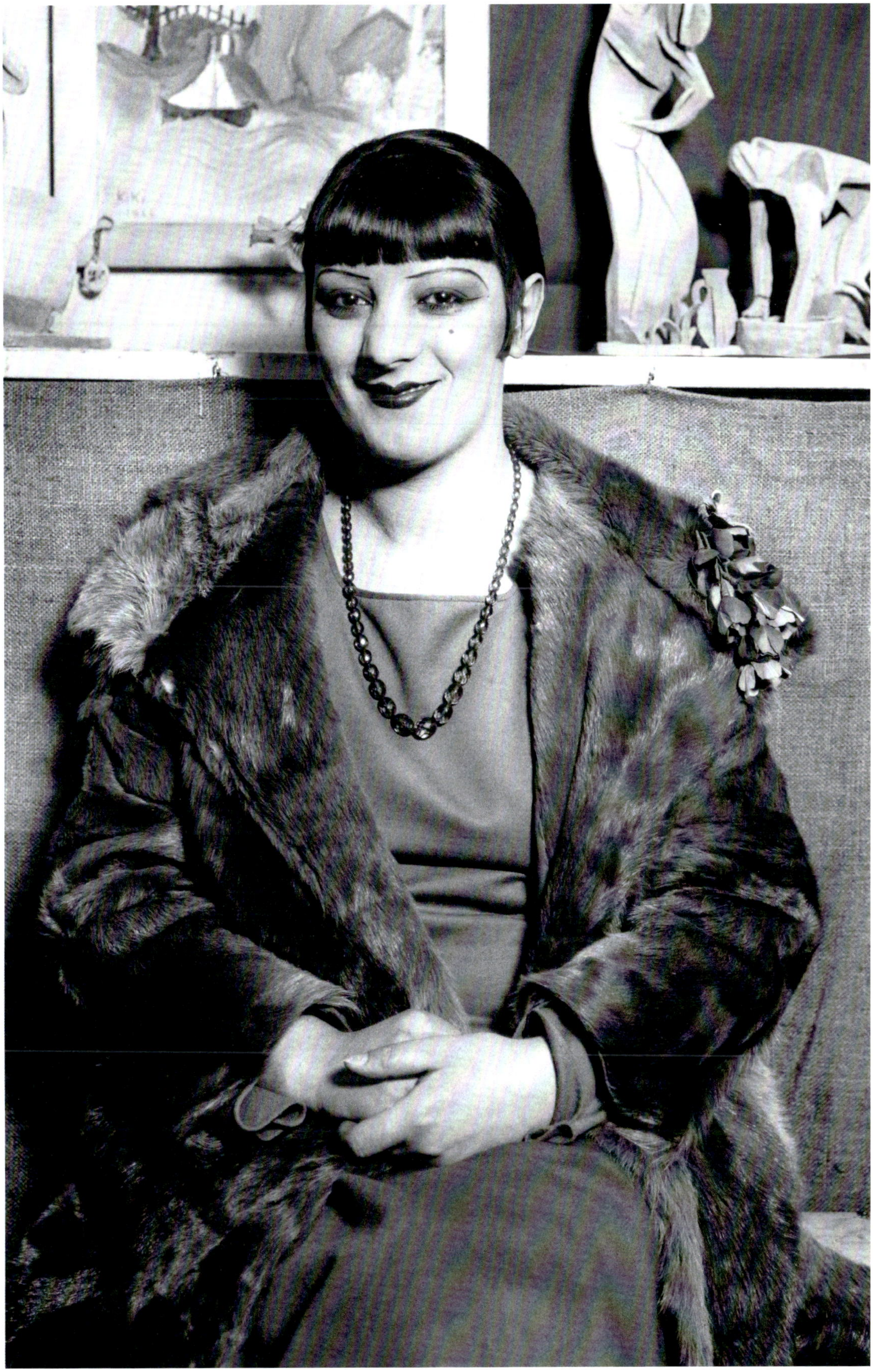

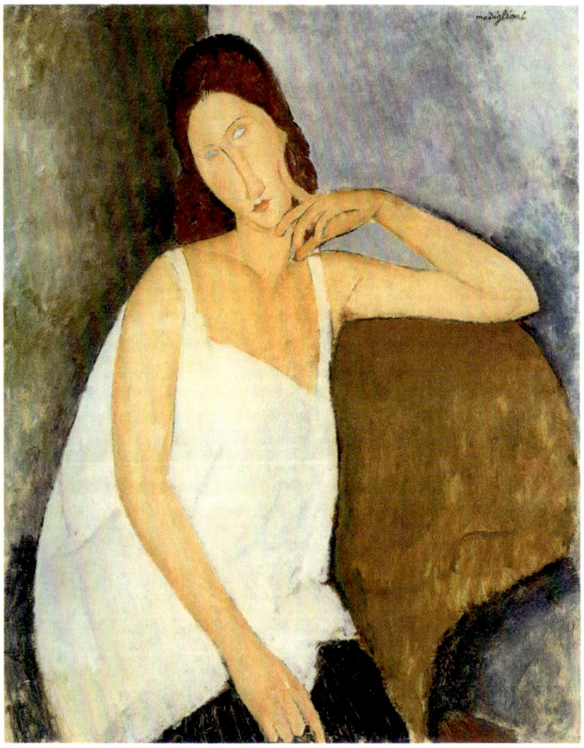

Amedeo Modigliani
Bildnis Jeanne Hébuterne, 1918
Öl auf Leinwand, 91,4 x 73 cm
New York, The Metropolitan Museum of Art, Gift of Mr. and Mrs. Nate B. Spingold, 1956 (56.184.2)

die es ihrerseits zu Berühmtheit bringen wird: Alice Prin (1901–1953) heißt sie, doch hat sie einen Künstlerinnennamen: Sie nennt sich Kiki, angereichert mit einem Toponym: de Montparnasse.

Nicht nur dem amerikanischen Fotografen ist Kiki Modell und Muse, sondern ebenso dem japanischen Porträtisten Tsuguharu Foujita (1886–1968), dem polnisch-jüdischen Maler Moïse Kisling (1891–1953; Abb. S. 1) und auch dem amerikanischen Bildhauer Alexander Calder (1898–1976). Die Verehrer sind so international, wie es die Szene ist. Gemeinsam beziehen Kiki und Man Ray ein Hotelzimmer am Montparnasse. Man muss sich das ungefähr so vorstellen: „Das Zimmer lag am Ende eines langen, finsteren Ganges. In einer Ecke ein *grand lit* und ein Nachttisch. Vor dem Kamin ein abgewetzter Sessel, vor dem Fenster ein Tischchen. Ein ausgefranster Teppich. Vom Zimmer aus kam man direkt zum Klosett. Das Marmorwaschbecken aus archaischen Zeiten, wie man es nur noch in Zugtoiletten findet. Es war vollkommen verstopft: Das Wasser floß nicht ab. Ich stocherte lang mit einer Haarnadel darin herum; Gestank stieg auf." [8] Diese Beschreibung stammt von Elsa Triolet (1896–1970), Russin von Geburt, Schriftstellerin und spätere Aktivistin der kommunistischen Internationale, die damals mit Louis Aragon zusammenlebt, in einem ähnlichen Hotel, ausgestattet mit ähnlich kargen Ressourcen. Bohème ist das Wort für diese Verhältnisse. Man weiß um die künstlerische Mission, die man in die Welt zu tragen hat; diese Welt allerdings zeigt sich unbeeindruckt. Man ist ästhetisch verkannt, psychologisch missachtet und ökonomisch ausgebrannt. Doch geht die felsenfeste Überzeugung einher, dass sich diese Ärmlichkeit verlassen ließe. Qualität würde sich schließlich durchsetzen.

Elsa Triolet war einst, in Russland noch, von Viktor Shklovsky (1893–1984) verehrt worden. Neben Baudelaire ist Shklovsky der vielleicht wichtigste Stichwortgeber für die Tendenzen, die die kulturelle Aufbruchsstimmung seinerzeit ausmachten. Von Shklovsky stammen Begriff und Idee der „Verfremdung". Erstmals 1917 in einem Text mit dem Titel *Kunst als Verfahren* formuliert, meint er die Intensivierung des Lebens, jene Einheit mit der eigenen Existenz, die den darbenden Gestalten ihr Elixier gab: „Um nun die Empfindung des Lebens wiederzugewinnen, die Dinge wieder zu fühlen, den Stein steinern zu machen, gibt es das, was wir Kunst nennen. Ziel der Kunst ist es, ein Empfinden für die Dinge zu vermitteln, das sie uns sehen und nicht nur wiedererkennen läßt; ihre Verfahren sind die ‚Verfremdung' der Dinge und die erschwerte Form." [9] Die Kunst ist ein Verfahren, so steht es schon in der Überschrift. Sujets – der Kubismus mit der Schlichtheit seiner Porträts oder Stillleben hat es vorgeführt – treten in den Hintergrund. Wichtig wird, wie man es anstellt, diese Sujets auf der Leinwand, im Stein oder auch auf der Bühne zu platzieren. Ein zentraler Gegensatz in der Kunst der Moderne ist hier abgesteckt: der zwischen Motiv und Methode. Diese wird immer wichtiger, während jenes mehr und mehr zum Vorwand gerinnt.

Die Erfahrung des Ersten Weltkrieges war kein Privileg des Dadaismus. Allen steckte er in den Eingeweiden, vor allem auch den Einheimischen. Avantgarde-Vorkämpfer wie Derain oder der Kubismus-Veteran Georges Braque (1882–1963) kamen wenn nicht an Gliedern so am Haupt versehrt nach Hause. Der Dichter Guillaume Apollinaire (1880–1918) fiel dem Schlachten zum Opfer. Er war eine wichtige Integrationsfigur und nach seinem Tod eine Art Fokus im künstlerischen Bestreben, etwas wieder gutzumachen nach vier Jahren sinnlosem Hauen und Stechen. Die Ausdrucksformen mögen sich geändert haben nach 1918, bemerkbar vor allem in der allenthalben um sich greifenden Suche nach dem Klassischen. Insbesondere hat eine Personalisierung, eine Individualisierung stattgefunden. Die einzelnen Positionen kleiden sich nicht mehr in die mit -ismus endenden Kampfbegriffe. Das Kollektive ist gründlich in Abrede gestellt. Was man künstlerisch

Chaïm Soutine
Geschlachteter Ochse, 1926
Öl auf Leinwand, 116,2 x 80,7 cm
The Minneapolis Institute of Arts

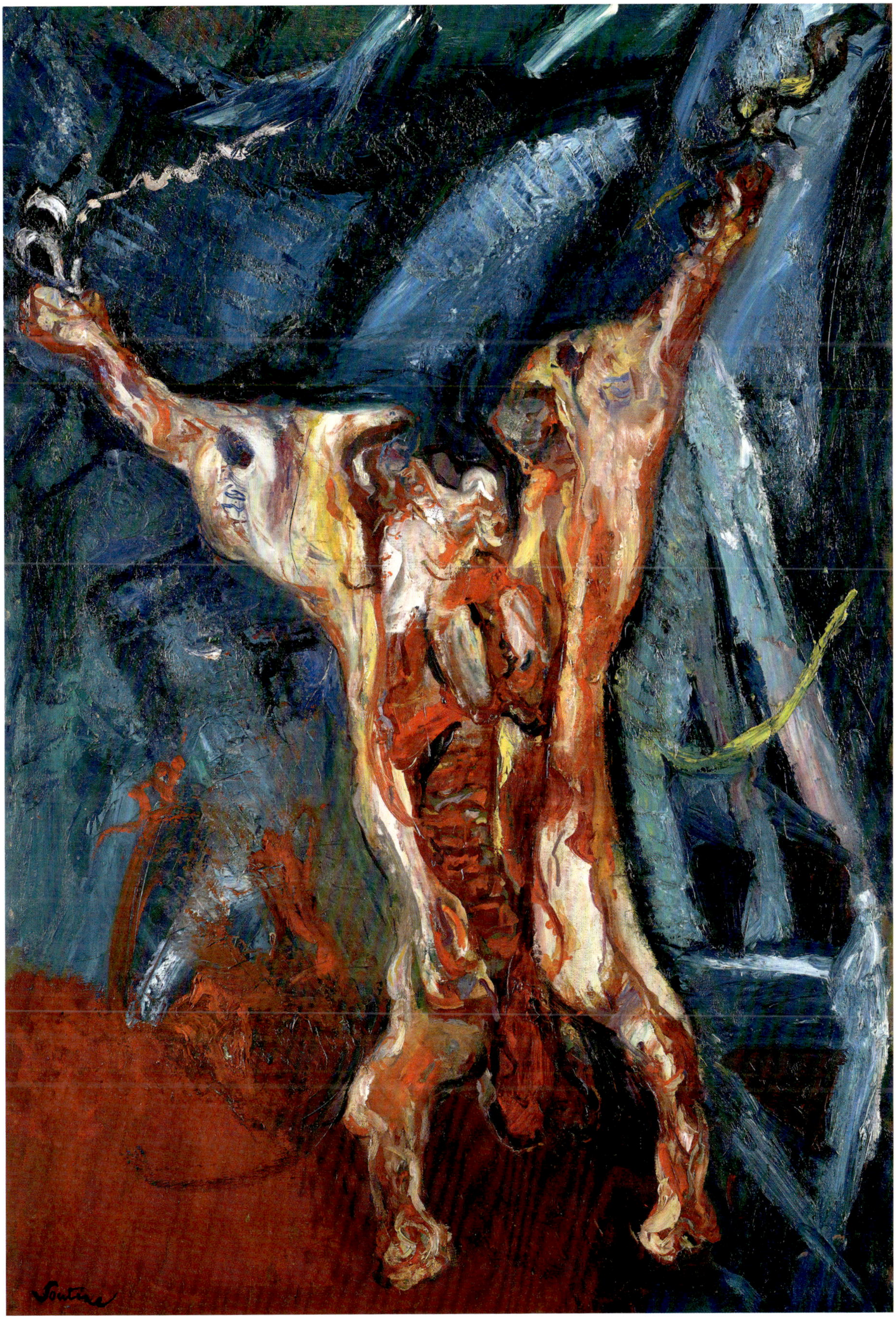

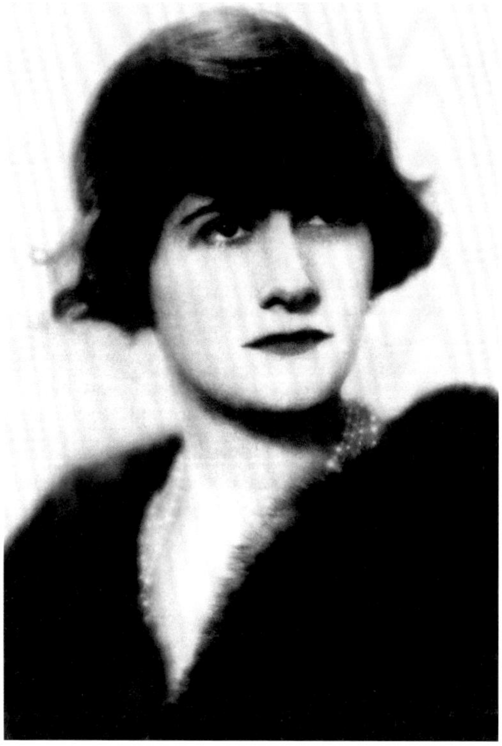

Die französische Modeschöpferin Gabrielle „Coco" Chanel, um 1920

macht, trägt nun – der Surrealismus ist eine bezeichnende Ausnahme – einen persönlichen Namen.

Das kommt den vielen Zugewanderten aus dem Osten zugute, die die politischen Umstände und das Streben nach Glück an die Seine verschlagen hatten. Zu einem guten Teil waren sie bereits vor Ausbruch des Weltkrieges angekommen, Constantin Brancuşi (1876–1957; Abb. S. 41), der Rumäne, legendärerweise gar zu Fuß. Doch ihre künstlerische Identität nimmt jetzt Gestalt an. Für Marc Chagall (1887–1985; Abb. S. 51), Alexander Archipenko (1887–1964), Ossip Zadkine (1890–1967) und wie sie alle heißen, gibt es, ein wenig südlich des Hügelkamms von Montparnasse gelegen, eine Anlaufstelle, in der sie billig leben und arbeiten können. *La Ruche* heißt die Ateliergemeinschaft, und sie muss, wie der Name schon sagt, einem Bienenkorb gleichen, in dem man sich gegenseitig umschwärmt. Für sie alle – zu erwähnen wären noch der früh verstorbene Italiener Amedeo Modigliani (1884–1920; Abb. S. 16) oder auch der Deutsche Otto Freundlich (1878–1943) – liegt ein Etikett aus, das der Kritiker André Warnod (1885–1960) im Jahr 1925 geprägt hat. Miteinander und gegeneinander gehören sie zur École de Paris. Die Stadt, in der sie leben, hält sie zusammen. Dass sie eine Schule bilden, hätten sie in aller Einigkeit vehement bestritten. Statt eines Ismus macht die Metropole, die sie fasziniert, ihre Identität aus.

Dann ist da noch Chaïm Soutine (1893–1943). In einem weißrussischen Shtetl geboren, 1913 dem Sog von Paris erlegen, hungert er noch grimmiger vor sich hin als die anderen. Und vielleicht noch zauberhafter als die anderen bringt er es zu dem Reichtum, von dem alle träumen in ihrer romantischen Unbehaustheit. Die Nachrede des *Wilden*, die man einem so distinguierten, geradezu reizenden Maler wie Henri Matisse (1869–1954; Abb. S. 39) einst auferlegt hatte, jener Charakter eines *Fauve*, war für Soutine jedenfalls sehr passend. 1925 malt er sein berühmtestes Bild, es zeigt monumental einen *Geschlachteten Ochsen* (Abb. S. 17): Das Fleisch in seiner puren animalischen Gegebenheit ist schier zu greifen in den Farbschlieren, die Soutine in ausgesuchtem Ungestüm verteilt. Soutine macht es dem Publikum durchaus schwer, doch sollte einer kommen, der – man kann es nicht anders sagen – einen Narren an ihm gefressen hatte. Albert C. Barnes (1872–1951) schneit Anfang 1923 in seinen Künstlerverschlag herein. Barnes, der Arzt und Unternehmer für Augentropfen, dessen Foundation in Merion, Pennsylvania, bis heute existiert und der berühmt und berüchtigt war für seine Abneigung gegen alles Professionelle in der Kunst – und besonders gegen alles Kunsthistorische, das Hausverbot hatte in seiner Stiftung, solange er lebte. Barnes kauft auf, mehr en gros als en détail. Soutines spezielles Märchen vom Tellerwäscher zum Millionär sollte anderen auf ihre Weise ebenfalls beschieden sein. Das Leben der Boheme erfährt seine Fortsetzung im Splendiden. Denn natürlich ist das Paris der 1920er-Jahre vor allem auch eine Stadt des Reichtums.

„Ich erkläre es ungeniert:
Nichts ist weniger coco
als ein Kleid von Coco,
Parfümiert mit Eau de Coco …
Von Coco … aus Cocologne."
– MARQUISE DE LA FLACONNERIE

Coco

Paris, die Metropole der Aufklärung, der Abgründe und der Nächte am helllichten Tag, ließ sich auch meiden. Es gab Städterinnen und Städter, die Wert darauf legten, zu Hause zu bleiben, und es gerade dadurch zu Galionsfiguren brachten für das Leuchten und Glänzen, das der Stadt ihren unvergleichlichen Nimbus verlieh. Gabrielle Chanel (1883–1971), genannt Coco, ist eine paradiesische Gestalt für den weltweiten Ruf der Kapitale des Luxus und der Moden (Abb. S. 19, 43). Geboren in der tiefsten Provinz, im Waisenhaus aufgewachsen, verdingte sie sich als Tänzerin und ziemlich missratene Sängerin, bis eine Figur von Jacques Offenbach (1819–1880), *Ko Ko Ri Ko*, die den französischen Hahnenschrei festhält, ihr zu ihrem Markennamen verhilft. Sie wird die Geliebte eines reichen Mannes, und ihr Talent fällt zunächst bei der Hutmacherei auf. Eine globale Laufbahn ist fortan nicht mehr aufzuhalten. 1921 zieht, was mittlerweile eine Firma ist, in das Stammhaus in der Rue Cambon, gleich hinter dem Hotel Ritz. Wenigstens mit

Sem (Georges Goursat)
Karikatur von Coco Chanel in einem Chanel No. 5-Flakon, 1923
Farblithografie
Aus: *Le nouveau Monde*, 1923
Privatsammlung

einer Kreation von ikonenhafter Couture, dem „Kleinen Schwarzen“ (Abb. S. 62, 63), und einem Duft von unbeschreiblicher Wiedererkennbarkeit, dem Chanel No. 5 (Abb. S. 19), schreibt sich die Frau aus niedrigsten Verhältnissen in die Kulturgeschichte ein – und macht sie weiblich.

Sie legt Wert darauf, zu Hause zu bleiben. Dass sie dabei stets auf dem Laufenden ist, gehört zum Lebensstil – zu ihrem und, auf diesen Vergleich hat sie es in ihren von Paul Morand (1888–1976) festgehaltenen Lebenserinnerungen abgesehen, zu jenem des berühmtesten Schriftstellers der Stadt: Marcel Proust (1871–1922), der „obwohl er im Bett lag, immer wusste, was bei allen Diners tags zuvor geredet worden war“ [10]. Proust ist der Chronist der Aristokratie, ihrer Etiketten der Nonchalance und Elégance und ihrer Ahnungen von Verspätung und Überkommenheit. Proust nimmt sich 3 000 Seiten Raum für seine *Suche nach der verlorenen Zeit* (*À la recherche du temps perdu*), die er 1913 mit einem ersten Band begann und bei seinem Tod mit einem vierten Band noch nicht beendet hatte – drei weitere sollten posthum bis 1927 erscheinen. Prousts Distinguiertheit, Raffinesse und Ausgesuchtheit ist das exakte Gegenstück zum Leben der Boheme. Doch selbstverständlich ist der Aufstieg in die feinsten Kreise das keineswegs so geheime Kalkül eines künstlerischen Curriculums überhaupt.

Einer, dem dieser Aufstieg unnachahmlich gelungen ist, bekommt in Coco Chanels Memoiren ein eigenes Kapitel. „Er kam 1900 nach Paris, als ich noch Kind war“, hält sie fest, und sie meint natürlich Picasso, der gerade zwei Jahre älter ist als sie. „Er ist“, schreibt sie in schöner Diktion, „zum radioaktiven Prinzip der Malerei geworden“ – „Er zerstörte, baute dann aber auf.“ [11] Picasso hat es zu etwas gebracht. Die Kunst, die er mittlerweile präsentiert, schwelgt in preziös-prätentiösem Vorzeigen von Kenner- und Könnerschaft. Zu jeder Deformation liefert er eine Formation, und der Spreizschritt zwischen Verstörung und Bestätigung von Konventionen gelingt ihm auf olympische Art. Er hat geheiratet und ist ans linke Seine-Ufer, die Rive gauche, gezogen; bald, 1930, wird er sich ein erstes Schlösschen, Boisgeloup, 60 Kilometer außerhalb der Stadt, leisten, später folgen weitere vor allem an der Côte d'Azur. Die Anzeige eines amerikanischen Verlags, Gertrude Steins *Autobiographie von Alice B. Toklas* betreffend, scheint perfekt auf Picasso zu passen: „Vor dem Krieg waren sie Revolutionäre, jetzt sind sie Inbegriffe.“ [12] Wenn das Risiko des Scheiterns ausfällt, droht die Gefahr der Dekoration.

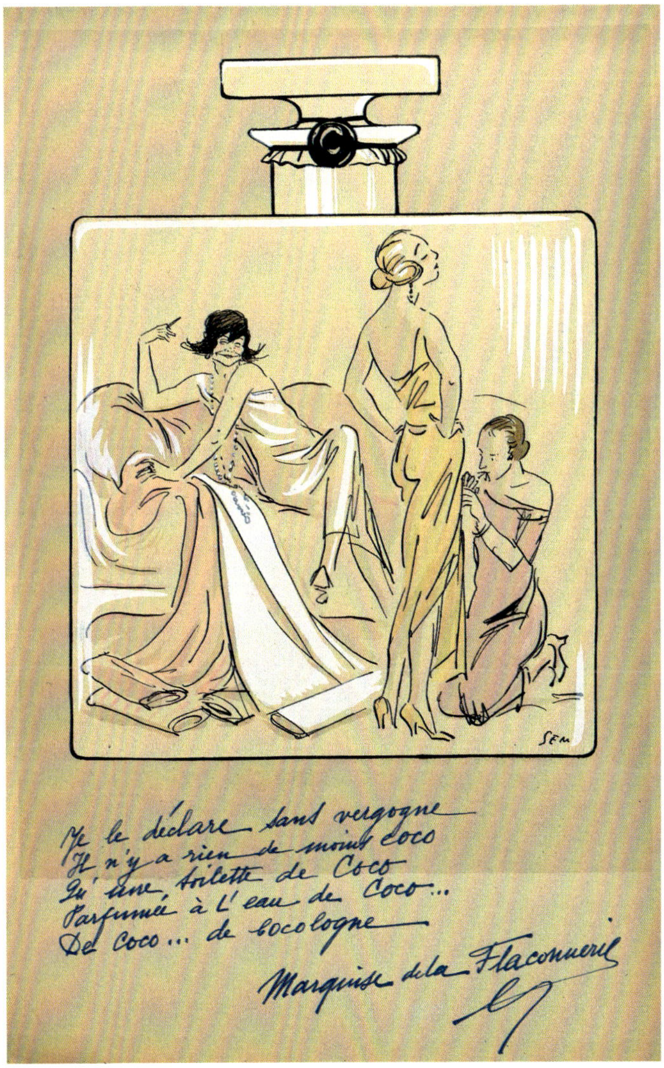

Wenn man denn Dekoration für eine Gefahr hält. Man kann sie auch als Muster gelungener Lebensführung nehmen, und ebenso hält es eine große Ausstellung, die mit dem Titel Exposition internationale des arts décoratifs et industriels modernes 1925 in Paris über die Bühne geht (Abb. S. 7, 20–21). Sie gibt dem Jahrzehnt so etwas wie einen Epochenbegriff mit: Art deco. In strengem Modernismus pflegt man die Künste, wie sie in Paris auf den Weg gebracht wurden, voneinander zu trennen, hier die Literatur, dort die Malerei und Bildhauerei und an drittem Ort die Musik. Dieser Gattungsästhetik steht indes die Idee eines Miteinanders der Artifizialitäten gegenüber – einer Synthese, einer *Synästhesie*, bei der sich alle gemeinsam hervortun zum überbordenden Eindruck einer Gegenwelt des Schönen und Sinnlichen.

In diesem Sinn einer Zusammenschau säumen Pavillons die Art-deco-Präsentation, betitelt nach den Angeboten,

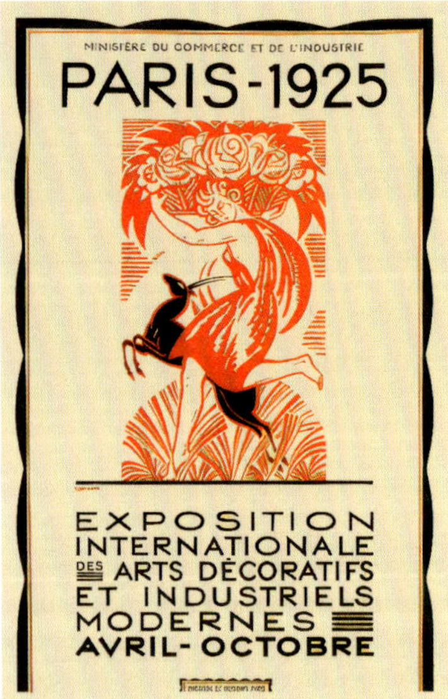

Robert Bonfils
Exposition internationale des arts décoratifs et industriels modernes, 1925
Ausstellungsplakat
Paris, Musée de la Publicité

die sie machen: Es gibt Inneneinrichtungen für einen „Sammler" oder für „eine französische Botschaft", wie auch einzelne Länder ihre Vorstellungen von gelungenen Interieurs zelebrieren. Art deco steht gern einmal für die 1920er-Jahre insgesamt. Das florale Erbe des Jugendstils wird mit Abstraktion versetzt, zu natürlichen Materialien wie Holz und Leder kommen industriell gefertigte, Metallbeschläge etwa oder allerlei Arten von Plastik. Von der Gediegenheit jener malerisch-pittoresken Einrichtungen mit sichtlicher Angst vor der Leere, wie das 19. Jahrhundert sie liebte, geht es in vielen Abstufungen zum International Style einer orthodox geometrischen Moderne: Speziell hier, mit Namen wie Le Corbusier (1887–1965; Abb. S. 24, 55, 85), Charlotte Perriand (1903–1999; Abb. S. 24), Robert Mallet-Stevens (1886–1945) oder Pierre Chareau (1883–1950; Abb. S. 83), hat das Paris der 1920er-Jahre neben allem anderen auch die Designgeschichte geprägt. Coco Chanels Entwürfe folgen in ihrer Vereinfachung des Materials und ihrer Reduktion auf den Purismus der Geometrie selbst dieser Leitlinie.

Und sie stehen, bei allem hochmögenden Einfluss der Haute Couture, für die Inspiration dessen, was später Street Wear heißen wird. Chanel vermischt die Sphären zwischen elitärer und populärer Kultur – und ist damit wegweisend für ein gewisses ästhetisches Programm der 20er-Jahre überhaupt: Gerade die nächtlichen Verworfenheiten haben das Zeug zur beispielhaften Beschreibung des Humanen. Das gilt mehr noch als für Chanels Kleider für ihre Parfüms. Jener weltberühmte Duft, der in aufreizender Schlichtheit mit No. 5 bezeichnet ist, sucht, nach eigenem Bekunden seiner Namensgeberin, die Mitte zwischen Hochamt und Hure, zwischen natürlicher Frische und der Sinnlichkeit des Boudoirs. Damit vollführt diese Kreation im Reich der Düfte den Spagat, der Coco Chanels Karriere und jene der vielen anderen, die aus der Boheme kamen, im Leben kennzeichnet: unten und oben, Dunkles und Helles, Obskures und Splendides in verwirrender Gemengelage der Sphären.

Nadja

Da konnte Orientierung nur guttun. Zum Beispiel in Gestalt einer Umfrage, deren Ergebnis dann in eine Aufstellung mündete – in ein Ranking, wie man das heute nennt, das in perfekte Überschaubarkeit bringt, was sonst in der Komplexität versandet. Mit dieser nicht von ungefähr *Liquidationsliste* genannten Hitparade setzt eines der faszinie-

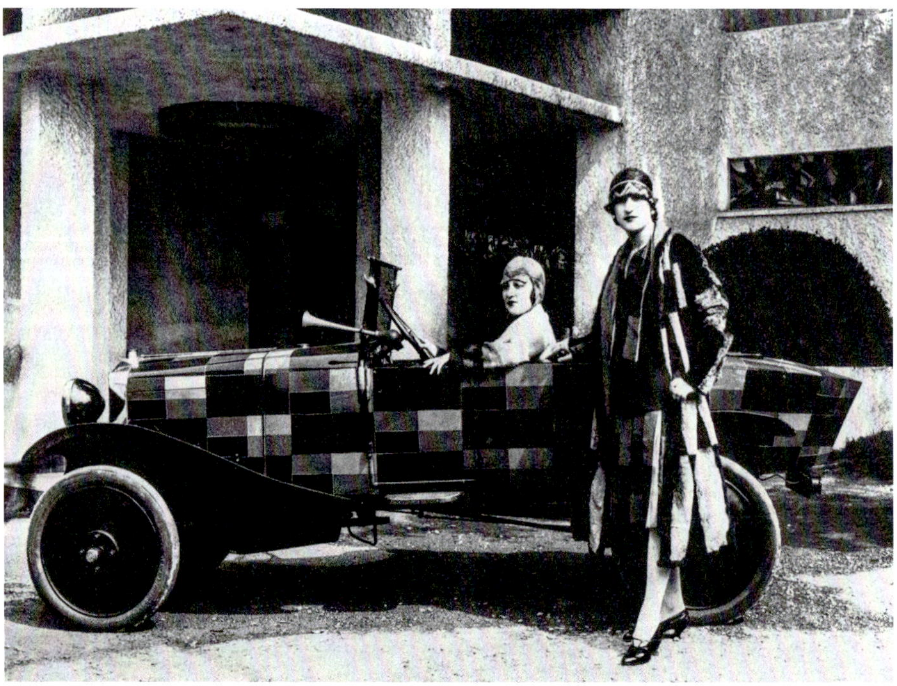

Zwei Mannequins in Pelzmänteln mit einem Citroën B12 auf der Exposition internationale des arts décoratifs et industriels modernes vor dem Pavillon du Tourisme von Robert Mallet-Stevens, 1925
Silbergelatine-Abzug
Privatsammlung

Sonia Delaunay entwarf die Pelzmäntel und das Muster des Fahrzeugs.

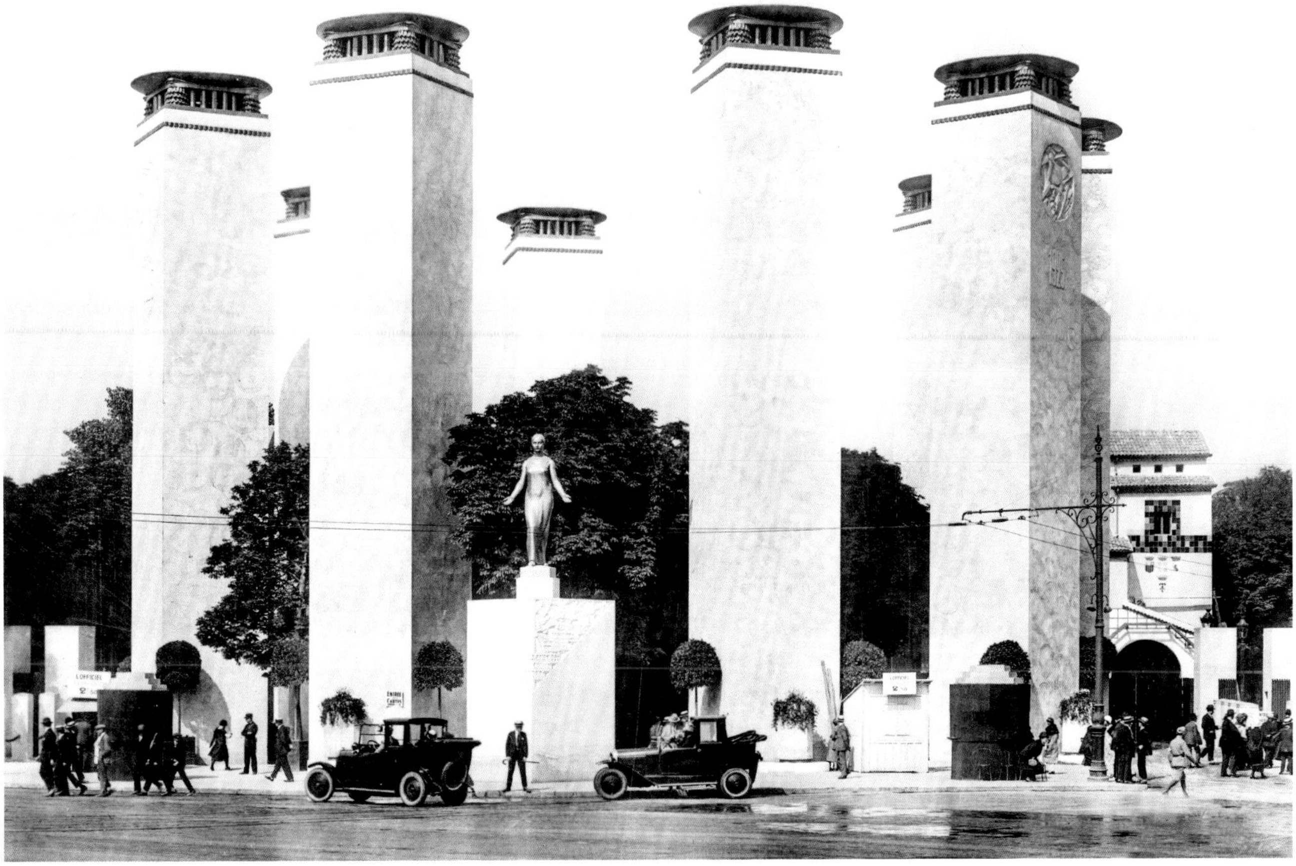

rendsten Kapitel zum Paris der 1920er-Jahre ein. Es tritt auf der Surrealismus. Wenn die anderen sich in Individualitäten ergingen, so wurde hier das intensivste Gruppengefühl gesucht. Es wurde rekrutiert, uniformiert und mit einer Dogmatik versetzt, die schier religiöse Züge trug. Mit den Mitteln von Einschluss und Ausschluss, von Vereinnahmung und Exkommunikation wurde in aller Deutlichkeit umrissen, was eine künstlerische Bewegung ausmacht. Der Surrealismus ist der letzte, der finale, der endgültige Ismus, wie er die Avantgarde prägte. Entsprechend ist er der Strengste, der Orthodoxeste, der Exklusivste von allen.

In seinem 26. Lebensjahr war André Breton (1896–1966), als er sich im Frühjahr 1921 mit einer Aufforderung an den Freundeskreis wandte, der mit ihm lose im Umkreis von Paris-Dada verknüpft war: Er sollte künstlerische, literarische und andere Figuren aus Geschichte und Gegenwart einer Bewertung unterziehen. 191 Namen umfasste Bretons Vorschlagsliste, von Apollinaire, dem jüngst Verstorbenen, bis zum Großmeister des Naturalismus Émile Zola (1840–1902) reichte sie. Per Punktesystem sollte ermittelt werden, wer der Gruppe besonders nahe oder entsprechend fern stand. Das Ergebnis war vorhersehbar: Sieger wurde der Initiator des Verfahrens, André Breton selbst. Hätte sich jemand, der an dem durchaus ernst gemeinten Spiel teilnahm und dessen Regeln damit akzeptierte, demjenigen verweigert, der sich das Ganze ausgedacht hatte? Die Teilnehmenden, unter anderem Aragon und Tzara sowie weitere angehende Schriftsteller wie Paul Éluard (1895–1952), Benjamin Péret (1899–1959) oder Philippe Soupault (1897–1990), hatten sich in den Zirkelschluss gefügt. Sie würden die Kadertruppe des Surrealismus bilden. Soupault wird dann auch gleich den Präzedenzfall für die Gegenrichtung abgeben: Im November 1926 wird er ausgeschlossen; er ist fortan ein Abtrünniger.

Exposition internationale des arts décoratifs et industriels modernes, 1925
Eingang an der Porte de la Concorde
Privatsammlung

Die Sitten waren militant in dieser Avantgarde, deren Wort sich ja nicht zufällig vom militärischen Begriff für Vorhut herleitet. Noch aber galt es, sich zu sammeln. Eines der sympathischsten Zeugnisse für den Zusammenhalt ist jenes Gruppenbild mit Dame, das Max Ernst (1891–1976) 1922 zusammenstellte (Abb. S. 23). Vor düster-dräuendem Hintergrund haben sie sich aneinandergefügt, so innig wie nötig, so distanziert wie möglich. Der russische Altmeister des Miserablen Fjodor Dostojewski (1821–1881) und der Renaissance-Heros Raffael (1483–1520) sind mit dabei. Ansonsten treffen sich hier schon, identifizierbar an der Nummerierung und ihrer Legende an den Bildrändern, diejenigen, die sich auch später treffen werden. Breton kommt mit vergrößertem Kopf und wehendem Schal herangeflogen. Der Maler selbst sitzt im grünen Anzug dem grimmigen Großliteraten Dostojewski auf dem Schoß: Ernst ist vielleicht der bedeutendste unter den bildenden Künstlern in diesem doch sehr motiv- und gedankenlastigen Kreis an Welterneuern.

Die Frau ganz rechts nennt sich Gala (1894–1982), auch sie ist Russin, hatte bereits vor dem Weltkrieg Éluard kennengelernt und in dieser Zeit eine Liaison mit Max Ernst. Später wird sie unzertrennlich mit Salvador Dalí (1904–1989; Abb. S. 69, 75) verbunden sein. Die Verhältnisse waren nicht ganz austariert.

Ab dem 15. Oktober 1924 bilden sie dann den Surrealismus. Der Begriff stammte noch von Apollinaire, doch das Programm war verordnet von Breton. Wie es sich gehört, hatte er es in ein Manifest gegossen und an eben diesem Tag veröffentlicht. Manifeste propagieren Unwiderstehlichkeit, sie gehen selbstverständlich von der Weltgeltung des Verlautbarten aus und nehmen voller Emphase die Zukunft in Anspruch. Dieses Manifest ist dazu das ultimative von allen, und es ist auch das späteste. Anders als der Dadaismus stellt der Surrealismus Bezüge her, benennt geschichtsbewusst Vorläufer im Gebaren wie den Marquis de Sade (1740–1814) oder im Verfahren wie die Literaten Arthur Rimbaud (1854–1891) und Lautréamont (1846–1870). In dessen Hauptwerk *Die Gesänge des Maldoror* findet sich die Formulierung: „Schön wie das zufällige Zusammentreffen einer Nähmaschine und eines Regenschirms auf einem Seziertisch." Diese Art von Schönheit ließ sich der Surrealismus bevorzugt gefallen. Anders als Dada wollte er nicht nur dagegen sein. Man ging in die Offensive, und was man zu greifen suchte, brachte man auf den altgedienten Begriff Schönheit.

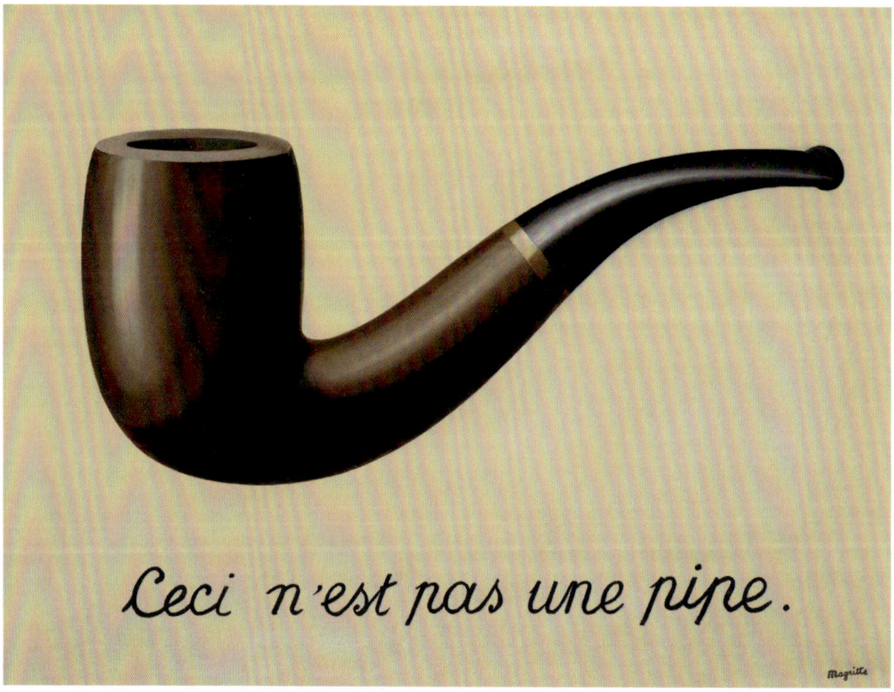

René Magritte
Der Verrat der Bilder, 1928
(La Trahison des images)
Öl auf Leinwand, 62,2 x 81 cm
Los Angeles County Museum of Art

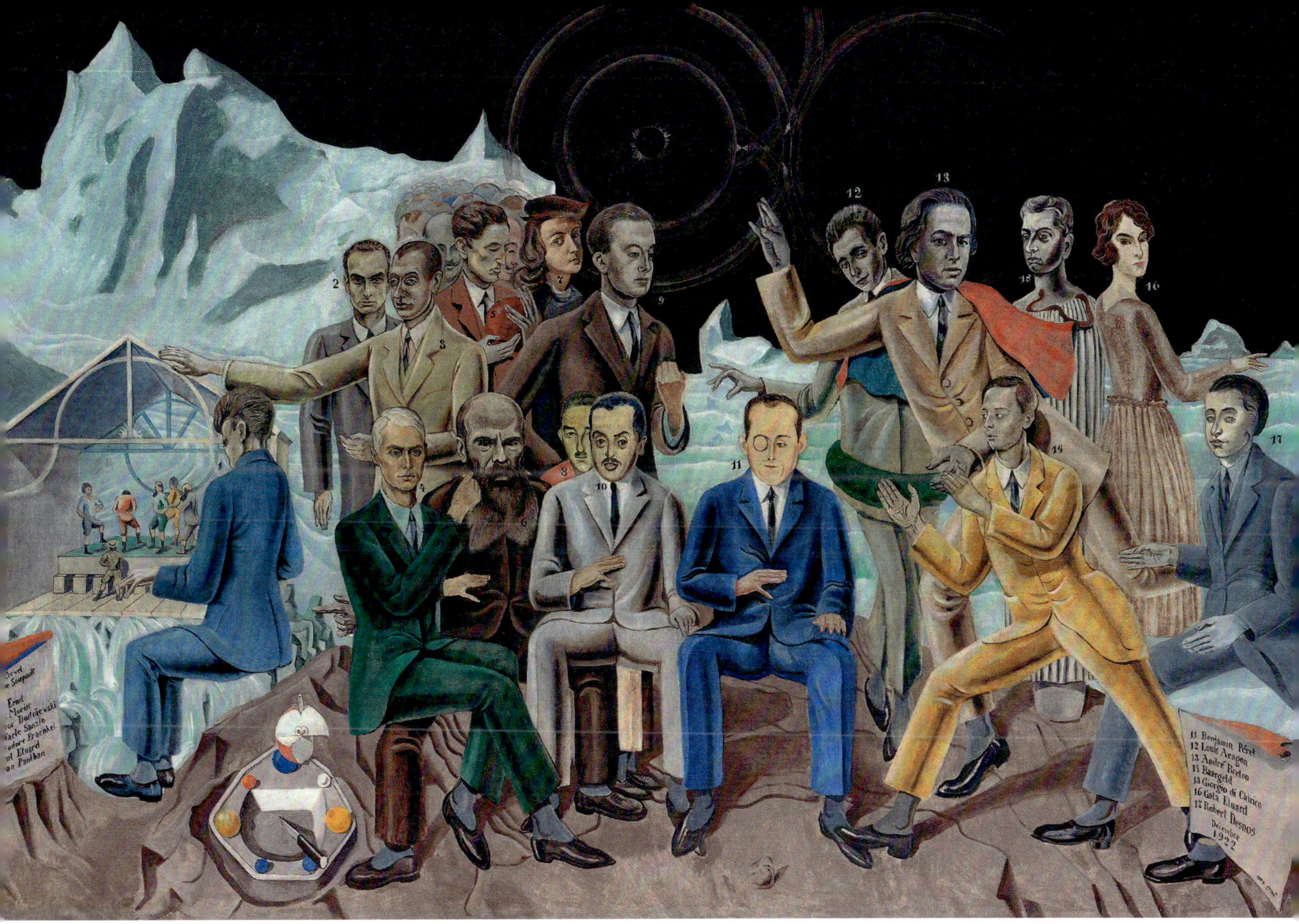

Max Ernst
Das Rendezvous der Freunde, 1922
Öl auf Leinwand, 130 x 195 cm
Köln, Museum Ludwig

Dargestellte Personen:
1. René Crevel
2. Philippe Soupault
3. Hans Arp
4. Max Ernst
5. Max Morise
6. Fjodor Dostojewski
7. Rafael Sanzio
8. Théodore Fraenkel
9. Paul Éluard
10. Jean Paulhan
11. Benjamin Péret
12. Louis Aragon
13. André Breton
14. Johannes Theodor Baargeld
15. Giorgio de Chirico
16. Gala Éluard
17. Robert Desnos

Bei Breton liest sich das so: „Die Schönheit wird konvulsiv sein oder nicht sein." Die Ausschließlichkeit, die der zweite Teil des Satzes herstellt, ist durchaus typisch für Motiv und Methode der Gruppe. Das seltsame Prädikat des ersten Teils ist es auch. Konvulsiv meint, dass etwas in Zuckungen stattfindet. Das Wort stammt aus der Psychologie und beschreibt bestimmte Symptome der Hysterie. Konvulsionen sind unwillkürlich, sie ereignen sich in einer Sphäre, über die Verstand, Vernunft, Rationalität nicht verfügen. Überhaupt liebt der Surrealismus Perplexes. Die Vokabel „automatisch" ist eine seiner Favoriten. Diejenigen, die sich ihm verschreiben, sollen Medien sein, in denen sich der Schrei des Unkontrollierten kundtut. Das Es, das Unbewusste, jene Dimensionen, die die Psychoanalyse Sigmund Freuds (1856–1939) auszuloten sucht, sind die paradiesischen Gefilde des Surrealismus. Träume, Halluzinationen, Wahnideen werden zu Verlautbarungen. Sie aus den Kerkern, in die sie von der Aufklärung und deren Handlangern gesteckt wurden, zu befreien, ist die Mission. In den Gruppentreffen werden Taktiken für die Befreiung entwickelt: spiritistische Sitzungen, Trancezustände, allerlei Anrufungen des Unvorhergesehenen. Ein wenig Alkohol ist auch im Spiel.

Oder Zufallsbekanntschaften. Die einschlägigste von ihnen widerfuhr Breton am 4. Oktober 1926 auf der Straße, in der Rue Lafayette, und Baudelaires Ode an die *Vorübergehende* darf Begleiterin gewesen sein. Nur gut eine Woche, bis zum 13. Oktober, dauern die Rendezvous, doch in die Ewigkeit gehen sie ein, als der Literat daraus einen Roman macht. *Nadja* erscheint im Jahr 1928 (Abb. S. 25) und ist neben dem *Pariser Bauern* sicherlich das populärste Produkt aus der surrealistischen Schreibstube. Als „umherirrende Seele" gibt sich die Frau darin zu erkennen, und eine solche „âme errante“ hat es Breton natürlich besonders angetan. So lassen sich die beiden treiben, in die Stadt, ins Bett, und bald ist der Zauber, der sich bei der Lektüre seinerseits einstellt, wieder verflogen. Breton beendet seinen Rechenschaftsbericht aus dezidiert männlicher Perspektive mit dem Satz über die konvulsivische Schönheit. Zur Psychoanalyse, die dem Surrealismus als stete Einflüsterin zur Verfügung steht, gehört unabdingbar das Augenmerk auf das Sexuelle. Auch die Amour fou, die hemmungslose Leidenschaft, ist ein psychischer Automatismus.

Nadja bleibt anonym. Erst in den letzten Jahren hat sich der Schleier, den Breton programmatischer Mysteriösität halber um sie legt, gelüftet. Unter vielerlei Abbildungen (Abb. S. 25 oben rechts), die Bretons Text begleiten, finden sich etliche Zeichnungen der kurzzeitigen Begleiterin. Anhand derer lässt sie sich identifizieren: Léona Delcourt (1902–1941) kam aus einem unglücklichen Leben, erfuhr das Blitzlichtgewitter Bretons, versuchte verzweifelt, wie aus mittlerweile aufgetauchten Briefen hervorgeht, ihre neuntägige Berühmtheit zu verlängern und endete noch eklatanter wieder im Unglück: in der Psychiatrie. Was der Surrealismus manifesthaft zu bejubeln suchte, den Sinn fürs Widernatürliche, das zweite Gesicht, war ihr zur sich selbst erfüllenden Prophezeiung geworden. Halluzinationen jedenfalls brachten sie in die geschlossene Abteilung.

Breton stellt in seiner Beschreibung jener neun Tage, die jedenfalls bei ihr die Welt veränderten, Nadjas Sinn für etwas heraus, das man „primitiv“ nannte. Er hatte einige Objekte aus Übersee in seiner Sammlung, eine Maske aus Melanesien, eine Figurine

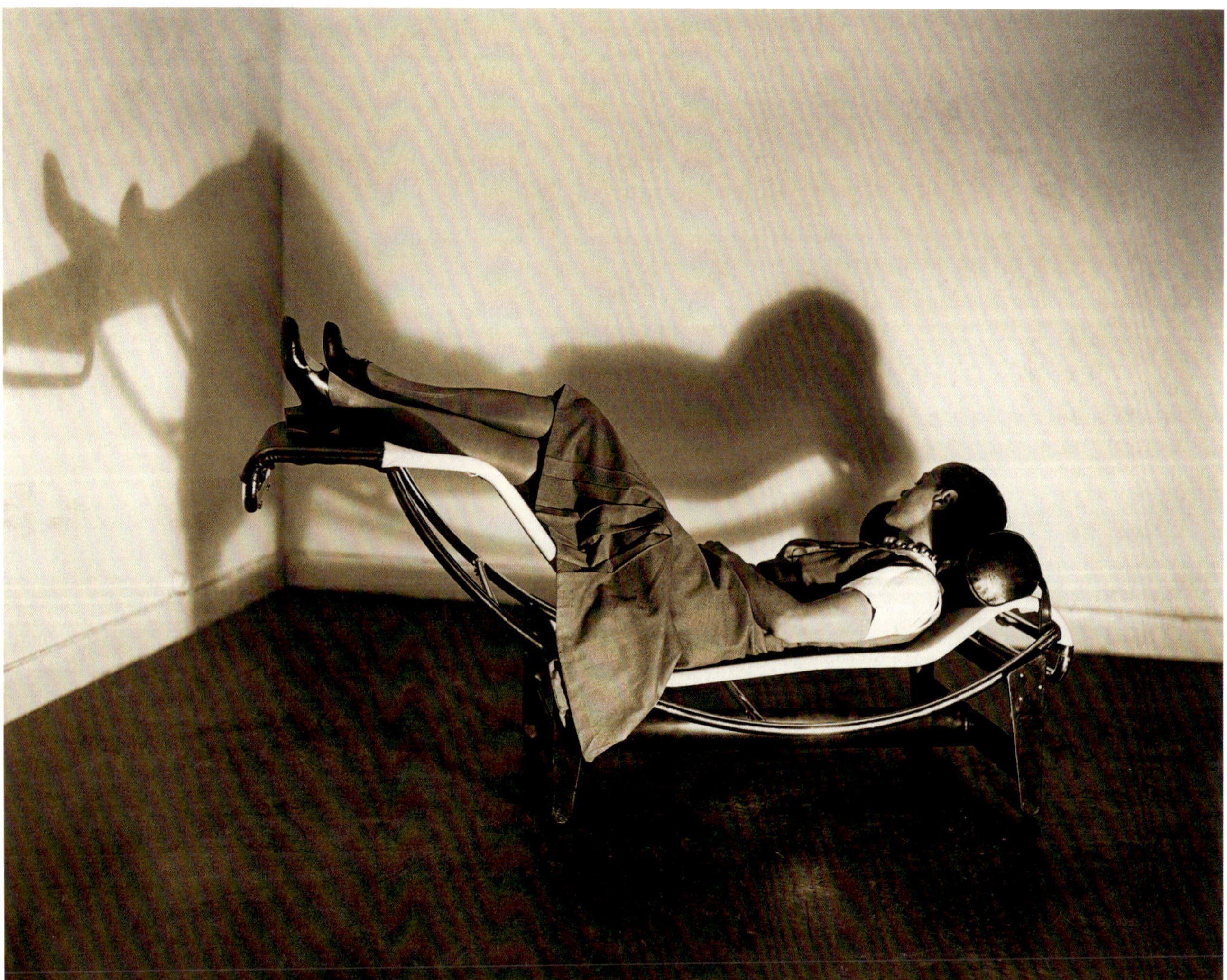

Pierre Jeanneret
Charlotte Perriand auf der Chaise Longue Modell Nr. B306, 1928
Entworfen für Thonet von Le Corbusier, P. Jeanneret und C. Perriand
Verchromtes Stahlrohr mit Fellbespannung und schwarz lackiertem Stahlsockel, ca. 69 x 164 x 56 cm

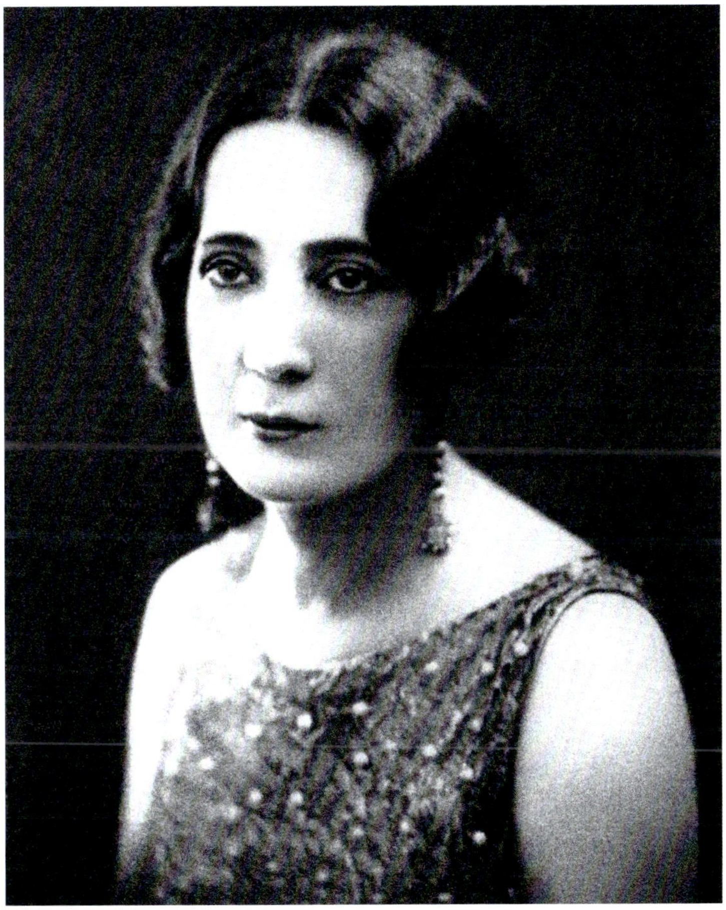 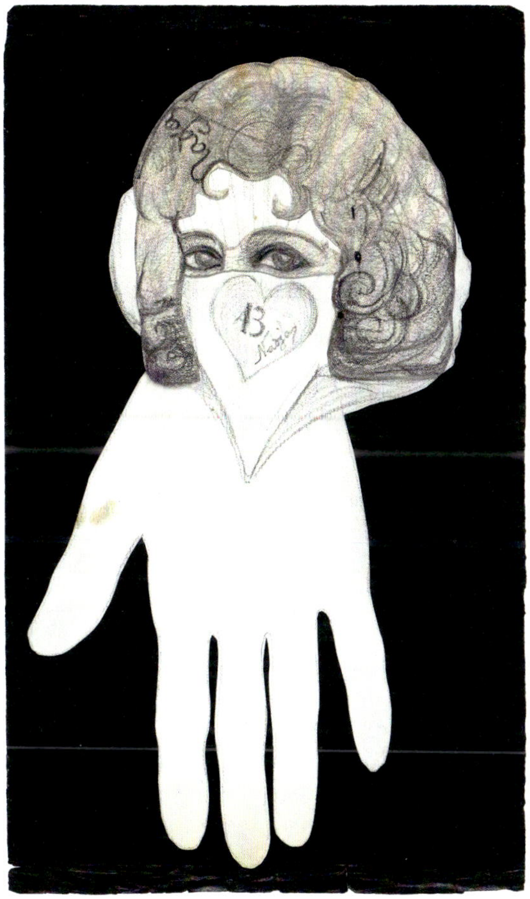

von der Osterinsel, für die seine Geliebte ein gleichsam instinktives Gespür entwickelt habe. Bei aller Emanzipation aus den vermeintlichen Fesseln der Zivilisation bleibt der Surrealismus so durchweg den einschlägigen Vorstellungen verhaftet: Frauen seien ihrerseits bevorzugt Naturwesen – ein wenig so wie Kinder, Menschen in psychischen Notlagen und zu guter Letzt alle Nicht-Weißen, die man damals in den Kolonien verwaltete. Es war ein sozusagen übergreifender Ismus, der hier grassierte: der Primitivismus. Geleitet wurde er von einem ebenso forcierten wie aus einer Perspektive von oben herab entwickelten Willen, das „Primitive" wertzuschätzen. Primitivismus setzt ein Paradebeispiel für jene Erkenntnis, dass gut das Gegenteil von gut gemeint ist. In diesem Sinn organisiert man 1929 am Trocadéro unter dem Eiffelturm das Ethnografische Museum neu; 1931 setzt am Bois de Vincennes eine „Exposition coloniale" nach: Beide Institutionen stehen im Fokus jener umfangreichen Aufarbeitung, wie sie seit einigen Jahrzehnten im Zuge einer Entkolonialisierung auch des Denkens nötig geworden ist. So gesehen markiert der Surrealismus, eines der letzten Fanale einer unverbrüchlichen Avantgarde, ein durchaus problematisches Erbe.

Anna Livia

Der Belgier René Magritte (1898–1967) ist eine der berühmtesten Gestalten aus dem Umkreis des Surrealismus. Nicht zuletzt seinetwegen zieht er 1927 von Brüssel nach Paris, doch heimisch wird er weder in der Metropole noch in deren irrlichterndstem Zirkel. Schon nach drei Jahren ist Magritte wieder in der Heimat, Breton sandte ihm noch das schöne Prädikat „Kuckucksei" nach. Immerhin hat Magritte ein spezielles Produkt hinterlassen, das sein Markenzeichen wurde, eine Ikone der Vertracktheit. Magritte, der Mann mit der Melone und der Altmeisterlichkeit, malt als Schlüsselwerk der Pariser

Nadja (Léona Delcourt)
Undatierte Fotografie

Nadja (Léona Delcourt)
Nadjas goldener Blick, 1926
(Un regard d'or de Nadja)
Grafit und Farbstift auf schwarzem Papier, 32,4 x 19,5 cm
Paris, Centre Pompidou – Musée national d'art moderne – Centre de création industrielle

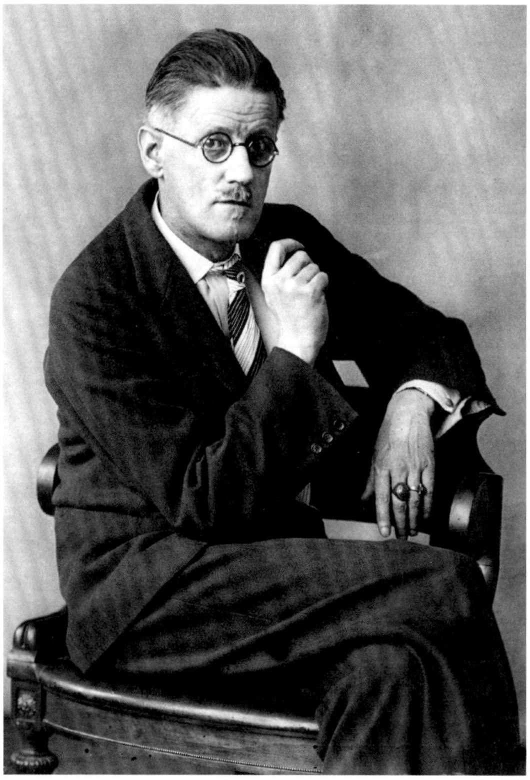

Berenice Abbott
James Joyce (Detail), 1928
Silbergelatine-Abzug

Jahre 1928 *Der Verrat der Bilder* (*La Trahison des images*, Abb. S. 22). Dargestellt sind eine Pfeife und ein Schriftzug, der besagt: „Dies ist keine Pfeife." Natürlich ist ein gemaltes Rauchwerkzeug keines, an dem man ziehen kann. Dann aber dürfte man kein Motiv eines Gemäldes benennen und dadurch mit der Wirklichkeit in Verbindung bringen, denn alles ist nur Farbe auf Fläche. Magritte inszeniert jedenfalls ein Emblem, aber eines, bei dem Bild und Text nicht zusammenpassen: also doch kein Emblem. So weit, so banal, so profund. Surrealistisch ist an diesem Werk womöglich überhaupt nichts. Dafür passt es perfekt in die Spiele mit Sprache und Intellektualität, die eine weitere der vielen Beschäftigungsmöglichkeiten in dieser Stadt zu dieser Zeit bereitstellen.

„Es gab da Schriften, die schrien, Wörter, die Menschen, und Menschen, die Namen waren [...] Kein Ort auf Erden, dachte ich, wo so viel Sprache wäre, wo diese stärkeren Widerhall, weniger Zurückhaltung hätte als in diesem Paris, wo Literatur, Wissenschaft, Künste und Politik eines großen Landes eifersüchtig konzentriert werden. Die Franzosen haben alle ihre Ideen innerhalb einer Stadtmauer angehäuft." [13] Herr Kopf, *Monsieur Teste*, ist eine Gestalt des Pariser Schriftstellers Paul Valéry (1871–1945), Sprachrohr, Denkfigur seines Autors über die Fiktion hinaus. In Sentenzen und Aphorismen äußert sich dieser kleine Herr Alleswisser bevorzugt, und er verquickt dabei den Alltag mit einer nicht minder alltäglichen Desorientierung. Paris ist also die Stadt der Sprache oder besser noch: des Redens und zwar in umfassender Fasson: „Reden, wiederholen, widersprechen, weissagen, schmähreden [...] alle diese Verben zusammen enthielten abgekürzt für mich das Gesumm dieses Wortparadieses." Es lohnt sich hier, das französische Original zu zitieren, denn die Verben summen einem einzigen nach: „Dire; redire; contredire; prédire; médire." Es ist ein universales Gerede.

Da geht es, sollte man meinen, auch einfacher. So könnte zum Beispiel ein Text folgendermaßen beginnen: „O sag mir alles von Anna Livia! Ich muss alles hören von Anna Livia!" Und am Ende könnte stehen, als in einem Wort verdichtete und mit Ausrufezeichen versehene Schilderung des Pariser Milieus schlechthin: „Nacht!" Dazwischen, auf knapp 20 Druckseiten verteilt, wird es dann doch komplizierter, und man muss gestehen, dass es kaum mehr ein Wort gibt, das sich überhaupt noch übersetzen ließe.

Anna Livia – Beiname: Plurabelle, die Vielschöne – ist die Hauptperson eines Abschnitts aus *Finnegans Wake*, jenem babylonischen Spätwerk von James Joyce (Abb. S. 26), in dem sich schier alle Sprachen dieser Welt kunterbunt ein Stelldichein geben, hier eine Silbe, dort ein Wortspiel abliefern und damit Bedeutungslosigkeit mit Bedeutungsüberschuss gleichsetzen. Als bedürfe es nach *Ulysses* noch einer Steigerung an Vielfältigkeit machte sich Joyce 1923 abermals an einen Tausendseiter, der seinen Vorgänger an Unleserlichkeit deutlich übertreffen würde. Das achte Kapitel des ersten Buches, das Anna Livia gewidmet ist, startete 1928 separat als Versuchsballon – in einer Luxusausgabe von 850 Exemplaren, denn eine Liebhaber-Edition würde es ohnedies werden. Das Werk insgesamt ist 1932 dann fertiggestellt.

Finnegans Wake ist in Paris entstanden. Joyce war bei aller Bedachtheit auf sein irisches Temperament keine Existenz in jenen Nischen, wie sie viele Zugereiste in der Stadt ausfüllten. Wenn etwa die US-Boys and Girls gern einmal überhaupt kein Wort Französisch lernten, spricht Joyce alle Idiome, die die Emigration ausmachten, gewissermaßen zugleich. Shakespeare and Company, in der Rue de l'Odéon gelegen, ist die wichtigste Buchhandlung für die diversen englischsprachigen Communities (Abb. S. 27). Ihre Leiterin Sylvia Beach (1887–1962) ist eine Institution und hat sich über beide Ohren verschuldet, um die Herausgabe des *Ulysses* zu finanzieren. Zusammen mit ihrer Lebensgefährtin Adrienne Monnier (1892–1955), die in derselben Straße für französische Bücherfreunde La Maison des amis des livres führt, betreibt sie einen Salon. Hier geht das intellektuelle Paris ein und aus – und weniger das künstlerisch-bildnerisch ambitionierte wie bei den Damen Stein und Toklas in der Rue de Fleurus. Literaturschaffende wie eben Valéry sind zu Gast oder Julien Benda (1867–1956), der Philosoph, der 1927 seinen Traktat über den *Verrat der Intellektuellen* (*La Trahison des clercs*) herausgebracht hatte. Der darin formulierte Vorwurf, die Intellektuellen würden ihre Verpflichtung auf universale Werte zugunsten einer kleinlichen Parteinahme für die Politik der Rechten aufgeben, ist heute aktueller denn je. Und ganz nebenbei gibt Benda mit seinem Essay dem Maler Magritte eine Idee für einen Bildtitel.

Anna Livia lebt wie üblich bei Joyce in Dublin, dort wohnt sie am Ufer der Liffey, und schon haben sich in den Text des Kapitels Anspielungen auf etwa 350 Flüsse geschlichen, ganz nebenbei und gewissermaßen im Fluss des Textes. Das Wasser, das Paris durchmisst, wird aufgerufen in der Formulierung „the seim anew" – was sich anbietet, klingen die Laute für dasselbe von vorn „the same anew" und eben die Seine ganz ähnlich, hält man sie nur nahe genug aneinander.

Joyce ist ein Lokalisator, schon der *Ulysses* beendet sein Tagewerk mit den allerletzten Angaben „Trieste – Zürich – Paris 1914–1921". Ortsbezeichnungen stehen insgesamt mehr und mehr für Programmatik: Eine Schule von Paris weiß allemal, welcher Instanz sie verpflichtet ist. „Surfed with spree", heißt es des Weiteren bei Anna Livia. Das hat mit Gischt zu tun, gestattet einen schlüpfrigen Hinweis auf Venus und ihre Schaumgeborenheit und nimmt natürlich die Geografie mit: namentlich das Gewässer, das Berlin durchquert.

Berlin: Die deutsche Reichshauptstadt ist die Konkurrentin um den Status der Kapitale der 1920er-Jahre. Berlin ist in seiner Unvergleichbarkeit das Pendant zu Paris, doch der Parvenü im märkischen Sand hat es von vornherein schwerer als die ewige Hauptstadt: Sei es die Hauptstadt – nach Heinrich Heine (1797–1856) – der Revolution, sei es – nach

Ernest Hemingway mit Sylvia Beach und Freundinnen vor der Buchhandlung Shakespeare and Company in Paris, 12, Rue de l'Odéon, 1928

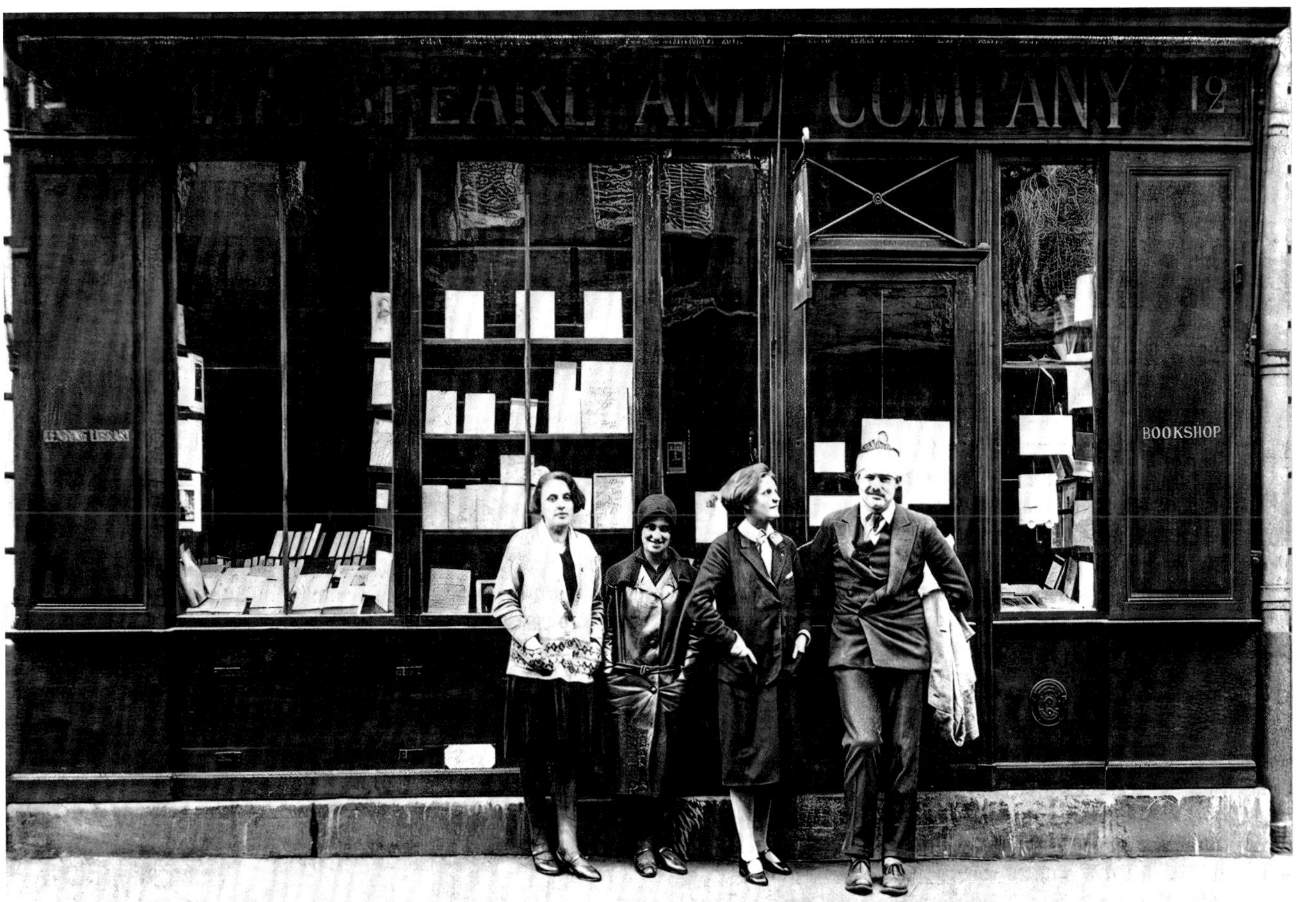

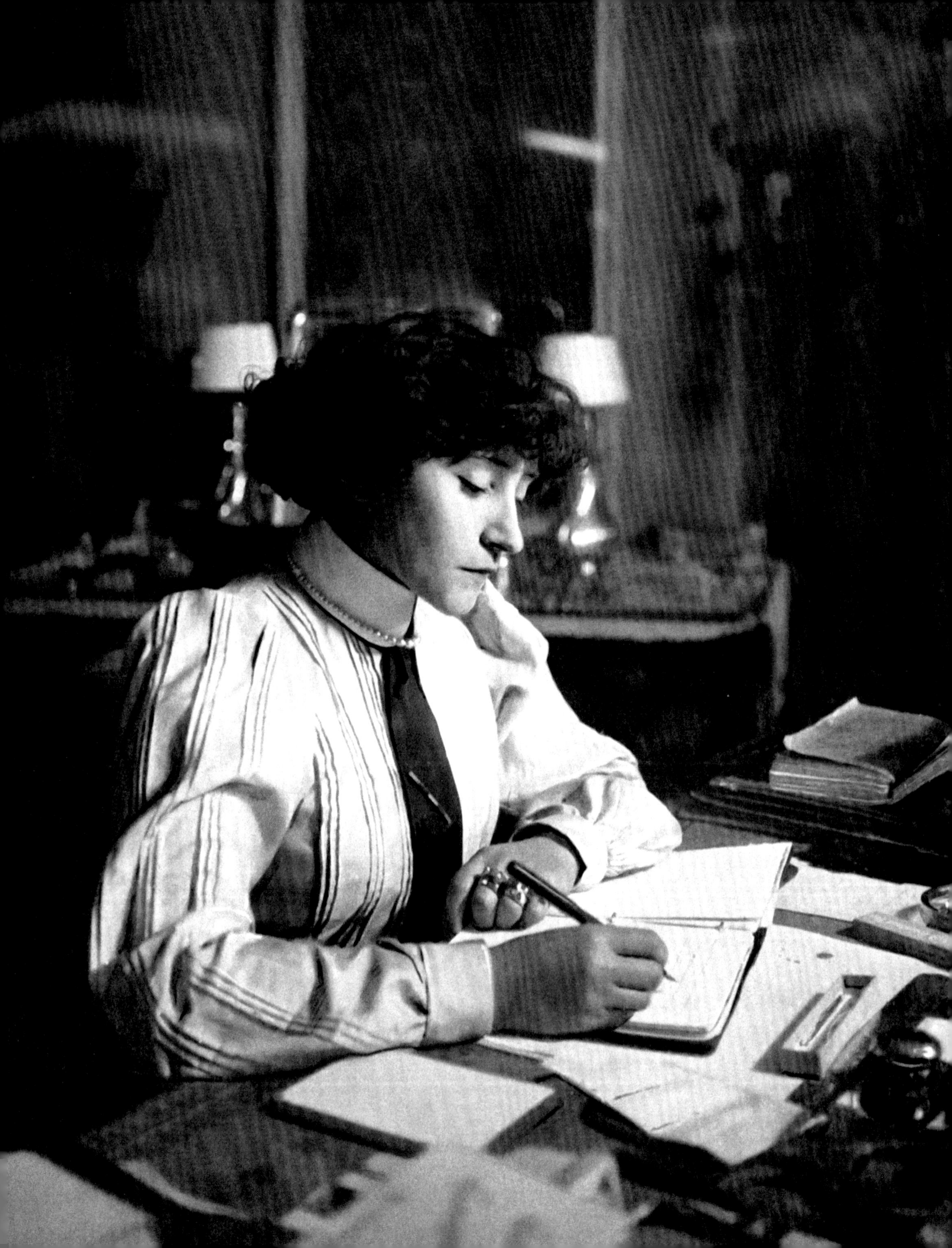

Walter Benjamin (1892–1940) – des 19. Jahrhunderts oder sei es gleich – nach Joseph Roth (1894–1939) – die der Welt. Um Berlin rankt sich eine kapitale Niederlage. Paris dagegen hat, wenn auch um einen kaum geringeren Preis, den Weltkrieg gewonnen. Und weil man weiß, wie es weitergegangen ist, trägt man um Berlin ohnedies Trauer. Berlin scheint es selbst vorab gewusst zu haben: Der viel beschworene „Tanz auf dem Vulkan" war der Kultur der Stadt in den 20er-Jahren auf den Leib geschrieben. Berlins „Wilde Zwanziger" beschwören das Legere, Lässige, Entertainmenthafte. Man hat das Gefühl, alle würden sich zusammennehmen für den rauschhaften Moment eines Vergessens auf Abruf. In Paris leistet man sich selbstbewusster den Blick auf die Schattenseiten. Einsamkeit, Ausgesetztheit, Verweigerung werden akzeptiert als Facetten des Daseins. Paris ist ehrlicher, authentischer, es ist, mit einem Begriff, der dann die 1950er-Jahre umtreiben wird: existenzieller. Zwei Möglichkeiten hat die Kultur, sich mit der Zeit, in der sie im Dialog steht, zu arrangieren: Sie kann die Zeit widerspiegeln oder sie kann kompensatorisch wirken. Erstes, eine durchaus schonungslose Wiedergabe, kommt Paris zu; zweites, das Bemänteln, Berlin.

Colette an ihrem Schreibtisch, um 1920

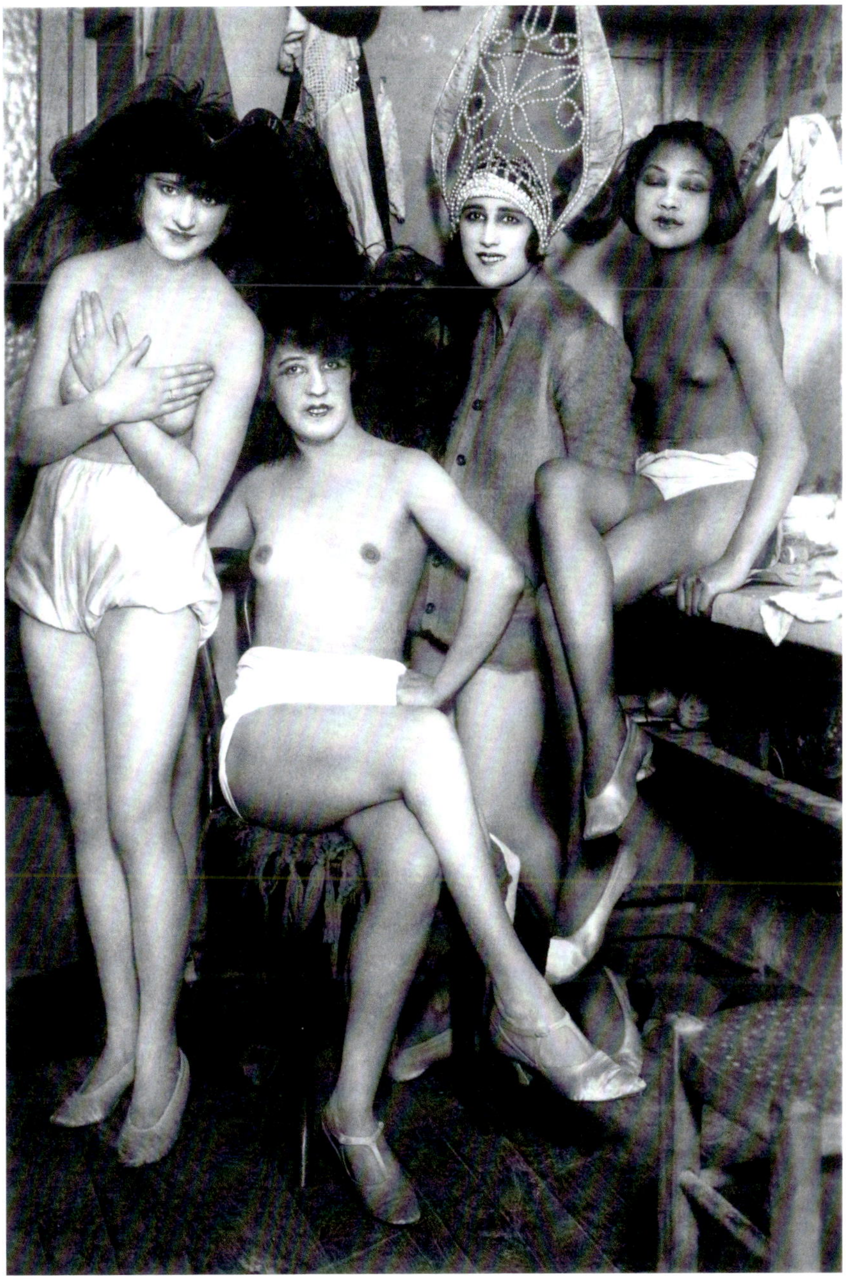

Tänzerinnen in der Garderobe eines Kabaretts am Montparnasse, 1925

Colette

Christopher Isherwood (1904–1986), der britische Autor, der mit seinem *Leb wohl, Berlin* (*Goodbye To Berlin*) für die Stadt der Freizügigkeit den Abgesang und für sich selbst eine Hymne auf die letzten Tage der Freiheit vor der Nazi-Machtergreifung schrieb, kennt noch einen Unterschied zwischen Berlin und Paris. Er betrifft das sexuelle Treiben im urbanen Treiben: „War die berühmte Berliner *Dekadenz* nicht in erster Linie ein Werbetrick, mit dem die Berliner instinktiv ihren Pariser Konkurrenten Paroli bieten wollten? Paris hatte schon seit langem das Geschäft mit den anständigen Mädchen fest in der Hand; was blieb da Berlin anderes übrig, als seinen Besuchern eine Maskerade von Perversionen anzubieten?"[14] Natürlich ist Polemik im Spiel, wenn Isherwood, Pionier der Schwulen-Bewegung, im Namen des Geldvorteils Homo- und Heterosexualität gegeneinander ausspielt und dabei in forcierter Bestätigung von Vorurteilen das Anständige mit dem Perversen polarisiert. Und ausgerechnet die Stadt von Rrose Sélavy soll dabei für das Gesittete stehen …

Doch natürlich gehört zur Libertinage von Paris auch das Schillernde der amourösen Vorlieben. In diesem Sinn gibt sich Lucy Schwob (1894–1954) ein Pseudonym, das im Unklaren lässt, ob weiblich oder männlich ist, wer es trägt. Als Claude Cahun ist sie speziell in den

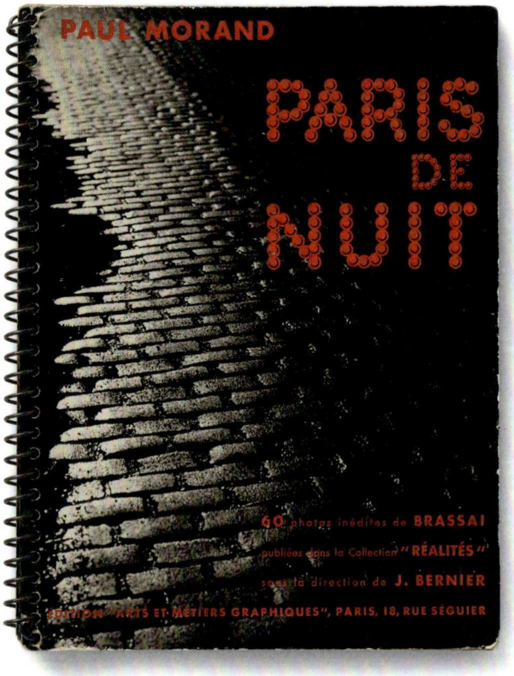

letzten Jahrzehnten bekannt geworden. Ihre Lebensgefährtin nennt sich im gleichen Geist der Geschlechterangleichung Marcel Moore (1892–1972). Auch die beiden führen einen Salon – derlei Verschränkung von geselligem Leben mit einer gewissen Formalisierung des Gebaren scheint eine Spezialität lesbischen Zusammenlebens gewesen zu sein: Männer, so schreibt Gertrude Stein einmal, würden sich nur betrinken, wenn es keine Regeln gab bei derartigen Treffen. Claude Cahun ist insbesondere mit Selbstporträts (Abb. S. 31) hervorgetreten, die die Androgynität ihres Stils betonen: Kurze Haare, aufs Ausdruckslose angelegte Gesichtszüge, ebenso raffinierte wie im Unisex gehaltene Kleidung verleihen ihr die pure Evidenz des „Ich bin, wer ich bin" – theatralisch in ihrer Zurückhaltung, auf sich bezogen in ihrer Inszenierung.

Die berühmteste Figur im Pariser Kaleidoskop der Körper war dreimal verheiratet und hielt sich weder privat noch in ihrer Publizistik zurück mit Liebschaften zu Frauen. Als sie im Jahr 1954 stirbt, beginnt die *New York Times* den Nachruf so: „Sidonie Gabrielle Claudine Colette Gauthier-Villars de Jouvenel Goudeket ist ein Name, dessen bloße Länge die Aufmerksamkeit auf sich lenken könnte, doch Colette, dieser so einfache Name, war einer der berühmtesten Frankreichs."[15] Colette also (Abb. S. 28), der Nachname ihrer Familie, der mit ihr zum Alleinstellungsmerkmal wurde: Geboren 1873 in der burgundischen Provinz, legte sie einen ähnlichen Aufstieg in die höheren Sphären hin wie Coco Chanel. Ihrem Lebensweg allerdings blieb der Anfang lange haften, die Auftritte als Schauspielerin, gern einmal ausgezogen, der Tingeltangel auf billigen Bühnen. Ihre ersten Romane, die von *Claudine* handeln, dem Mädchen, das ihr bis in die Fasern ihres Körpers ähnelt, erzielten frühe Erfolge und erschienen unter dem Namen ihres Mannes Henry Gauthier-Villars (1859–1931), den alle Welt als „Willy" kannte.

Das würde sich ändern, und mit Büchern wie *Chéri* von 1920 oder *Sido* von 1929 erarbeitete sie sich Anerkennung in jenen exklusiveren Zirkeln, die in Frankreich im Grunde bis heute den Literaturbetrieb überwachen. Als zweite Frau brachte sie es in die Jury des renommiertesten Buchpreises, den das Land zu bieten hat, den Prix Goncourt. Dass ihre Werke durchaus freizügig das Sexuelle durchmessen, schrieb man in ihrem Fall als eine Art Prädikat gut. 1920 bekam sie den Orden der Ehrenlegion – zusammen mit, und darauf war sie stolzer als auf alles andere, Marcel Proust. Die Perspektive der großen Welt und jene der Halbwelt legten sich übereinander. Jean Cocteau bringt Colettes verschlungene und schließlich so glücklich absolvierte Laufbahn auf den Punkt: „Colettes Leben. Skandal auf Skandal. Dann schlägt alles um und sie wird zum Idol. Ihr sich zwischen Varietéauftritten, Schönheitssalons und alten Lesbierinnen abspielendes Dasein gipfelt in einer Apotheose von Ehrbarkeit."[16]

Karrieren wie die von Colette gelingen in Metropolen. Das spezielle Pariser Flair mag das Seine beigetragen haben, dass Unterleib und Oberschicht zueinanderfanden – jedenfalls im Kulturellen. 1931 erschien als Fortsetzungsgeschichte ihr Roman *Diese Freuden* (*Ces plaisirs*; zwischenzeitlich bekannt unter dem Titel *Le Pur et l'impur*), ein weiterer dieser eng am Autobiografischen angesiedelten Rechenschaftsberichte aus dem Reich der Sinne. Darin gibt es eine Passage, die versucht, einen der Lieblingsorte des Paris der 1920er-Jahre auszuloten: „Die von der Sinnenlust Verzehrten haben sich immer zuerst mit großem Fanatikergepränge in einen Abgrund gestürzt. Aber sie klettern wieder herauf. Und sie erwerben eine Abgrundroutine: ‚Es ist vier Uhr … Um fünf habe ich meinen Abgrund …' Es ist möglich, daß diese junge Dichterin, die die Gesetze der üblichen Liebe zurückwies, sittsam war bis zu ihrem persönlichen Abgrund abends um halb neun."[17] Kein Abgrund ohne Routine; keine Verzweiflung ohne Koketterie, keine Begierde ohne Kalkül: Darin erteilt Paris seine Lektion. C'est la vie.

Brassaï
Paul Morand: Paris de Nuit, 1932
Buchumschlag mit Fotografie, 25 x 19 cm

Das erste und zugleich bekannteste Fotobuch von Brassaï umfasst 62 Fotografien und einen Text von Paul Morand.

Claude Cahun
Selbstporträt, um 1928
Silbergelatine-Abzug, 30 x 23,8 cm
Musée d'Arts de Nantes

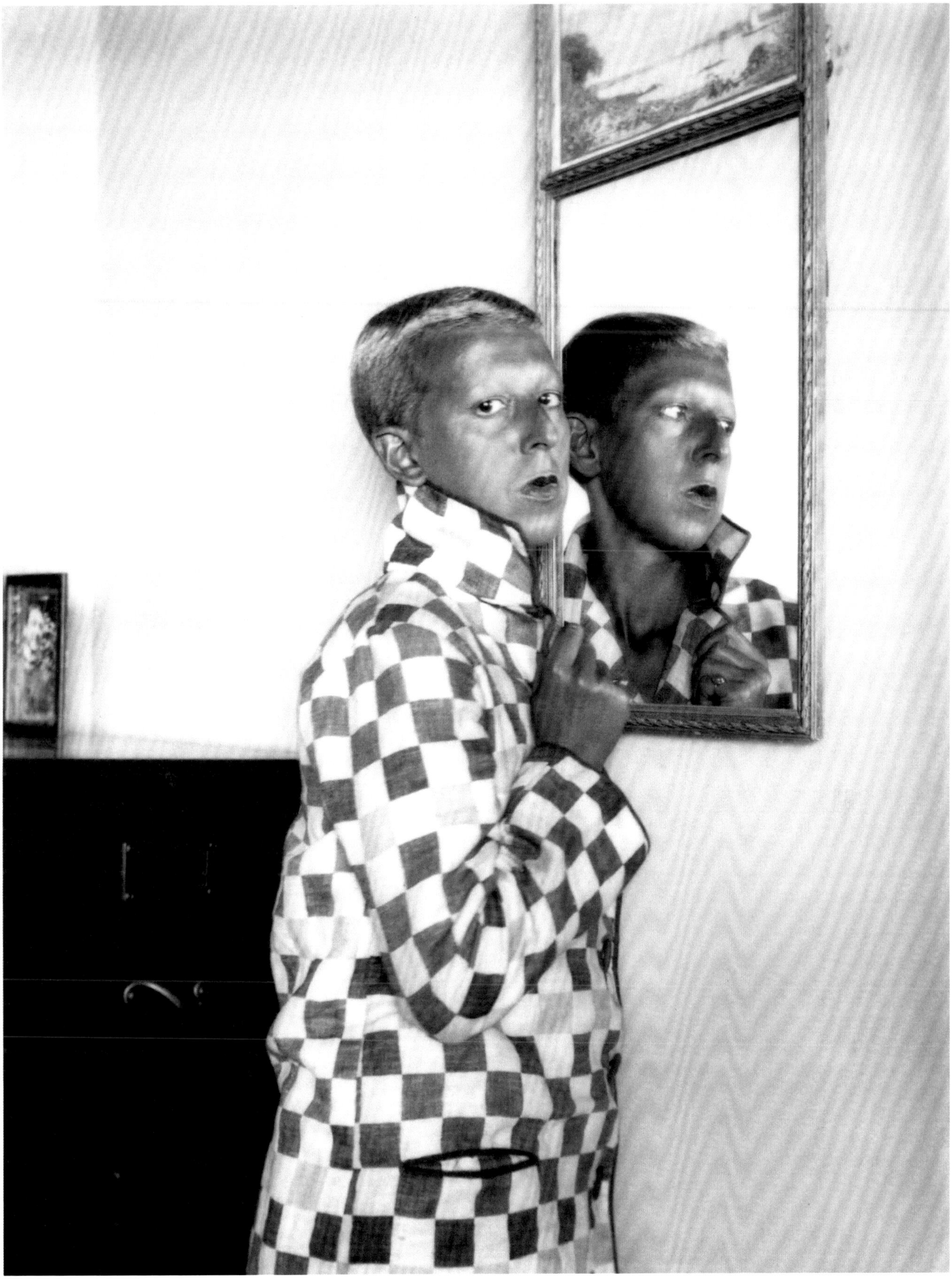

Marcel Duchamp
L.H.O.O.Q., 1919

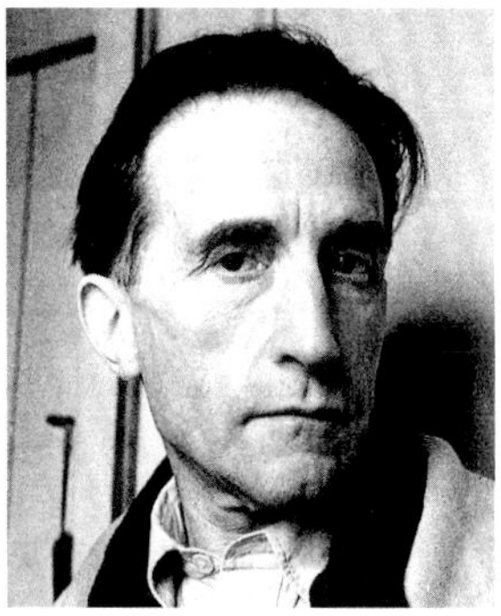

* 1887 in Blainville
† 1968 in Neuilly-sur-Seine

Nach den ablehnenden Reaktionen 1912 auf *Akt, eine Treppe hinabsteigend Nr. 2*, ausgestellt im Pariser Salon des Indépendants und auf der New Yorker Armory Show, verabschiedete sich Marcel Duchamp endgültig von der Malerei, unter dem Hinweis, sie wäre veraltet. Er macht sich fortan im Alltag auf die Suche und findet ein Fahrrad-Rad (1913), einen Flaschentrockner (1914), ein Pissoir (1917). Der Künstler nimmt an ihnen keine Veränderungen vor, er trifft lediglich seine Wahl, signiert und präsentiert sie als Kunstwerk. Den Begriff dafür führt Duchamp in einem Brief aus Übersee an seine Schwester Suzanne (1889–1963), ebenfalls Künstlerin, ein: „Hier in New York habe ich Objekte der selben Machart gekauft und sie *readymade* genannt. Du kannst genug Englisch, um den Sinn von *bereits fertig* zu verstehen, den ich solchen Objekten gebe."

Das nächste Objekt, das der Künstler für seine neue künstlerische Strategie nutzte, war eine Postkarte von Leonardo da Vincis (1452–1519) *Mona Lisa*, auch als *Gioconda* bekannt, deren Oberlippe und Kinn er diesmal mit einem Bärtchen verziert. *L.H.O.O.Q.* ist der Titel, und spricht man ihn englisch aus, wird daraus ein „Look". Auf Französisch allerdings erhält man ein frivoles „Elle a chaud au cul", was so viel bedeutet wie „Sie ist heiß am Arsch". Es wäre die Verwendung von dem, was Leute oft mit Plakaten machen, erklärt Duchamp sein Vorgehen, „die Zähne schwärzen, und derlei Dinge. Die *Gioconda* war dermaßen universell bekannt und bewundert, daß die Versuchung sehr groß war, sie für einen Skandal zu verwenden."

Bekannt war die *Mona Lisa* allerdings. Schon Giorgio Vasari (1511–1574), Vater der Kunstgeschichtsschreibung, hatte sich bei Leonardos Lebenslauf voller Inbrunst dem Werk gewidmet, ohne es je im Original gesehen zu haben. Irgendwann hing es in Napoleons Schlafzimmer, und als es in den Louvre gelangte, war es vorerst ein Porträt unter vielen. Das ändert sich Mitte des 19. Jahrhunderts erstmals, als die Künstlerin Aimée Brune-Pagès (1803–1866) mit ihrem Gemälde *Leonardo malt die Mona Lisa* gleichsam das Making Of des Werkes ins Bild rückt. Doch was das Meisterwerk zum Star geraten ließ, war sein Verschwinden am helllichten Tag des 21. August 1911. Schaulustige Menschenmassen defilierten im Salon Carré des Louvre an der unschönen Lücke mit drei Nägeln vorbei, die sie hinterlassen hatte. Dennoch konnte man dem Anblick der Dame kaum entgehen: Postkarten, Reklamen, Pralinenschachteln – überall prangte das Konterfei der Schönen, von der niemand wusste, wo sie sich aufhielt. Es war demnach weniger das Kunstwerk, dessen sich Duchamp bediente, sondern das Massenphänomen.

Da es das Prinzip von Readymades ist, frei verfügbar zu sein, gibt es freilich auch von *L.H.O.O.Q.* mehrere Versionen. An einer beispielsweise ist Francis Picabia beteiligt, der vorerst das Kinnbärtchen vergessen hatte, ein Fehler, der von Duchamp 22 Jahre später, 1942, korrigiert wurde. Im Jahr 1965 schließlich erscheint die Dame so bartlos, wie sie Leonardo schuf, als *L.H.O.O.Q. rasée*.

Neben den vielen Thesen, um wen es sich bei der Dame mit dem legendären Lächeln handeln könnte, gibt es seit Jahren eine, die im Bildnis, gleichsam als feminisierte Selbstreflexion, ein Selbstporträt Leonardos vermutet. Duchamp fände an dieser Mutmaßung sicher Gefallen. Was für Duchamp als weibliches alter Ego Rrose Sélavy war (Abb. S. 11), wäre für den Altmeister nun Mona Lisa. DG

L.H.O.O.Q., 1919
Bleistift auf Heliogravüre,
19,7 x 12,4 cm
Vergrößerte Replik des Originals
Aus: Boîte-en-valise, Serie A, 1943
Philadelphia Museum of Art, The Louise and Walter Arensberg Collection

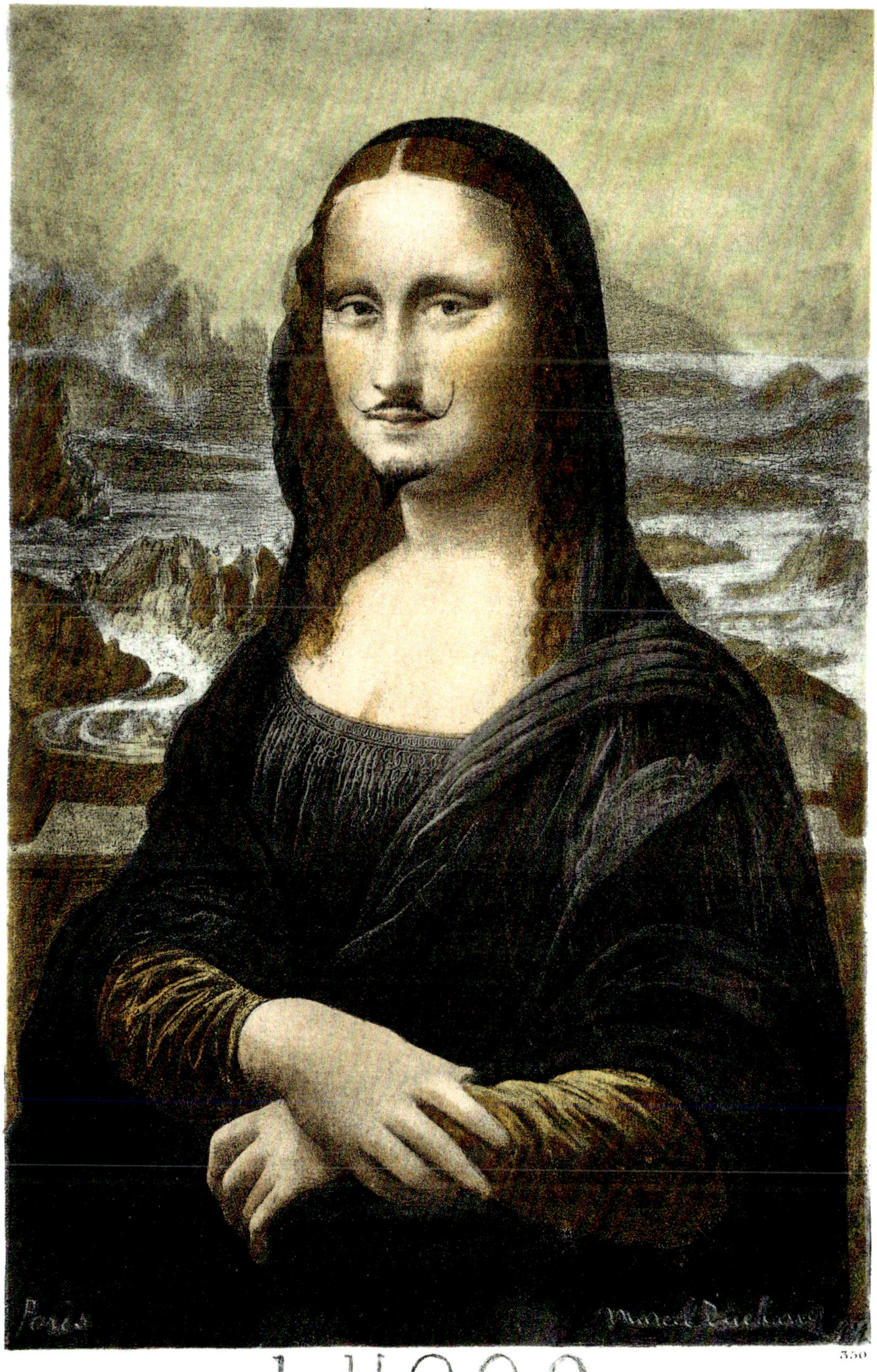
Paris
L.H.O.O.Q.

Francis Picabia
L'Œil cacodylate, 1921

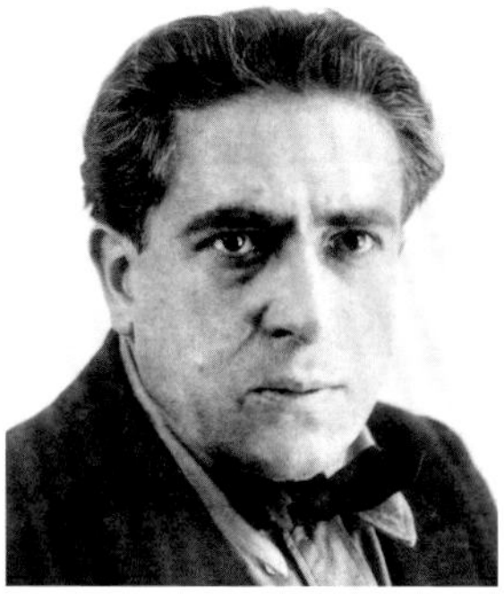

* 1879 in Paris
† 1953 in Paris

Geteiltes Leid ist halbes Leid: Alle, die schon einmal ein Gipsbein hatten, kennen den lindernden Effekt, der sich ergibt, wenn Eltern, Verwandte und Bekannte um einen herum stehen und sich mit Namen und aufmunternden Worten auf der undurchdringlichen Oberfläche der orthopädischen Schale verewigen. Am Ende, wenn alles vorbei ist, wird der Gips aufbewahrt – für einige Zeit zumindest, bevor es dann doch zu streng wird, wie er sich präsentiert.

Es sei denn, es ist Kunst. Es war kein gebrochenes Körperglied, aber dafür ein krankes Auge, an dem Francis Picabia im Jahr 1921 laborierte. Was er sich als momentane Remedur ausdachte, ähnelt der Praxis mit dem Gips dann doch sehr. Er nahm eine Leinwand und malte nichts als ein Auge drauf – in einer Art magischem Akt, als könnte man so das Böse, das in einem steckt, exorzieren. Dieses karge Stück Gemälde wurde nun bei ihren Besuchen den Freunden und Mitstreiterinnen vorgelegt, auf dass sie es weiter bearbeiten und so nicht nur ihre Anteilnahme zeigen, sondern auch ein Werk vollenden. Picabia, in Paris geboren, für einige Zeit nach 1915 in New York lebend, zum Kreis um den Ober-Dada Tristan Tzara gehörend, hatte genügend Anteilnahme in der Szene. Was daraus entstand, war ein Gruppenbild aus Signaturen. Ein wenig Manifesthaftigkeit kam hinzu, denn die meisten hatten auch noch eine Sentenz, bisweilen gar ein Foto parat, mit denen sie sich und ihrem maladen Kollegen Mut machten.

„Ich nenne mich DADA seit 1892", schrieb etwa in die rechte obere Ecke Darius Milhaud (1892–1974), der Komponist – leicht übertreibend und sein Geburtsjahr vermerkend. „Ich finde mich sehr", hinterließ Tzara ein wenig lückenhaft rechts unten. Isadora Duncan (1877–1927), die Tänzerin, gesteht links unten, dass sie Picabia von ganzem Herzen liebt. Duchamp wiederum firmiert, ein wenig verblasst etwas oberhalb der Mitte, mit seinem Künstlernamen Rrose Sélavy. Picabia hat noch seine eigene Signatur hinzugefügt. Und der wunderbaren Zusammenarbeit einen Titel gegeben: *L'Œil cacodylate* meint das Auge, das mit einem arsenhaltigen Mittel namens Kakodylat traktiert wurde.

Tzara hatte sich fünf Jahre davor eine vergleichbare Referenz geleistet. *Himmlisches Abenteuer des Monsieur Antipyrine* hieß ein Text aus dem Jahr 1916, seinerseits auf ein Medikament Bezug nehmend, das man als Schmerzmittel verabreichte. Picabia, zusammen mit Duchamp sicher der Intellektuellste in diesen avantgardistischen Kreisen, wird die Anspielung auf die Anspielung nur zu gern unternommen haben. Nebenbei gab es dem Surrealismus eine Obsession mit auf den Weg: Zahlreich sind dessen Beschäftigungen mit dem Sehorgan. Das cineastische Paradestück *Ein andalusischer Hund* (Abb. S. 69) von 1929 beginnt mit der Schockszene eines zerschlitzten Auges. Und Georges Bataille (1897–1962), ebenso außenseiterischer wie das surrealistische Programm vervollkommnender Querdenker, nennt 1928 seinen bekanntesten obszönen Text eben *Die Geschichte des Auges.*

Picabia zeigt das Gemeinschaftswerk im Herbstsalon des Jahres 1921. Erwartungsgemäß wurde es dort nicht verkauft. Aber es sollte ein neu eröffnetes Lokal zieren, das Le Bœuf sur le Toit im 8. Arrondissement, schnell eines der einschlägigen Etablissements der Boheme. Seinen Namen hatte es von einem Stück Milhauds. Er war es auch, der das Werk mit dem einen Auge und den vielen Handreichungen empfahl. Der Zirkel der Zugehörigen ist geschlossen. RM

L'Œil cacodylate, 1921
Öl auf Leinwand mit Collage-Elementen aus Fotografien, Postkarten und Papier, 148,6 x 117,4 cm
Paris, Centre Pompidou – Musée national d'art moderne – Centre de création industrielle

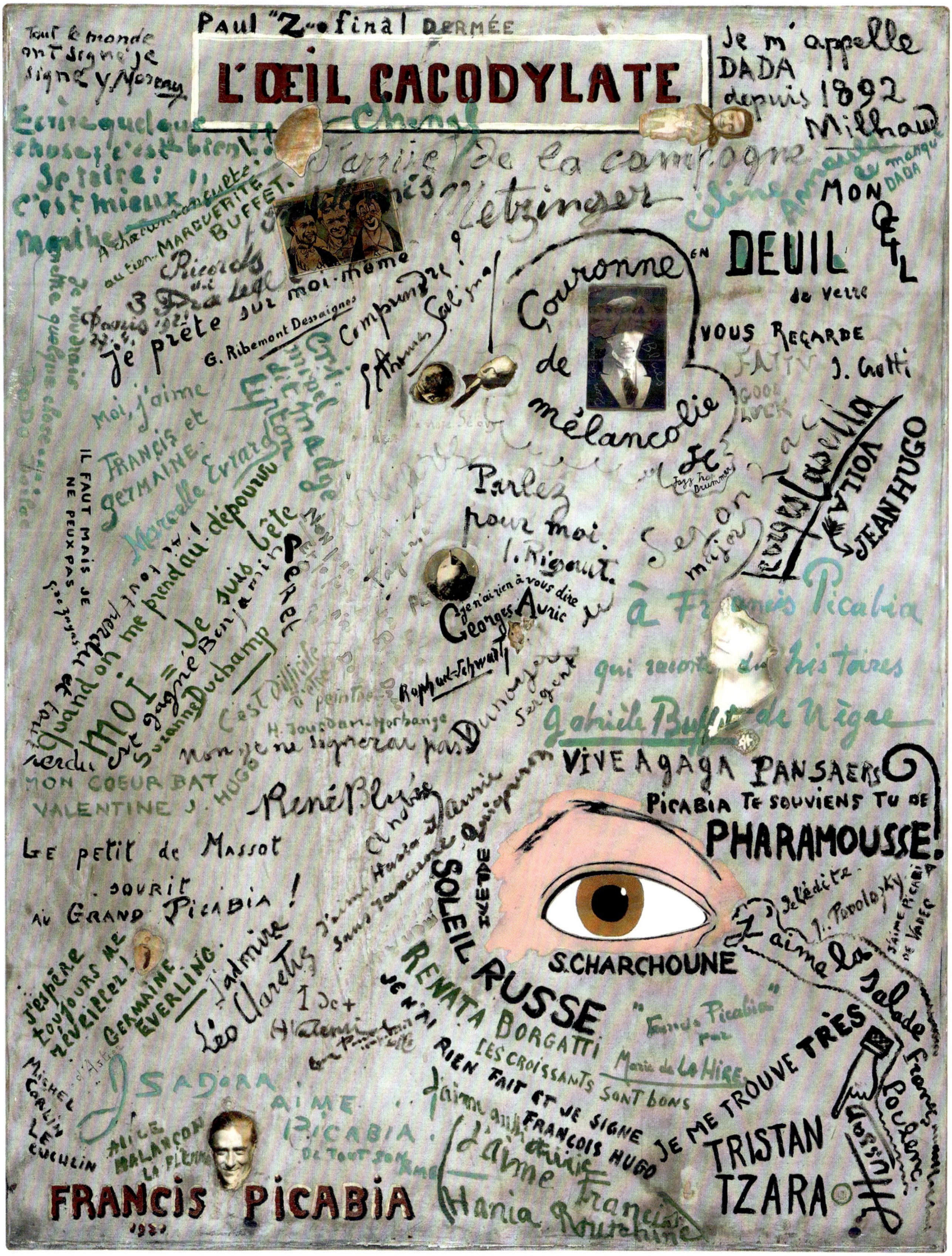

PAUL "Z" final DERMÉE
L'ŒIL CACODYLATE
Je m'appelle DADA depuis 1892 Milhaud
MON ŒIL
EN DEUIL de verre
VOUS REGARDE
Couronne de mélancolie
Metzinger
Je prête sur moi-même
G. Ribemont Dessaignes
moi, j'aime Francis et Germaine
IL FAUT MAIS JE NE PEUX PAS
Parlez pour moi. J. Rigaut.
Je n'ai rien à vous dire Georges Auric
JEAN HUGO
à Francis Picabia qui raconte des histoires
VIVE AGAGA PANSAERS
PICABIA TE SOUVIENS TU DE PHARAMOUSSE!
SOLEIL RUSSE
S. CHARCHOUNE
RENATA BORGATTI
LES CROISSANTS SONT BONS
JE N'AI RIEN FAIT ET JE SIGNE FRANÇOIS HUGO
JE ME TROUVE TRÈS
TRISTAN TZARA
Le petit de Massot sourit au GRAND PICABIA!
J'ESPÈRE TOUJOURS ME RÉVEILLER! GERMAINE EVERLING
MON COEUR BAT VALENTINE J. HUGO
René Blum
ISADORA AIME PICABIA DE TOUT SON ÂME
FRANCIS PICABIA 1921

Pablo Picasso
Drei Frauen an der Quelle, 1921

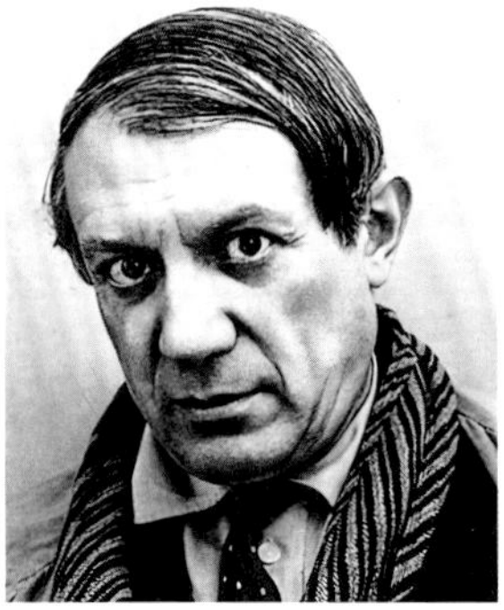

* 1881 in Malaga
† 1973 in Mougins

Von antiker Abkunft, griechischer Atmosphärik, mediterraner Einfachheit, von selbstverständlicher Körperlichkeit und schlichter Konzentration auf eine einfache Bewegung: Was Pablo Picasso im Jahr 1921 mittels Öl auf Leinwand vor Augen stellt, sind die reinsten Skulpturen. Der Meister hat das Monumentale entdeckt. Ein Ordnungsruf, eine Rückkehr zum Kosmos der Überschaubarkeit hat ihn erfasst. Und nicht nur ihn: Fünf Jahre später wird Jean Cocteau es entsprechend *Rappel à l'ordre* nennen, was eine spezielle Tendenz der Zeit ausmacht. Nach den Überhitzungen und Hochgetürmtheiten in den Avantgarden von Kunst und Krieg mutet man sich eine gewisse Ruhe zu.

Letztlich entspricht der Wechsel von Auflösung zu Aufbau, von Deformation zu Formation, von Destruktion zu Delikatesse immer schon Picassos bildnerischem Vokabular. In den Phasen seines Frühwerks, auf die Begriffe „Blaue“ und „Rosa Periode“ gebracht, war er einer Schönheit verpflichtet, die bei aller Tristesse den Motiven ihre spezielle Würde verleiht. Im Kubismus galt demgegenüber der Röntgenblick auf eine Art Betriebsgeheimnis des Sichtbaren, das fremd war, ungewohnt jedenfalls und aus nichts als einer Gitarre oder einem Gesicht eine Kakophonie von Abkürzungen machte.

Nun also wieder Anmut und Anmutung. Den Sommer 1921 verbrachte Picasso, der seit 1918 mit der russischen Balletteuse Olga Koklowa (1891–1955) verheiratet und im Februar des Jahres Vater geworden war, mit seiner jungen Familie gleich in der Nähe von Paris. Fontainebleau war der Ferienort, Domizil der Freilichtmaler im 19. Jahrhundert und Ort eines sehr groß geratenen Schlosses. Hier also wurden die drei Frauen, wie sie mit irdenem Krug Wasser abschöpfen, entwickelt. Statt Meer gab es für Picasso Quelle – *Fontaine* – in diesem Sommer. Wie immer, wenn sich Aufsehenerregendes tut in seinem Œuvre, lässt es sich autobiografisch deuten. Hinzu kommt das Erlebnis der Schwangerschaft: Womöglich hat das Dralle der drei Frauen mit der körperlichen Veränderung seiner eigenen Frau zu tun.

Doch ist es nicht so einfach. Vor Ort ist ein weiteres Bild entstanden, mit jeweils über zwei Metern Breite und Höhe sogar noch ausladender, das ebenfalls zu seinen Hauptwerken gehört. *Die drei Musikanten* sind Männer, und sie sind reinste Formzerlegung. Wieder einmal führt Picasso im Vorzeigen seiner Virtuosität vor allem auch das Demonstrative selbst vor, das seinen Status als Weltmeister erst plausibel macht. Konstruktion und Destruktion hat er von jeher gleichzeitig auf seiner Palette. Er kann es einfach.

Und so gibt *Drei Frauen an der Quelle* eine alternative Antwort auf die zentrale Frage des Kubismus: Was passiert mit Dreidimensionalität, wenn sie auf eine Fläche trifft?, lautet sie so schlagend wie naheliegend. Der Kubismus sucht die Facettierung, das Auseinanderbreiten der Formen in ein Nebeneinander der Perspektiven. Picassos Klassizität dagegen nimmt sich die klassische Lösung vor. Die Figuren sind komponiert, als sähe man eine einzige in drei verschiedenen Ansichten. Dreiviertelansicht, Vorderansicht, Seitenansicht fügen sich zu einem Gesamtbild mit allen Qualitäten des Skulpturalen. Das Gemälde in seiner Flachheit gestattet die Einsicht ins Plastische. Das war immer schon, die Kunstgeschichte nennt es „Paragone“, ein zentrales Anliegen der Malerei. Picasso reiht sich ein in die Phalanx von Vorgängern wie Raffael oder Nicolas Poussin (1594–1665). Klassiker unter sich. RM

Drei Frauen an der Quelle, 1921
Öl auf Leinwand, 203,9 x 174 cm
New York, The Museum of Modern Art,
Gift of Mr. and Mrs. Allan D. Emil

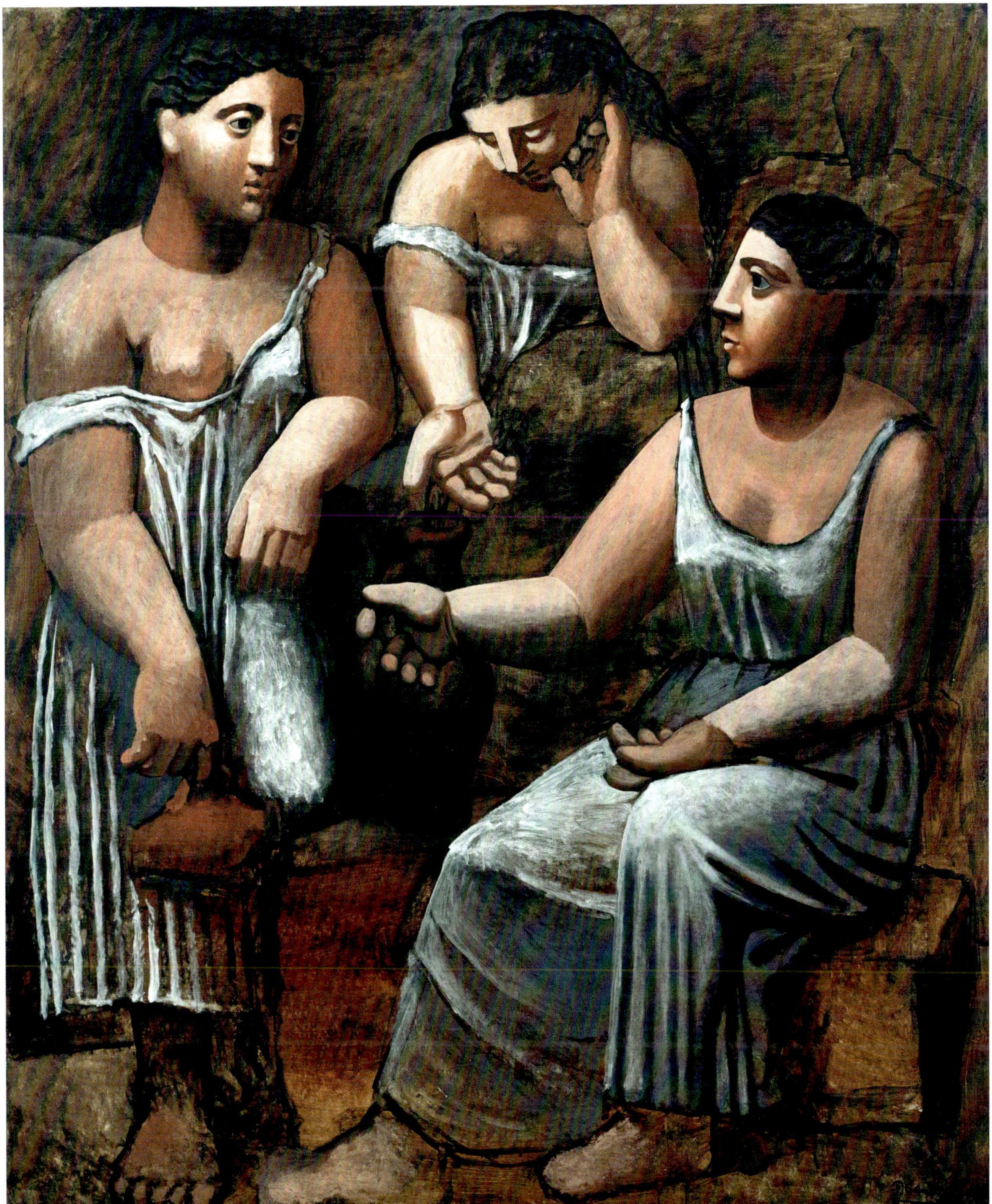

Henri Matisse
Der maurische Wandschirm, 1921

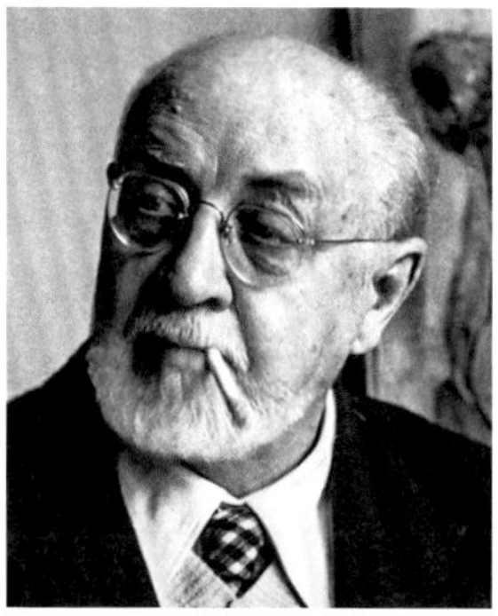

* 1869 in Le Cateau-Cambrésis
† 1954 in Nizza

Henri Matisse in Nizza. Soeben hat er eine Wohnung an der Place Charles-Félix bezogen, die ihm die Bühne sein wird für Arrangements wie dieses: weibliche Figuren in reich ausstaffierten Kulissen aus Tapisseriewaren und dekorativen Stoffen, die sich aus dem Fundus der Sammlung von Matisse speisen. Die berühmte Reihe der Odalisken-Bilder entsteht hier, ebenso diverse Interieurs und Stillleben. Neben der überbordenden Dekoration ist den Werken dieser Jahre die Rückkehr zu einer realistischeren Auffassung von Figur und Szenerie gemeinsam. Es scheint, die Zeit der radikalen Experimente, die in Matisse' Auseinandersetzung mit dem Kubismus gipfelte, ist vorbei.

Publikum und Kritik nehmen die Bilder der frühen Nizza-Periode (1917 bis 1929) gespalten auf. Aufgrund der leichten Zugänglichkeit und ihrer dekorativen Werte vom konservativen Publikum begrüßt, werden sie von der modernistischen Kunstkritik geschmäht. Alfred Barr (1902–1981), der Gründungsdirektor des Museum of Modern Art in New York, sieht im Naturalismus der Bilder nichts anderes als eine Regression. Andere Kritiken werten die Bilder weniger als Verrat an der eigenen künstlerischen Radikalität, denn als Flucht aus der politischen Situation am Ende des Ersten Weltkrieges. Ein Thema jedoch verbindet die Gemälde der frühen Nizza-Periode mit den vorangegangenen, ebenso wie mit den noch folgenden Arbeiten des Künstlers. Es ist das vielleicht Wichtigste seines Werkes überhaupt: das Thema der Dekoration. Matisse arbeitet in den 1920er-Jahren am Verhältnis von Figur und Dekor, wobei Dekor in dieser Werkphase ganz buchstäblich die ornamentierte Ausstattung seiner Bildräume meint.

So auch in *Der maurische Wandschirm*: Zu sehen sind zwei weibliche Figuren in einem üppig ausstaffierten Interieur: im Lehnstuhl die Musikerin und Tänzerin Henriette Darricarrère (geb. 1901, Todesjahr unbekannt), an die Wand gelehnt Marguerite (1894–1982), die Tochter des Malers, beide in leichter Sommermode. Wie Versatzstücke der Bürgerlichkeit sind einige Möbel im Raum platziert. Der titelgebende maurische Wandschirm baut sich hinter den beiden Figuren auf und nimmt gut ein Drittel der Bildfläche ein. Er wird in diversen Bildern der kommenden Jahre auftauchen.

Damit ist jedoch noch nichts gesagt über die Kollisionen von Dekoration und Figuration, die das Gemälde durchziehen. Auch wenn die Verkürzungen von Tisch oder Kamin bruchstückhaft den Raum eines Interieurs suggerieren, will sich keine stabile Räumlichkeit einstellen. Das liegt nicht nur daran, dass der Wandschirm den Übergang vom Boden zur Wand verstellt. Die in ihrem Maßstab so variablen Muster der Teppiche und Stoffe sprengen jegliche stabilen Koordinaten und setzen ihren gegenläufigen Flächenrhythmus durch.

Es ist ein wahrhafter Exzess des Dekorativen, in dem sich der Akzent von den Figuren auf ihr Umfeld verschiebt. Und hier steht er, der reich ornamentierte maurische Wandschirm, bespannt mit einem nordafrikanischen Stoff, den Matisse von einer seiner Reisen mitgebracht hat. „Die Offenbarung kam mir aus dem Orient", wird er 1947 sagen und auf seine Konzeption des Tafelbildes als dekoratives Feld anspielen. *Der maurische Wandschirm* ist Teil dieser malerischen Recherche, die die widersprüchlichen Ordnungen von Ornament und Figur zusammenführt – und die sich in den späten Scherenschnitten dann vollenden wird. CM

Der maurische Wandschirm, 1921
Öl auf Leinwand, 91,9 x 74,3 cm
Philadelphia Museum of Art,
Bequest of Lisa Norris Elkins (1950)

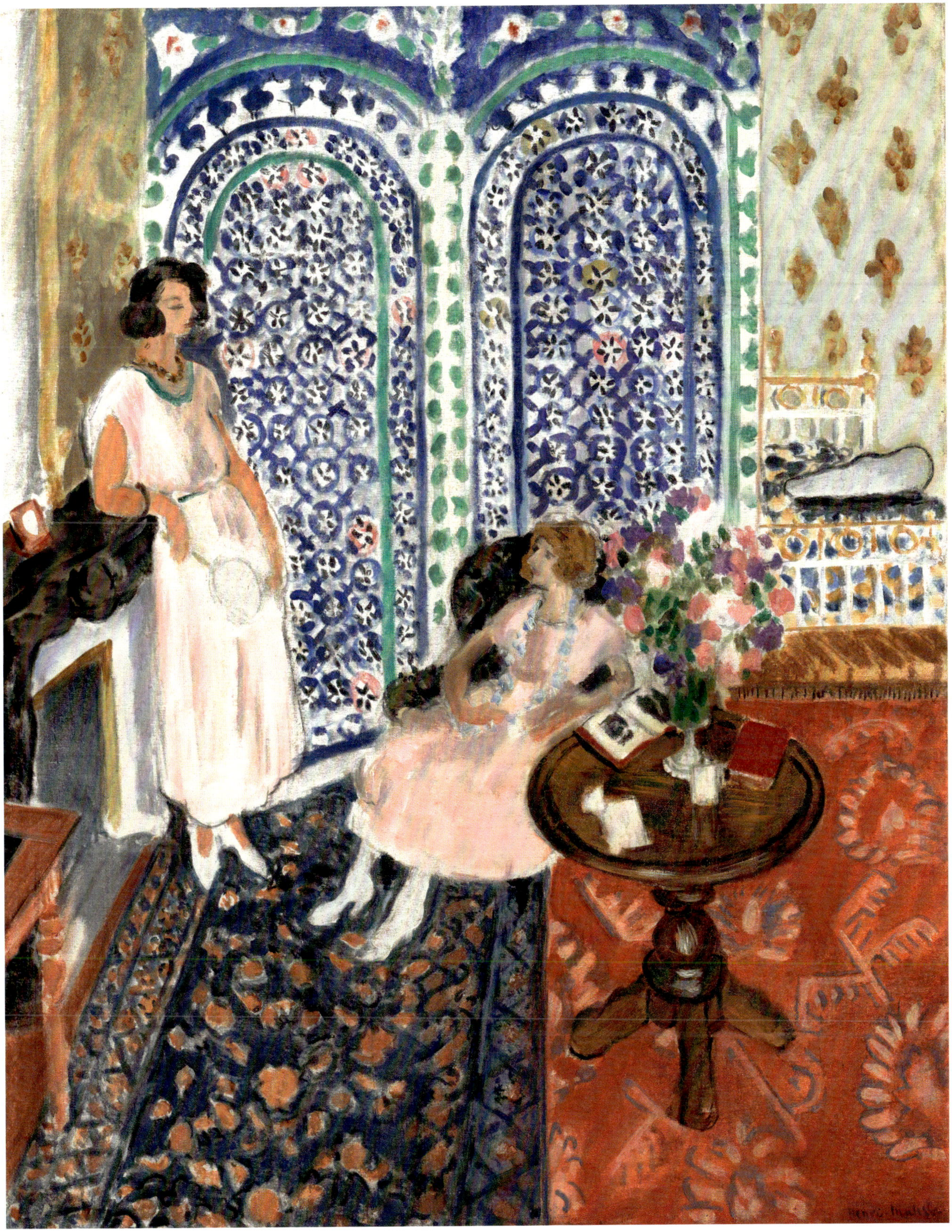

Constantin Brancuşi

Torso eines jungen Mannes (I), 1922

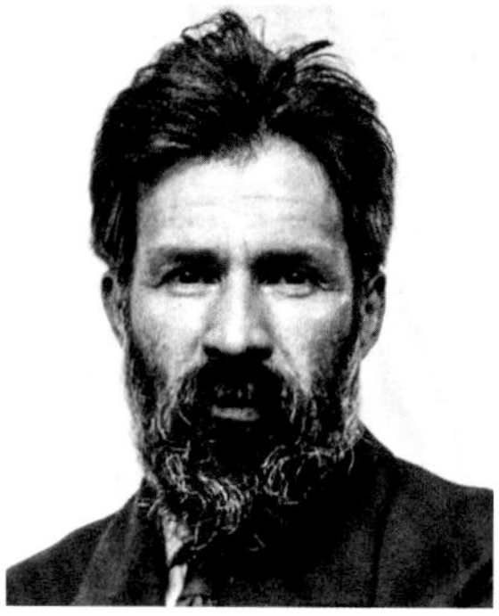

* 1876 in Hobiţa
† 1957 in Paris

Wie viel darf man von einer Figur nehmen, ohne dem Motiv seine Erkennbarkeit zu mindern? Constantin Brancuşis Skulpturen sind stets das Ergebnis einer langen, tiefen Beschäftigung mit dem jeweiligen Thema. Sie sind das Resultat unzähliger Verbesserungen und unvergleichlicher Sorgfalt gegenüber Material wie Materie. Als Perfektion durch Reduktion möchte man es zusammenfassen. Der Künstler selbst zog sein Resümee so: „Einfachheit ist eingelöste Komplexität."

Zeit ist in diesem Leben und Werk weniger ein Kriterium. So verwundert es kaum, dass Brancuşi den Weg von seiner rumänischen Heimat nach Paris zu Fuß zurücklegt, wo er 1904 am französischen Nationalfeiertag, dem 14. Juli, ankommt. Er wird bleiben. „Alle meine Arbeiten gehen auf fünfzehn Jahre Arbeit zurück. Ich könnte zwar täglich etwas Neues beginnen, aber wie enden?", nähert er sich seiner Arbeitsmethode im Gespräch mit Ezra Pound, dem Schriftsteller. Brancuşi kreist um seine Werke im besten Sinn des Wortes. Dabei ist ihm nicht nur das Werk per se in Form, Materialbearbeitung und Ansichtigkeit wichtig. Seine Überlegungen drehen sich ebenso um die Art der Präsentation oder die Weise, wie das entsprechende Werk fotografisch optimal in Szene gesetzt wird.

Die Holzversion des *Torso eines jungen Mannes*, entstanden zwischen 1917 und 1922, setzt Brancuşi beispielsweise 1924 nochmals in Gips für einen Bronzeguss um. Nach einer anfänglichen Präsentation auf einem zylinderförmigen Unterbau wird der Künstler sich für einen Sockel in Gestalt eines Kalksteinquaders entscheiden, dessen Seitenlänge zur eigentlichen Skulptur und der gesamten Höhe des Ensembles mit 1:3:9 in einem klar definierten Verhältnis steht.

Auch für fotografische Ansichten scheint Brancuşi vorerst einen anderen Blickwinkel im Auge gehabt zu haben. Erste Aufnahmen zeigen das klassische Sujet des Jünglingstorsos in einer leichten Seitenansicht, sodass die Rundung der Hüfte sichtbar wird. Danach wird das Objekt samt Sockel nur mehr frontal abgebildet, was seine organische Form zugunsten einer eher geometrischen, nahezu kubistischen Darstellung augenscheinlich vermindert. Kubistische Skulptur, Jüngling aus der Antike oder doch dessen erregtes Geschlechtsteil? An Assoziationen scheint bei aller Reduktion auf das Wesentlichste vieles möglich.

Brancuşi, der Tüftler und Grübler, ist überzeugt, einzig selbst zu wissen, wie seine Werke fotografisch wiederzugeben seien. Anregung hierzu erlangte er von keinem Geringeren als Man Ray. Dieser zeigt sich in seiner Autobiografie nachgerade enthusiasmiert vom Atelier des Kollegen, wo dieser inmitten von Paris einem Einsiedler gleich lebte und unentwegt über die optimale Präsentation seiner reduzierten Figurationen sinnierte. „Es war, als betrete man eine andere Welt", erinnert sich Ray. Keine Kathedrale hätte ihn je mehr beeindruckt, „dieses Weiße und diese Helligkeit überwältigten mich".

Kein Kunstschaffender vor der Moderne dürfte sich so viele Gedanken über die optimale Justierung seiner Werke im Raum gemacht haben wie Brancuşi. Sein letztes Lebensjahr verbringt er damit, die Dinge in seinem Atelier ins Ensemble zu setzen, es zu konservieren, um es schließlich dem französischen Staat zu vermachen. Die Rekonstruktion in einem eigenen Bau vor dem Pariser Centre Pompidou legt heute Zeugnis ab von den Nöten eines Bildhauers, für die richtige Form die rechte Präsentation zu finden. DG

Torso eines jungen Mannes (I), 1922
Ahornholz und Kalksteinblock,
48,3 x 31,5 x 18,5 cm
Philadelphia Museum of Art, The Louise and Walter Arensberg Collection

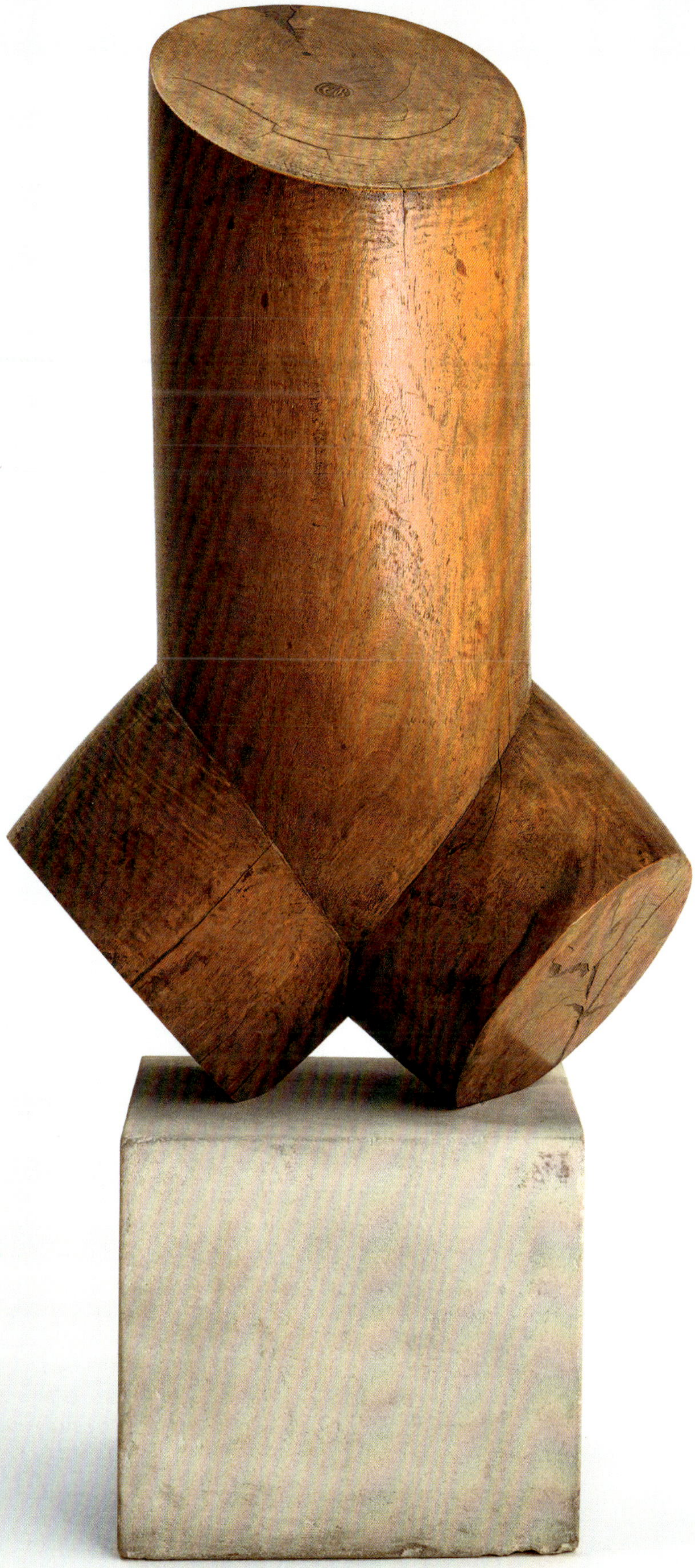

Marie Laurencin
Porträt Coco Chanel, 1923

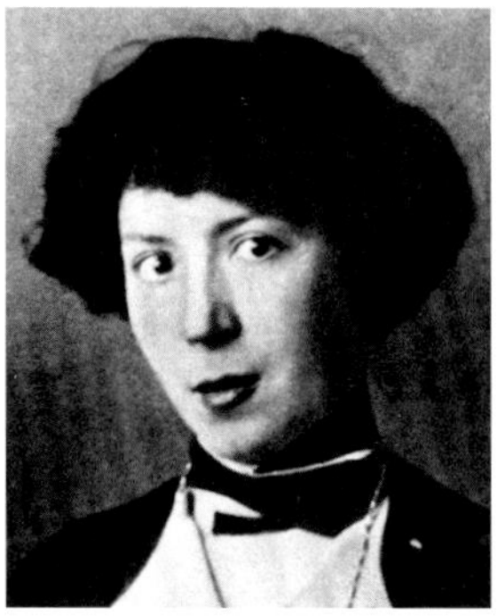

* 1883 in Paris
† 1956 in Paris

Als Marie Laurencin Coco Chanel porträtierte, waren ihre Bildnisse im mondänen Paris der 1920er-Jahre ihrerseits in Mode – dies nicht trotz, sondern wegen ihrer nur eingeschränkt professionellen Ausbildung. Als Halbwaise war sie bei ihrer Mutter aufgewachsen. 1902 begann sie eine Ausbildung zur Porzellanmalerin, wechselte aber bald an die private Académie Humbert in Paris, wo sie Georges Braque begegnete. Durch ihn wurde sie in die Pariser Kunstszene eingeführt und lernte unter anderen Picasso kennen.

Ihre immer wieder unterbrochenen Ausbildungsgänge wurden ihr in den 1920er-Jahren durchaus positiv ausgelegt und im Zuge der Wertschätzung autodidaktischer Künstlerinnen und Künstler ihre frühen Gemälde gerade wegen des naiven und ursprünglichen Charmes geschätzt. Diesen „naiven" Anfängen trauerte der aus Deutschland stammende Kunsthändler Wilhelm Uhde (1874–1947) noch in den 1930er-Jahren nach, und er war bereit, viel Geld zu investieren, um ein Bild aus ihrer frühen Zeit zu kaufen – einer Zeit, in der es ihm selbst nur mit einer List gelungen war, Marie Laurencin einen Vertrag mit dem Kollegen Paul Rosenberg (1881–1959) zu verschaffen: Ein im Auftrag Uhdes überteuert verkauftes Bild an einen Sammler erregte in Paris Aufsehen, und Paul Rosenbergs Interesse war geweckt.

Wilhelm Uhde hatte sich für sie eingesetzt, vor allem aber konnte sie als jahrelange Geliebte Guillaume Apollinaires ihren Bekanntheitsgrad in Paris steigern. Die beiden trennten sich 1914, nach dem Ersten Weltkrieg begann ihre außerordentliche Karriere vor allem als Porträtistin. 1923 engagierte der Ballett-Impresario Serge Diaghilew (1872–1929) Marie Laurencin für seine neue Produktion *Les Biches* – wörtlich: Hirschkühe, im übertragenen Sinn: Kokotten. Die Malerin sollte die Entwürfe für das Bühnenbild gestalten. Coco Chanel lieferte die Kostüme. Als sich beide bei den Vorbereitungen trafen, wünschte sich Chanel ein Bildnis. Chanel, die seit 1910 ihre Boutique in Paris führte, war in den frühen 1920er-Jahren bereits eine bekannte Persönlichkeit, deren Modestil sich durch eine Art prätentiöser Schlichtheit definierte.

Marie Laurencin übersetzte die sachliche und im Ornament reduzierte Couture Coco Chanels in persönliche Schlichtheit. Sie stellte eine zierliche, verträumt am Betrachter vorbei nach unten blickende junge Frau dar. Manieriert hält sie sich ein Tuch hinter den Rücken, ein Schoßhund liegt auf ihren Knien. Die Farbigkeit ist für den reifen Stil der Marie Laurencin charakteristisch: ein pastellartiges Kolorit mit gedeckten Grün-, Rosa- und Blautönen als Hauptfarben, in das das Schwarz Akzente setzt – hier Haare, Augen, Schal. Die Künstlerin bediente derart die Erwartungen an eine, wie Apollinaire es nannte, spezifisch „weibliche" Malerei.

Glücklich war Chanel mit ihrem Porträt nicht. Vermutlich trug der Schnitt des Kleides nicht deutlich genug ihre Signatur, und der schüchterne Blick entsprach sicher nicht ihrem Temperament. An der Weigerung, einen zweiten Porträtversuch zu unternehmen, lässt sich das Standing Marie Laurencins in Paris ablesen: Eine Zurückweisung konnte sie sich leisten, Aufträge gab es genug. Es kam also zu keinem Verkauf an Coco Chanel, und so landete das Bild vermutlich über die beiden Kunsthändler Paul Rosenberg und Paul Guillaume (1891–1934) im Musée de l'Orangerie in Paris. MW

Porträt Coco Chanel, 1923
Öl auf Leinwand, 92 x 73 cm
Paris, Musée de l'Orangerie

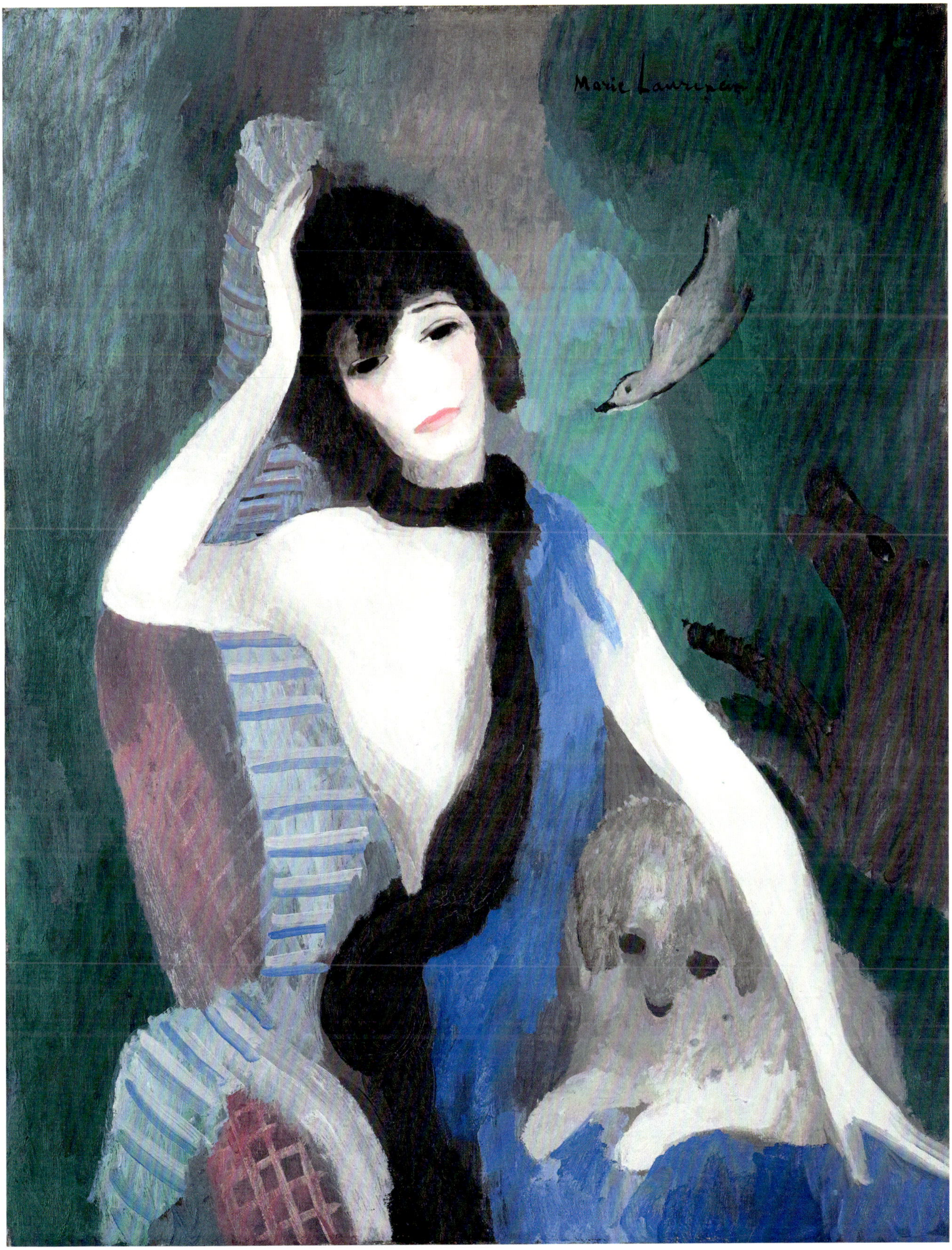
Marie Laurencin

Man Ray
Le Violon d'Ingres, 1924

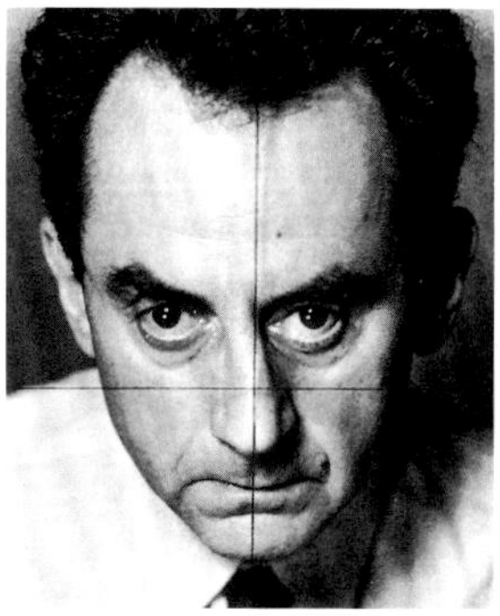

* 1890 in Philadelphia
† 1976 in Paris

Jean-Auguste-Dominique Ingres (1780–1867) ist berühmt als derjenige Maler, der die große französische Tradition des Klassizismus in die Moderne führte. Er war ein Verfechter der Linie. Zur Not wurde der Rücken einer seiner eher keusch als aufreizend drapierten Nackten um einiges aus der anatomischen Richtigkeit befördert, wenn die Kontur nur idealisch genug ausfiel. Als Picasso oder Derain sich in ihrer *Rückkehr zur Ordnung* versuchten, war ihnen Ingres ein willkommener Wegbegleiter.

Ingres hatte ein Hobby, für das er berühmt wurde, weil er dafür berüchtigt war. Er spielte auf der Fidel, und was es dabei zu hören gab, war nicht so wohlgeformt wie seine Linien. Er war eben ein Liebhaber auf diesem Gebiet, ein Amateur, ein Dilettant. „Violon d'Ingres" ist ins Französische eingegangen für ein Steckenpferd, das eher unbeholfen geritten wird. Grund genug für einen Dadaisten, Surrealisten, Begriffsjongleur wie Man Ray, eines der schönsten Wortspiele der Kunstgeschichte zu inszenieren. Text und Bild sprechen zueinander doch immer sehr eigene, spröde Sprachen. Hier indes ist der Sprung vom einen Idiom zum anderen perfekt gemeistert.

In ausgesucht Ingres'schem Angedenken gibt es also einen Rückenakt. Zur Verfügung gestellt wird der nackte Oberkörper von Kiki, Beiname de Montparnasse, Muse und Modell von diversen Künstlern, die die Szene bevölkerten, und in diesen Jahren Mitbewohnerin, Gefährtin, Geliebte von Man Ray (Abb. S. 1, 14, 15). Er zeigt sie in voller Konzentration auf ihre hintere Partie, und er hat ihr einen Turban aufgesetzt, sodass die Reminiszenz an Ingres' *Badende* von 1808 vollends augenfällig wird. Der Fotografie dieser Venus im Umkehrschluss sind nun per Tuschezeichnung zwei Markierungen hinzugefügt, die aussehen wie die F-Löcher von Geigen. Kikis Körper ist der Korpus einer Violine, und er ist eine Erinnerung an eines der bekanntesten Bilder von Ingres. Fertig ist die schlüssigste Inszenierung. In der Unmittelbarkeit dessen, wie sich Titel und Illustration zueinander fügen, ist Man Rays Montage nicht weniger als ein Emblem.

„Kiki zögerte immer noch, sie wolle nicht, daß überall Photos von ihr herumlägen", lässt Man Ray die Situation in seiner Autobiografie von 1963 Revue passieren. „Aber sie arbeite doch als Aktmodell, beharrte ich, die Bilder seien ständig auf Ausstellungen zu sehen, manchmal mit ihrem Namen als Titel. Das schon, entgegnete sie, aber ein Maler könne die Erscheinung der Dinge abwandeln, ein Photo dagegen sei zu wirklichkeitsgetreu. Meine nicht, gab ich zurück, ich photographiere so, wie ich male, verwandele das Modell, wie es ein Maler tut, könne es so veredeln und umformen wie ein Maler auch." Bei *Le Violon d'Ingres* hat der Lichtbildner tatsächlich das Metier eines Malers auf der Palette. Kein Gemälde könnte den Sprach- und Denkwitz plastischer herausarbeiten.

Reproduziert und damit als Fotografie gedruckt wurde das Werk zum ersten Mal im Juni 1924. Die Pariser Zeitschrift *Littérature*, in der die Abbildung erschien, war das Zentralorgan des Surrealismus, bevor es ihn als Gruppe gab. Die Herren Louis Aragon, André Breton und Philippe Soupault fungierten als Redakteure. Es sind Dichter, und es wird ihnen besonderes Vergnügen bereitet haben, ein Stück bildender Kunst, das so virtuos auf der Klaviatur der Sprache spielt, zu verbreiten. Der Surrealismus ist eine eher literarische Bewegung. Man Ray nicht zuletzt hat ihn mit Bildbeispielen versetzt. RM

Le Violon d'Ingres, 1924
Silbergelatine-Abzug, 31 x 24,7 cm
Paris, Centre Pompidou –
Musée national d'art moderne –
Centre de création industrielle

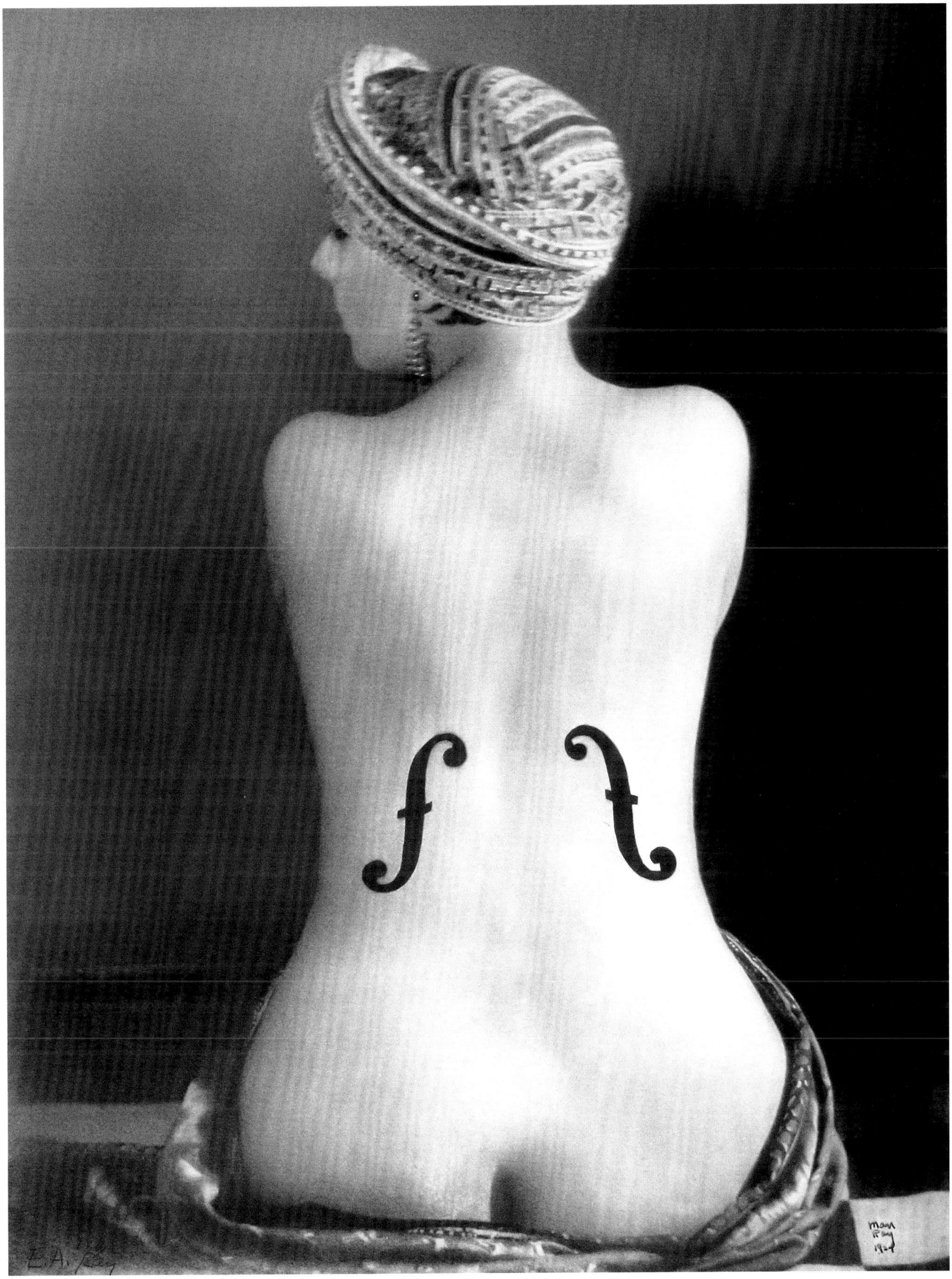
Man
Ray
1924

René Clair

Balletteuse, Szenenfoto aus *Entr'acte*, 1924

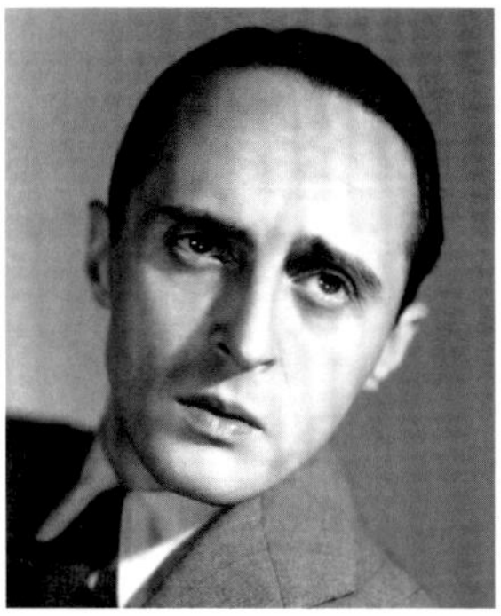

* 1898 in Paris
† 1981 in Neuilly-sur-Seine

Sie wurden immer wieder als Schlüsselbild des Films bezeichnet: Die durch eine Glasscheibe von unten gefilmten Drehungen und Sprünge einer Ballerina, deren filigranes Tutu aus diesem Blickwinkel wie eine Blüte anmutet, die sich entfaltet und wieder schließt – Schlüsselbild nicht nur, weil diese Einstellungen einen Tanz zeigen und damit Bezug nehmen auf jene Ballettproduktion, für die der Film gedreht wurde. Als beispielhaft wurden die Aufnahmen auch aufgrund der völlig neuartigen Sicht bewertet, die sie auf die Wirklichkeit eröffnen: Das eigentümliche Leben einer blütenförmigen Draperie wurde zum Emblem der avantgardistischen Kinematografie. Francis Picabia, einstiger Dadaist und Skriptautor des Films, wollte den Titel *Entr'acte* darum auch im doppelten Sinn als *Zwischenakt* verstanden wissen: nämlich als Pausenstück zwischen den beiden Akten eines gemeinsam mit dem Komponisten Erik Satie (1866–1925) entwickelten Balletts; und als „Unterbrechung des täglichen Stumpfsinnes" sowie „der Langatmigkeit des monotonen Lebens".

Auch wenn der Film schon bald unabhängig von der Life-Performance gezeigt wurde, für die er konzipiert worden war, ist sein Entstehungskontext ebenso bemerkenswert, wie für das Paris der 1920er-Jahre bezeichnend. *Entr'acte* war Teil des Tanzstücks *Relâche* (Spielpause). Wie andere bedeutende Ballettproduktionen dieser Zeit entstand *Relâche* in Zusammenarbeit der unterschiedlichen Disziplinen Tanz, Theater, Musik und bildender Kunst. Außergewöhnlich war jedoch die Idee, einen Film zum integralen Bestandteil des Bühnenstücks zu machen.

Picabia und Satie beauftragten René Clair. Der Regisseur nutzte die Gelegenheit, um einen Film zu realisieren, der sich gänzlich auf die Effekte kinematografischer Bewegungsmanipulation stützt und auf die Kohärenz einer Erzählhandlung verzichtet. Grundlage bildete ein Skript von Picabia; gemeinsames Prinzip von Film, Tanz und Musik war der Rhythmus. Clair versprach sich von der rhythmischen Struktur des Films nicht weniger als die Erzeugung bislang unbekannter Sichtbarkeiten: *Entr'acte* wurde zu einem Klassiker der Filmavantgarde. Schon das zeitgenössische Publikum begeisterte sich für die Fülle filmtechnischer Tricks, die *Entr'acte* versammelte: Zeitlupe, Zeitraffer, Mehrfachbelichtung und Stopptrick, auf dem Kopf stehende Bilder und rückwärts abgespulte Sequenzen feierten den Film als Medium, in dem die natürlichen Gesetze von Raum, Bewegung und Zeit außer Kraft gesetzt sind. *Entr'acte* unterwarf die Wahrnehmung der Zumutung und dem Zauber filmtechnischer Manipulationen – zu denen auch gehörte, dass die kopflose Ballerina im Verlauf des Films mit einem bärtigen Haupt ausgestattet wurde.

Clairs Film ließ aber nicht nur die tricktechnische Magie des anfänglichen Kinos wieder aufleben. *Entr'acte* wurde auch zum veritablen Who's who der zeitgenössischen Pariser Kunstszene. Im Jahr der Veröffentlichung von André Bretons erstem *Surrealistischem Manifest* gedreht, versammelte der Film Schlüsselfiguren wie Francis Picabia, Man Ray oder Marcel Duchamp. Auch Satie, der mit seiner Komposition einen frühen Höhepunkt der Filmmusik geschaffen hatte, war zu sehen. Gemeinsam mit Picabia feuerte er im Prolog ein Geschoss in Richtung Publikum, um von Anfang an klarzumachen, dass dieser Film einen Angriff plant – auf die Wahrnehmungsgewohnheiten seines bürgerlichen Publikums. CM

Balletteuse, 1924
Szenenfoto aus *Entr'acte*, dem filmischen Zwischenspiel zu Francis Picabias Ballett *Relâche*
Paris, Centre Pompidou – Musée national d'art moderne – Centre de création industrielle

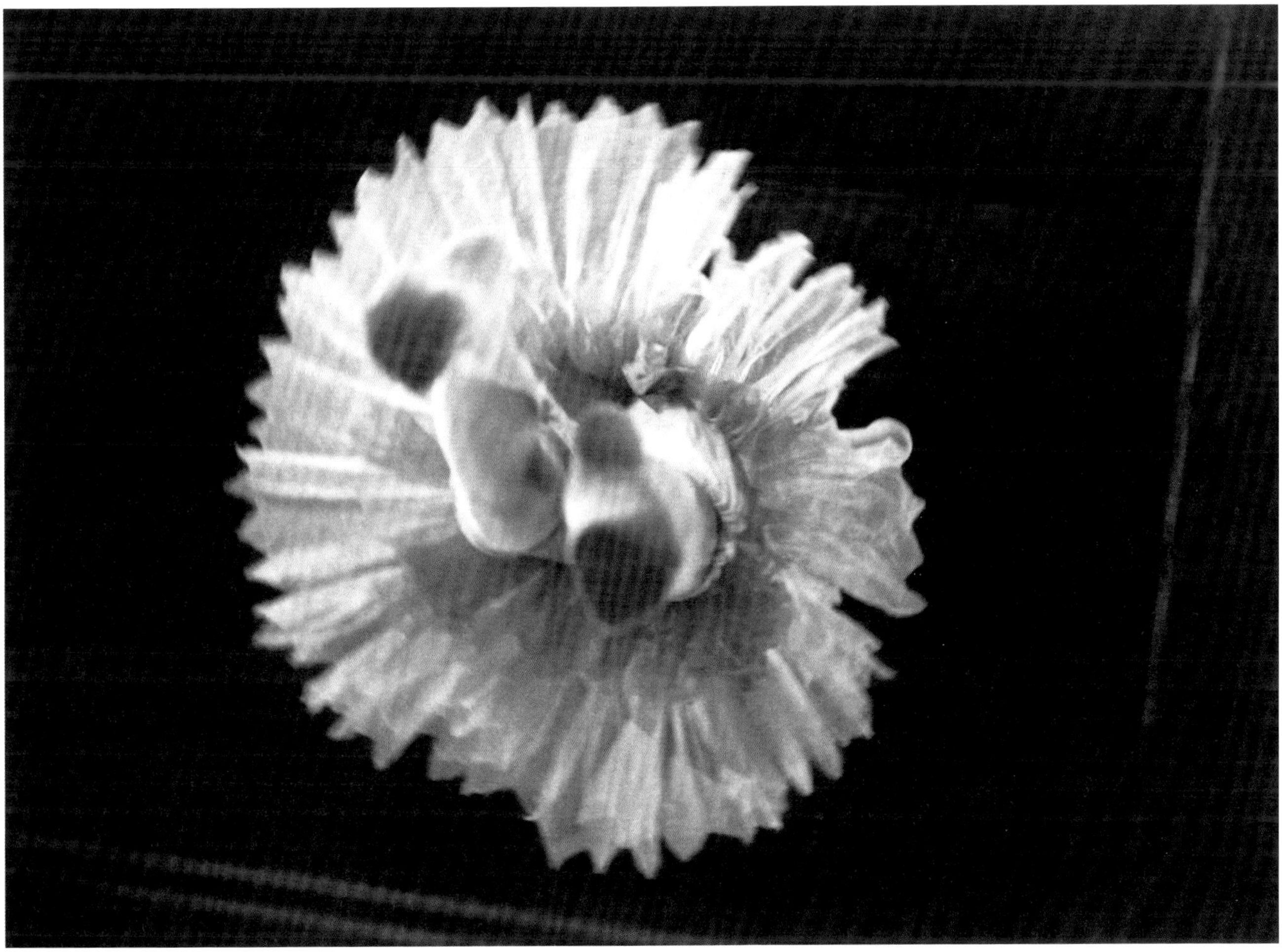

Sonia Delaunay

Entwürfe für das Esszimmer der Familie Delaunay, 1924

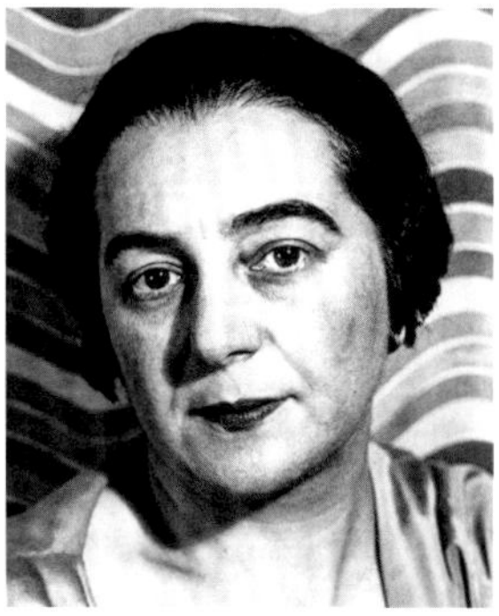

* 1885 in Hradysk
† 1979 in Paris

Mehr und mehr begannen sich Frauen, Anfang der 1920er-Jahre in Paris als Künstlerinnen durchzusetzten. Bereits 1921 lag der Frauenanteil im Salon des Indépendants bei 21 Prozent – was die (männliche) Kunstkritik sogleich eine „weibliche Invasion" ausrufen ließ. Künstlerinnen, denen Erfolg und Aufmerksamkeit beschieden sind, finden gern einmal in einem Atemzug mit einem männlichen Kollegen Erwähnung. Das gilt nicht allein für Paris, und beileibe nicht nur für die 20er-Jahre.

Guillaume Apollinaire bringt es auf den speziellen Punkt, wenn er von seiner Geliebten, der Malerin Marie Laurencin (Abb. S. 42), sagt: „Sie ist fröhlich, sie ist gut, sie ist geistreich und sie hat so viel Talent! Das ist eine kleine Sonne. Das bin ich als Frau!" Demgegenüber mutet es nachgerade anerkennend an, wenn eben Apollinaire über Sonia und Robert Delaunay berichtet: „Kaum wurden die Delaunays morgens wach, sprachen sie über Malerei." Und in der Tat, das Ehepaar stand im regen und zwar gegenseitigen Austausch, man ergänzte einander und unterstützte sich. Robert (1885–1941), der Autodidakt, setzte sich intensiver mit Theorie auseinander als Sonia, die ihre akademische Malausbildung in St. Petersburg, Karlsruhe und Paris genossen hatte.

Licht, Bewegung und Farbe waren dem Augenschein nach das Lieblingsthema des Paares – und Simultankontraste die Losung. Während nun Robert sich ganz auf seine Malerei konzentrieren durfte, hatte Sonia kein Problem damit, ihre Untersuchungen über das Zusammenwirken von Farben im Auge im angewandten Bereich der Kunst durchzuführen. Eine Decke zusammengefügt aus unterschiedlichen farbigen Stoffresten für die Wiege des Sohnes hatte 1911 den Anfang gesetzt. Mit den Jahren wurde mit Bucheinbänden, Kästchen, Bekleidung, Accessoires und Raumtextilien ein ganzes Sortiment daraus. Ab 1923 entstanden für einen Lyoner Seidenfabrikanten um die 50 Muster für Stoffe. Den ultimativen Beweis dafür, dass der moderne Alltag mit wechselnden Farbkonstellationen überzogen werden konnte, lieferte ein nach Sonias Mustern bemaltes Citroën-Cabrio auf der Pariser Art deco-Ausstellung 1925 (Abb. S. 20 unten).

In dem Zusammenhang wundert es wenig, dass sich die Künstlerin neben dem Entwurf von Theaterausstattungen ebenso Zimmerinterieurs widmete – so auch der eigenen Wohnung am Boulevard Malesherbes, die bald nach dem Einzug der Familie zum Treffpunkt der Dadaisten- und Surrealistenszene wurde. Die entsprechende Skizze zeigt einen Raum mit drei schmalen Wandbehängen, einem farblich abgestimmten Teppich. Die Möbel – ein Tisch, ein Buffet mit großflächigen Einlegearbeiten und an die Wand gestellte Stühle mit karierter Polsterung – sind überwiegend weiß, ansonsten ist der Raum in dunklen Rot-, Blau- und Grautönen gehalten. Madame Delaunay hatte sich wohl in der Farbwahl durchgesetzt. Denn, bei aller künstlerischer Eintracht, eine Vorliebe konnte sie mit ihrem Mann nicht teilen: „Ich warf ihm das Orange vor, das ich schrecklich finde. Gelb und Orange sind Farben, die ich stets meide." Nicht ohne versöhnlich hinzuzufügen: „Doch in Wirklichkeit waren es unsere beiden Temperamente, die sich unterschiedlich ausdrückten."

Bis zur Weltwirtschaftskrise 1929 sorgt Sonia mit ihren Textilien für das Familieneinkommen. Danach trennt sie sich ohne Bitternis vom Geschäft des Entwerfens mit allen seinen Verpflichtungen und kehrt mit Hingabe zur Malerei zurück. DG

Entwürfe für das Esszimmer der Familie Delaunay, 1924
Apartment am Boulevard Malesherbes
Aquarell und Gouache auf Papier,
je 29 x 42 cm
Paris, Bibliothèque nationale de France

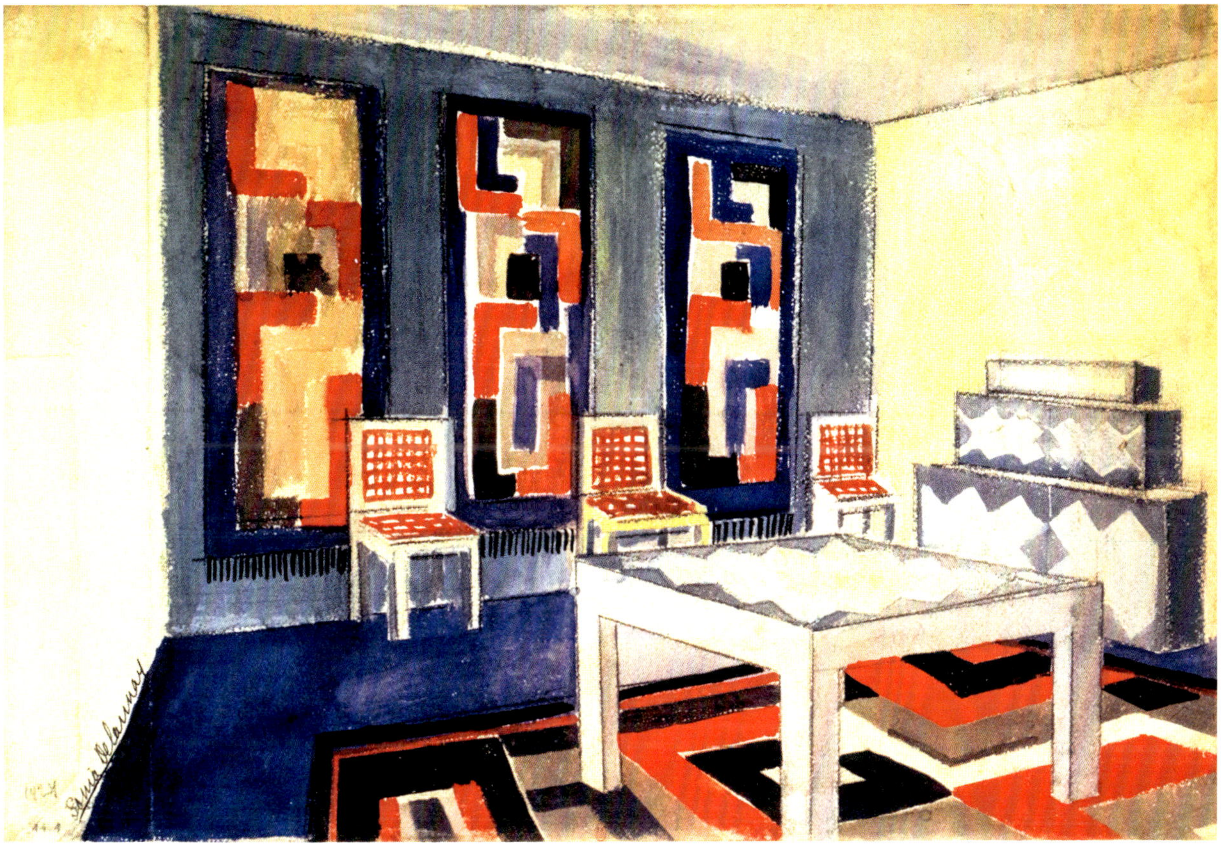

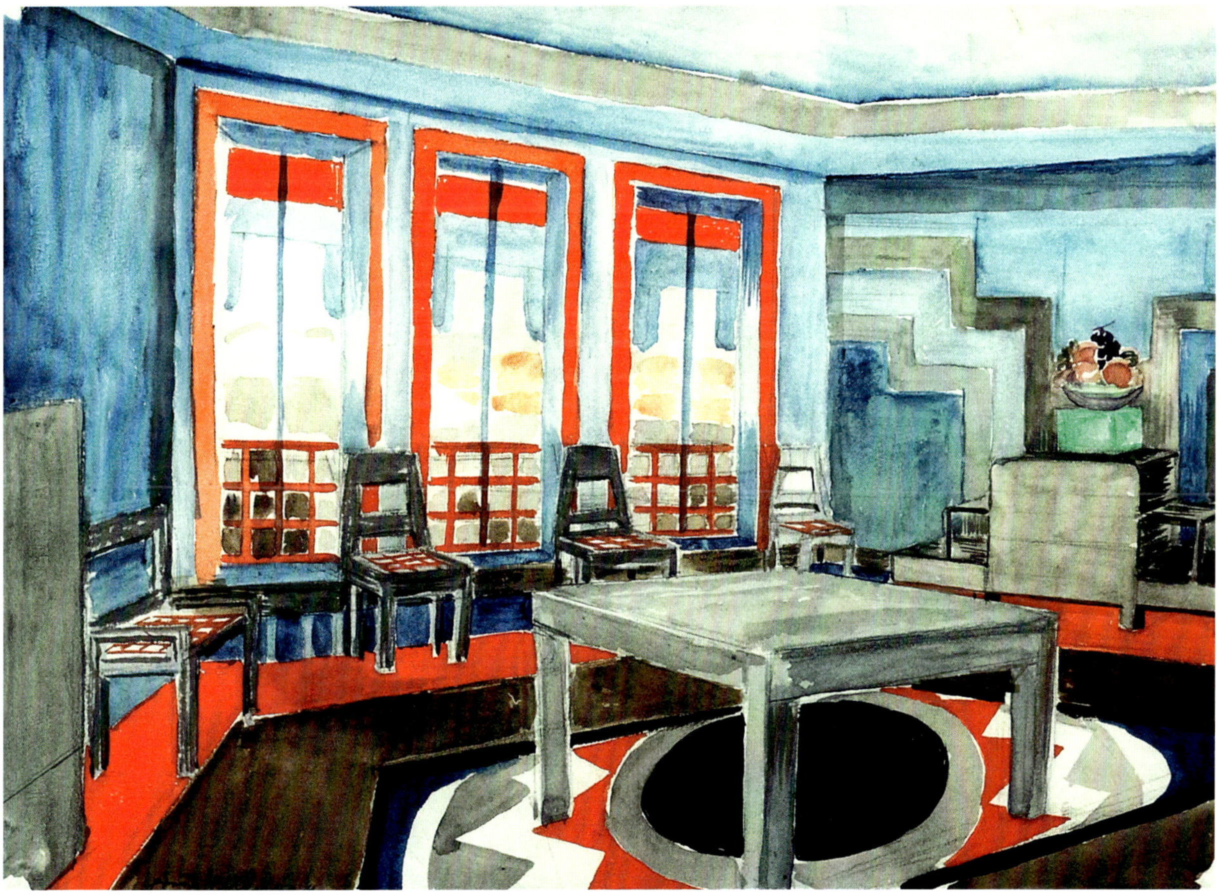

Marc Chagall
Bauernleben, 1925

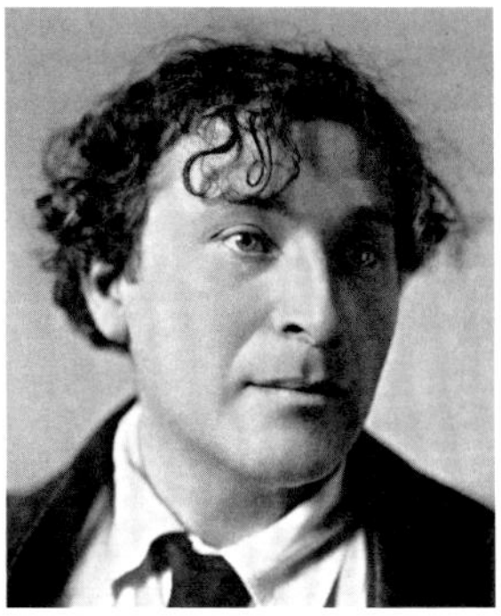

* 1887 in Ljosna
† 1985 in Saint-Paul-de-Vence

Mit über 30 Jahren verließ Marc Chagall seine osteuropäische Heimat endgültig, um sich 1923 in Paris niederzulassen. Die künstlerische Sprache, mit der er sich in Paris profilierte, hatte sich mit und gegen die Tendenzen der russischen Avantgarde herausgebildet. Sein Gemälde *Bauernleben* entstand 1925 in einer Zeit, als er sich seiner Heimat im ostjüdischen Shtetl seit Langem entfernt hatte; doch die Erinnerungen an seine Kindheit in Witebsk blieben präsent.

Das hochformatige Gemälde mit dem halbrunden blauen Abschluss zeigt die Profilbüste eines Bauern, der sein Pferd füttert. So scharf dessen Kontur gezeichnet ist, so sehr verschwimmt jene des Pferdes mit dem Blau des Grundes und seinen weiß-wolkigen Ausfransungen. Am perspektivisch unbestimmten Horizont, der sich wie auch das übrige Bild kaum im Raum verorten lässt, erscheint ein einfaches, rot angestrichenes Holzhaus, vor dem beziehungsweise in dem Männer unter einer Lampe am Tisch sitzen. Außen- und Innenraum des Hauses sind verschränkt. Klein fährt im Hintergrund ein Pferdegespann mit zwei behüteten Personen vorbei. Daneben tanzt ein Paar auf einer dunkelblauen Wolke.

Das Ganze lässt sich in keine schlüssige Erzählung auflösen. Nur bedingt ist auch die Biografie Chagalls hilfreich: Der Künstler hatte zum Zeitpunkt der Entstehung des Bildes gerade Paris den Rücken gekehrt, um für sich und seine Frau Bella Rosenfeld (1895–1944) in dem Bauerndorf Montchauvet – bei Mantes, etwa 50 Kilometer entfernt von der Metropole – zwei Zimmer zu mieten. Der Kunstkritiker Florent Fels (1891–1977) hatte die beiden für die Landschaft zwischen Seine und Oise begeistern können. Das war in dieser Zeit nicht der einzige Ausflug aufs Land. Im Jahr davor, 1924, hatte man in der Bretagne gelebt, ein Jahr später ist es die Auvergne.

Ein Blick zurück in eine frühere Werkphase hilft eher weiter. 1911 hatte sich Chagall bereits mit einem ganz ähnlichen Thema auseinandergesetzt. Auch in *Ich und das Dorf* sind das Profil eines Mannes und das eines Tieres, hier einer Ziege, das zentrale Motiv. Und auch hier erscheint im Bildgrund eine bäuerliche Szene. Auf einer gebogenen Horizontlinie reihen sich die farbigen Häuser, und zitathaft erscheint eine Kuppelkirche. Vor dieser Häuseransammlung: eine Frau und ein Mann mit geschulterter Sense. Grund und Figuren sind wie im Teppich verwoben. 1911 wie 1925 hält der Bauer dem Tier eine Pflanze hin, um es zu füttern.

Im Vorgängerbild sind es Flächen, die sich zu Reliefs aufbauen und aus denen sich die Szene um Bauer und Tier herausschält. Das Prismatische hat Chagall 1925 hinter sich gelassen – zugunsten einer Darstellung, die Figuren, Tiere und Dinge einbindet in eine träumerisch aufgeladene Atmosphäre. Sollte die Hinwendung zum französischen Landleben Mitte der 1920er-Jahre für das Bild eine Rolle gespielt haben, dann dahingehend, dass aufs Neue die Erinnerung an die Heimat geweckt worden ist. An die Stelle bestimmter avantgardistischer Bildmittel trat nun verstärkt der Einfluss einer als „naiv" klassifizierten Kunst. 1913 hatte man in Moskau die Ausstellung „Zielscheibe" gezeigt. Neben Chagall war dort auch der georgische Maler Niko Pirosmani (1862–1918) zu sehen. Er gilt als das östliche Pendant zu Henri Rousseau (1844–1910), dem malenden Zöllner. Ob Chagall sich an ihn zurückerinnert hätte ohne das damals aktuelle Interesse an der „naiven" Malerei, ist allerdings fraglich. MW

Bauernleben, 1925
Öl auf Leinwand,
101 x 80 cm
Buffalo AKG Art Museum

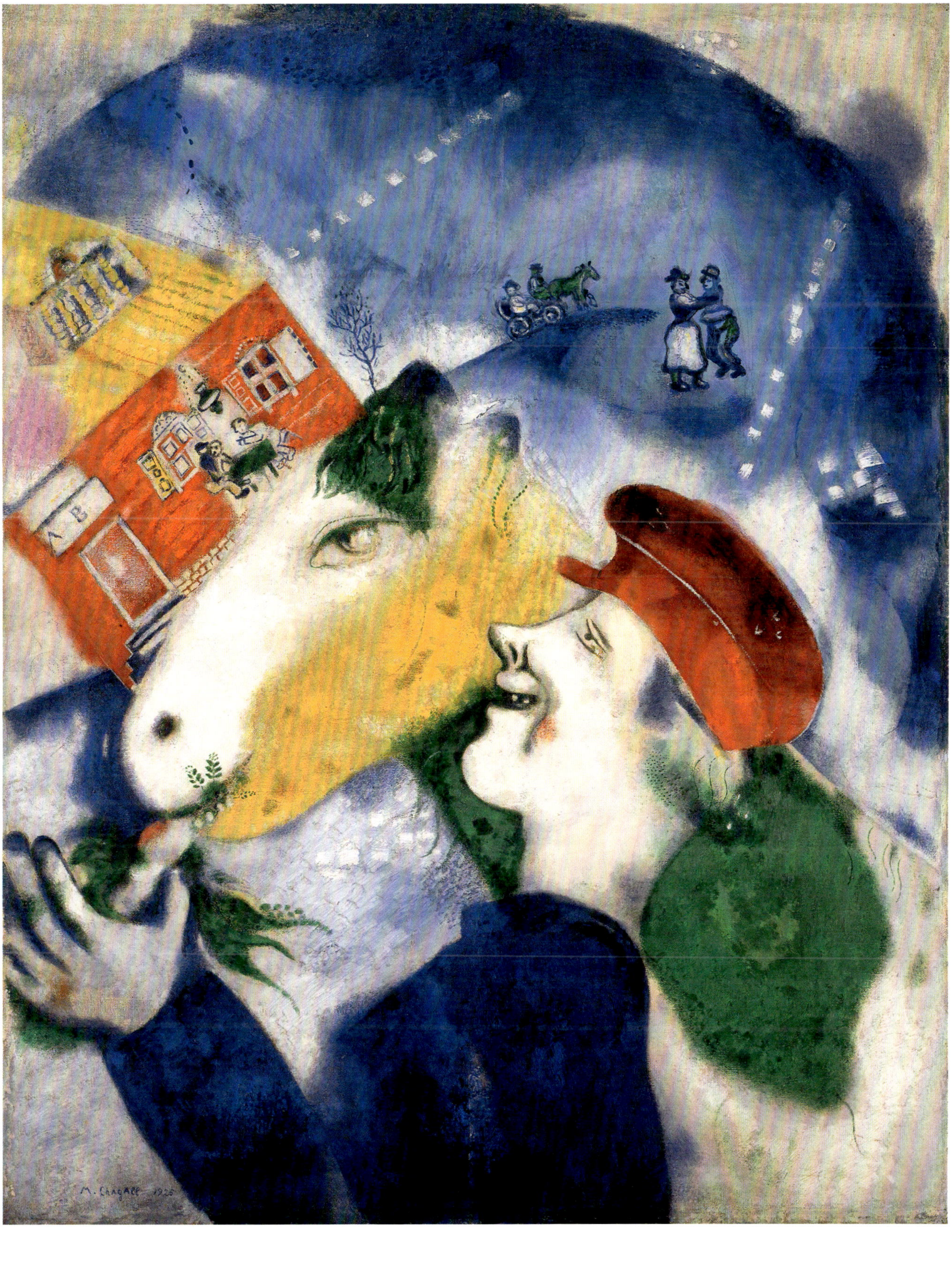
A B
M. Chagall 1925

Eugène Atget

Schaufenster, Avenue des Gobelins, 1925

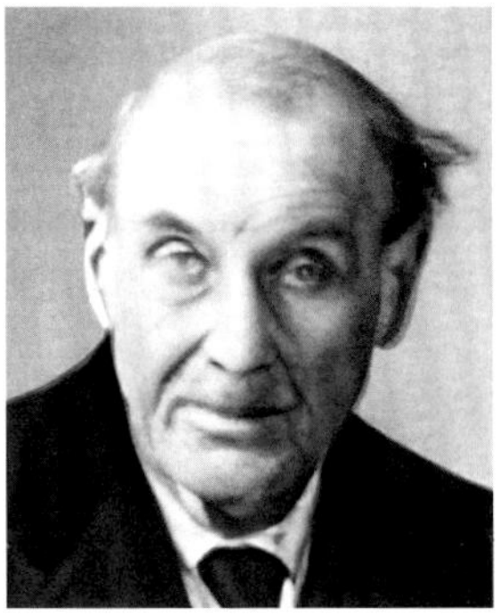

* 1857 in Libourne
† 1927 in Paris

Eugène Atget wollte eigentlich Schauspieler werden. Sich in eine fremde Haut einzufinden, wie es das Theater erfordert, hat er dann schließlich auf einem ganz anderen Gebiet perfektioniert. Im Alter von über 30 Jahren wurde Atget Fotograf. Wie ein Schauspieler in seiner Rolle aufgeht, so verschwindet der Fotograf hinter seinen Aufnahmen. Atget verstand sich nicht als Interpret, sondern als Dokumentarist seiner Umwelt. Systematisch legte er sich ein Archiv an, das er so minutiös nach Themen ordnete, dass später das Auffinden bestimmter Exemplare für Nachbestellungen kein Problem darstellte.

Detailaufnahmen standen am Anfang. Fotografien von Pflanzen nutzten Kunstschaffende wie Biologen als Anschauungsmaterial. Details von Architekturen wiederum waren hilfreich für Dekorateure ebenso wie für Malerinnen und Maler. Mit seiner umfassenden Recherche über Gebäude des alten Paris wurde er für die Historie eine wichtige Bildquelle dessen, wie es einst gewesen war. Wiederholungen desselben Motivs – seien es Treppengeländer, alte Häuser, Pflanzen – machten die Dinge einander gleichwertig, rückten sie aus Hierarchien heraus und gaben ihnen eine Art Objektivität. Nicht Kunst, sondern der Nutzwert gerade auch für andere stand für Atget an vorderster Stelle.

Erst in der Rezeption wurden seine Dokumente zu Kunst. In Paris geriet der aus der Provinz der südwestfranzösischen Gironde stammende Atget in nachbarschaftlichen Kontakt zu Kunstschaffenden. Er lebte in derselben Straße wie Man Ray und besuchte regelmäßig deren Künstlerateliers, um seine Lichtbilder zu verkaufen. Insbesondere die Surrealisten entdeckten dabei Qualitäten, die gerade im Traditionalismus von Atgets Aufnahmetechnik begründet waren. In den 1920er-Jahren, als der Film begann, populär zu werden, als längst die Momentfotografie selbst für Amateure verfügbar war, schien jemand wie Atget aus der Zeit gefallen zu sein.

Die Bilder stellten ihre Gegenstände still, denen eben dadurch eine eigene Form von Wirklichkeit zuwuchs. So zeigt Atgets Serie der Schaufenster eine in ihrer Banalität eingefrorene Alltagswelt – Figuren, die das moderne Leben imitieren, aber gleichzeitig fixiert, stillgestellt sind in der Puppe. Das Vorübergehende, das sich den leblosen Dingen in der Schaufensterauslage mitteilt, weil der Flaneur sich an ihnen entlang bewegt, wird von Atget bestätigt und arretiert in einem. Und weil das Fensterglas spiegelt, ergibt sich ein weiterer Effekt: Die Szenerie aus bleichgesichtigen Mannequins, bekleidet mit schwarzen und weißen Stoffen, zerfällt in unheimlicher Weise, denn das Schwarz der Stoffe spiegelt die gegenüberliegende Straßenseite, während die hellen Gesichter und leuchtenden Stoffteile wie Fragmente aus dem Dunkel des Fotos auftauchen. Umgekehrt erscheinen die dunklen Schattenrisse der Bäume und ein männlicher Flaneur schärfer konturiert als die Puppen selbst; Nähe und Ferne sind in ihrer Präzision verkehrt.

Man darf davon ausgehen, dass Atget das Unheimliche seiner Bildwelt nicht bewusst war, und noch weniger hatte er diesen Überwältigungseffekt als Bildstrategie beabsichtigt. Sein dokumentarischer Anspruch, verbunden mit der überholten Technik – Atget nutzte eine alte Plattenkamera – hatte sein verborgenes poetisches Potenzial, das sich erst im Blick des Surrealismus erschloss. MW

Schaufenster, Avenue des Gobelins, 1925
Silbergelatine-Abzug, 22,1 x 16,7 cm
New York, The Museum of Modern Art,
Gift of James Thrall Soby

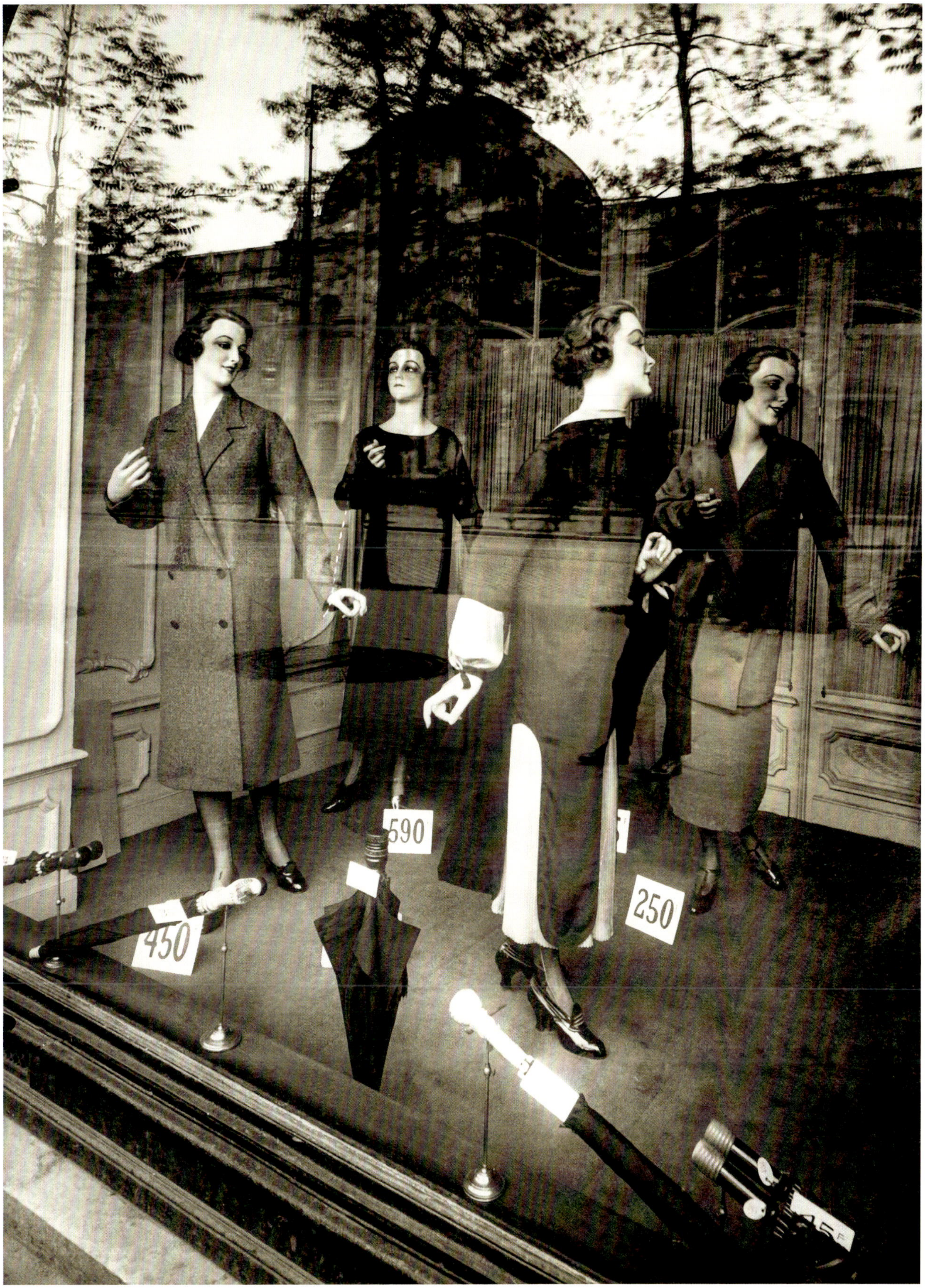

590
450
250

Le Corbusier

Plan Voisin, 1925

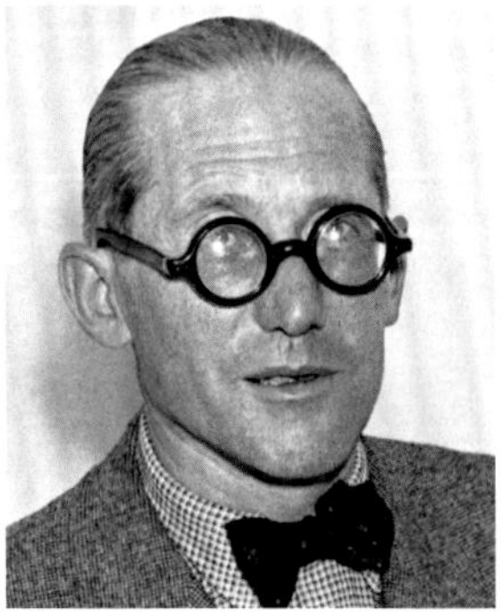

* 1887 in La Chaux-de-Fonds
† 1965 in Roquebrune-Cap-Martin

„Die gekrümmte Straße ist der Weg des Esels, die gerade Straße ist der Weg des Menschen." Nicht nur das: Die Straße ist ein enger Graben, gefangen in ewigem Zwielicht. „Die Straße langweilt und ermüdet uns. Also warum gibt es sie noch?" Kein Zweifel – der Schweizer Architekt Charles Edouard Jeanneret, der sich selbst den Namen Le Corbusier gab, hasste die Straßen im Durcheinander der Städte, die seit dem Mittelalter bis in die 1920er-Jahre weitgehend unreguliert gewachsen waren, mit Inbrunst.

Was Le Corbusier 1925 im Pavillon der Zeitschrift *L'Esprit nouveau* auf der Exposition internationale des arts décoratifs et industriels modernes (Abb. S. 20, 21) in Paris präsentierte, war nicht weniger als ein Totalangriff auf diese Stadt. 18 kreuzförmige Hochhäuser, jedes 60 Stockwerke hoch, in einem gleichmäßigen Raster verteilt, direkt neben dem gnädigerweise verschonten Louvre, mitten im Herzen von Paris. Das Stadtviertel Marais mit seinen engen Gassen wurde komplett ausradiert. Was über Jahrhunderte gewachsen war, wird dem Architekten Tabula Rasa. Eine Radikalität, gegen die sich die Schneisen der Boulevards, die im 19. Jahrhundert durch die französische Metropole geschlagen worden waren, wie liebevolle Kosmetik ausnahmen – eine Provokation, die der medial gewiefte Architekt genau kalkuliert hatte.

Plan Voisin nannte Le Corbusier diese Idee einer komplett neuen Stadt, benannt nach dem Industriellen Gabriel Voisin (1880–1973), der den Entwurf finanzierte. Überraschend kam diese in plakativen Bildern und Modellen formulierte Attacke nicht, denn Le Corbusier hatte seine Vorstellung einer luftigen und aufgeräumten Stadt schon 1922 unter dem Namen *Ville contemporaine de trois millions d'habitants* publiziert.

Beiden Stadtentwürfen gemeinsam ist die klare Trennung der Funktionen: Arbeiten und Wohnen finden in komplett verschiedenen Stadtteilen statt. Verbunden sind diese Sektoren durch breite, schnurgerade Autobahnen, die mit den von Le Corbusier verachteten dunklen Straßenschluchten nichts mehr gemeinsam haben. Zwischen den Hochhäusern und Fahrbahnen sah der Architekt weite Grünflächen vor, die jedoch weniger als benutzbare Parks denn als Landschaftskulisse und Abstandshalter dienten.

Licht, Luft und Sonne anstatt unhygienischer, dunkler Altstädte: Der *Plan Voisin* formulierte als erster dieses Paradigma der Moderne, das die Stadtplanung über Jahrzehnte prägen sollte. Die *Charta von Athen*, die der Congrès International d'Architecture Moderne (CIAM) dann 1933 formulieren sollte, schrieb die Funktionstrennung – unter maßgeblicher Beteiligung von Le Corbusier – als steinernes Grundgesetz fest.

Für die progressiven Architekten der Zwischenkriegszeit war der *Plan Voisin* eine Utopie, die den Menschen aus alten Zwängen befreite. Heute gilt er vielen als der städtebauliche Sündenfall des 20. Jahrhunderts schlechthin, der bis in die 1970er-Jahre die Zerstörungswut in den Stadtzentren der Welt legitimierte. Das berühmte Foto von Le Corbusiers Hand, die gottgleich über dem Modell des *Plan Voisin* schwebt, wurde zum Inbegriff für die Allmachtsfantasien arroganter Architekten. Die Wahrheit liegt, wie so oft, in der Mitte. Doch selbst glühende Anhänger Le Corbusiers dürften insgeheim erleichtert sein, dass Paris von der vollständigen Umsetzung des *Plan Voisin* verschont blieb. Immerhin: Das Areal des brutalsten Eingriffs der letzten Jahrzehnte, der Zerstörung der Markthallen Les Halles, ist genau dasjenige, das schon der *Plan Voisin* im Auge hatte. MN

Plan Voisin, 1925
Architekturmodell für den Pavillon auf der Exposition internationale des arts décoratifs et industriels modernes
Fotografie, 1936/38
Fondation Le Corbusier

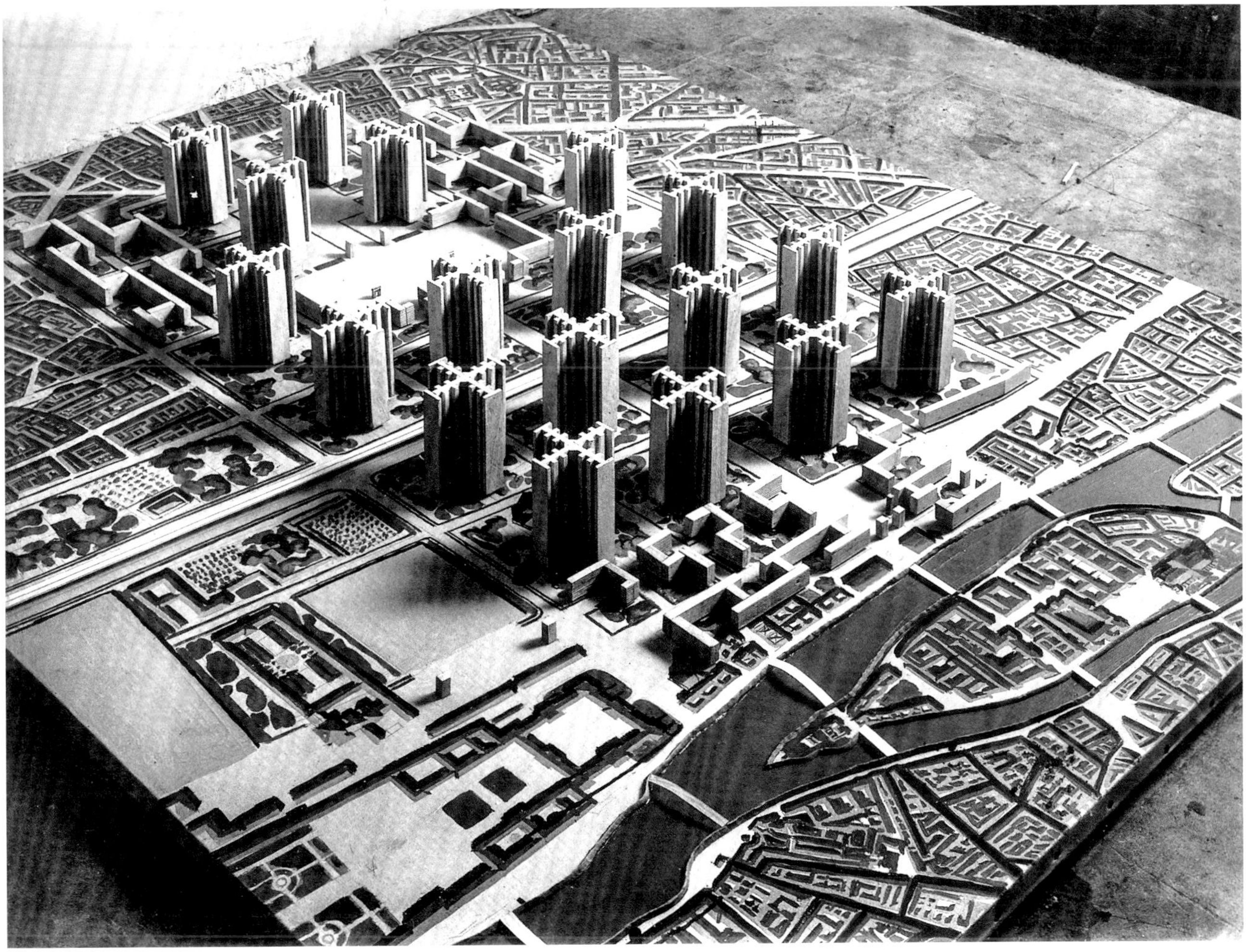

Henri Sauvage

Kaufhaus La Samaritaine, Magasin No. 2, 1925–28

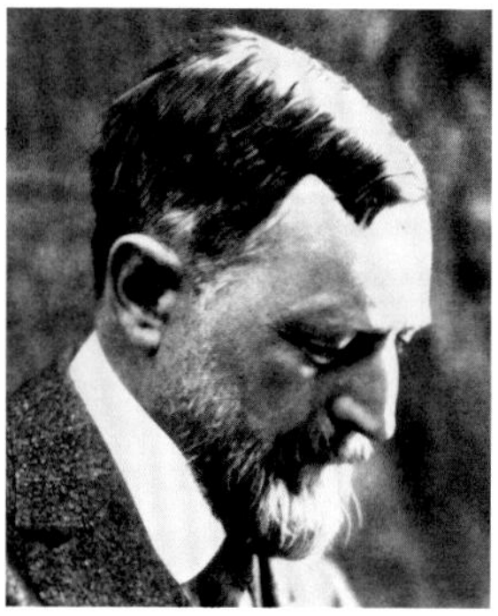

* 1873 in Rouen
† 1932 in Paris

Die Geschichte des Kaufhauses La Samaritaine und die Geschichte von Paris sind ebenso eng verwoben wie die Architektur des Kaufhauses mit der Textur der Stadt. Es besetzt mehrere Straßenblöcke am Nordufer der Seine direkt am Pont Neuf und ist wie ein Organismus mit der Stadt verwachsen. Auf dem Pont Neuf begann auch seine Geschichte Mitte des 19. Jahrhunderts, denn dort verkaufte der Straßenhändler Ernest Cognacq (1839–1928) Krawatten. Dabei war er so erfolgreich, dass er 1869 eine Boutique zwischen der Rue du Pont-Neuf und der Rue de la Monnaie mieten konnte. Schon ein Jahr später war er Eigentümer und taufte sein Geschäft La Samaritaine. In den folgenden Jahrzehnten fraß sich die Samaritaine immer weiter in die mittelalterlichen Gassen der Umgebung hinein. Der erste große Wachstumsschub erfolgte von 1903 bis 1907 im flamboyant-floralen Jugendstil durch Frantz Jourdain (1847–1935).

Auch der Architekt Henri Sauvage begann mit der Einrichtung von Ladengeschäften, bevor er für die von Jourdain mitbegründete Gesellschaft für hygienische und preiswerte Wohnungen Häuser entwarf. Hier entwickelte Sauvage den Typ des Stufenhauses, dessen oberste Geschosse zurückgesetzt waren, um mehr Licht in die Straßen zu lassen. 1916 kombinierte er ein solches Wohnhaus mit einem zentralen Hallenbad zu einem durch und durch städtischen Amalgam.

Im Jahr 1925 schließlich erhielt Sauvage den Auftrag für die nächste Erweiterung der Samaritaine, den Bauteil Magasin No. 2 bis ans Ufer der Seine. Zunächst hatte Cognacq auch dafür Jourdain beauftragt, doch dessen ornamentalen Entwurf lehnte die Pariser Stadtverwaltung ab, da er ihr nicht mehr zeitgemäß schien. Jourdain reichte die Aufgabe daher an seinen Kollegen Sauvage weiter. Dieser brachte die kantig-muskulöse Stahlbeton-Architektur, die er bei seinen Wohnhäusern entwickelt hatte, auch hier zum Einsatz und bildete einen deutlichen Kontrast zur filigranen Zartheit des Jugendstilbaus von 1907. Die Fassade ist mit hellem Naturstein verkleidet und staffelt sich in den oberen Geschossen zur Seine hin in zwei Reihen wuchtiger Rundbalkone. Zur Rue du Pont-Neuf hin verdichtet sie sich zu einem archaischen Torbogen, bar aller weicher Formen des Art nouveau. Das Ergebnis war von einer selbstbewussten Massivität und kubistischen Geometrie, die der seit Mitte der 1920er-Jahre vorherrschenden Spielart des Art deco entsprach und diese mit Macht im Herzen von Paris manifestierte. Die luxuriöse Aura dieser Ära war ein perfektes Aushängeschild für das ambitionierte Kaufhaus. Im September 1928 wurde das Magasin No. 2 eröffnet.

Noch klarer und geradliniger, dabei weniger massiv, geriet das Magasin No. 3, das Sauvage kurz vor seinem Tod für ein kleines dreieckiges Grundstück an der Rue de Rivoli entwarf. Spuren des ornamentalen Luxus finden sich noch im Kopf des Eckturms und an der Unterseite der straßenseitigen Markise. 1933 fertiggestellt, war es der letzte Neubau für die Samaritaine. Das kurz darauf eröffnete Magasin No. 4 war ein Umbau eines bestehenden Gebäudes durch Mitarbeiter von Sauvage, die geplante Neugestaltung der Fassade fiel jedoch der Wirtschaftskrise zum Opfer. Nach dem Zweiten Weltkrieg blieb das äußerlich unveränderte Kaufhaus ein luxuriöser Tempel, erst gegen Ende des 20. Jahrhunderts begann ein langsamer Niedergang. 2001 wurde es an den Luxuskonzern LVMH – Louis Vuitton Moët Hennessy – verkauft. MN

Kaufhaus La Samaritaine, Magasin No. 2, 1925–28
Erweiterungsbau an der Ecke Quai du Louvre und Rue de la Monnaie

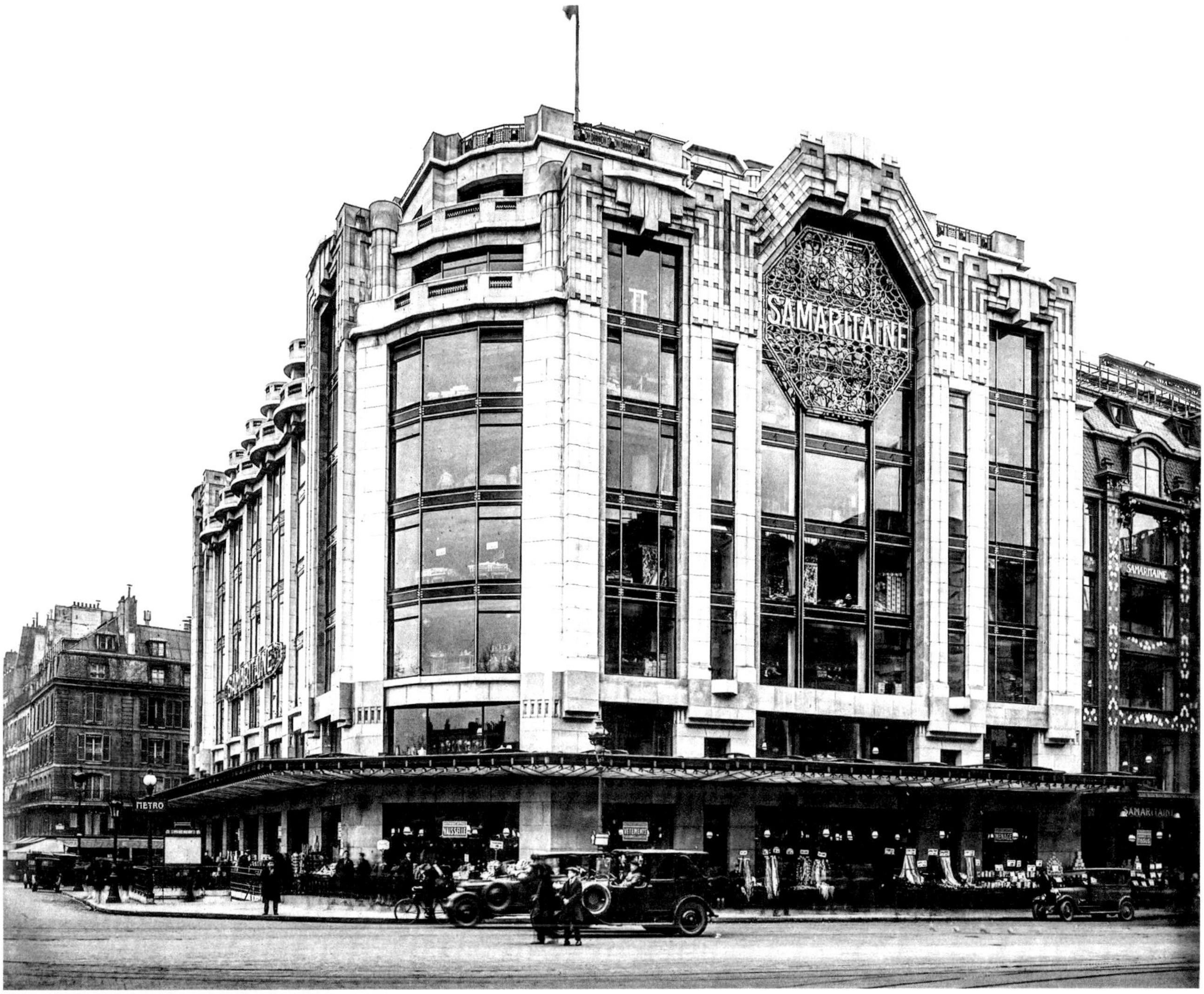
SAMARITAINE
METRO

Max Ernst

Die Jungfrau züchtigt das Jesuskind vor drei Zeugen, 1926

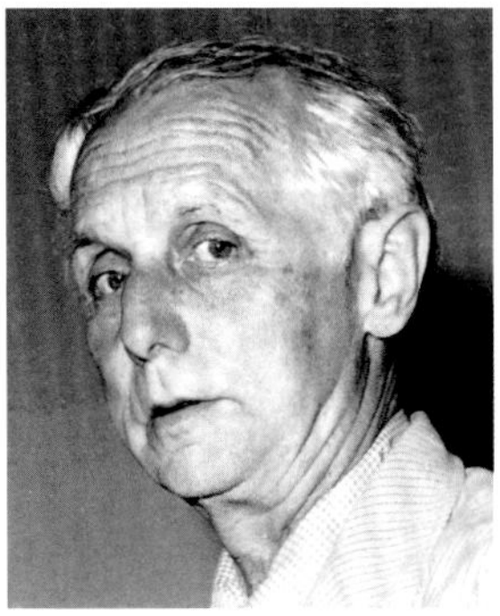

* 1891 in Brühl
† 1976 in Paris

Der Surrealismus war nach eigenem Bekunden dem radikalen Umsturz verpflichtet. *La Révolution surréaliste* war der Titel der Zeitschrift, die man herausgab, nachdem man sich am 15. Oktober 1924 als künstlerische Bewegung konstituiert hatte. Deklaration, Manifestation und einfach ein gehöriges Klappern gehörten zum Handwerk. Surrealismus war eine Konfession, und als es nach diversen Tribunalen und Exkommunikationen Ende der 1920er-Jahre weiterging, gab es auch ein neues Zentralorgan. Dessen Name tat noch verwegener: *Le Surréalisme au service de la révolution*. Im Dienst der Revolution: Wer wollte da an Privates denken?

Max Ernst jedenfalls schien zu wollen. 1922 war er endgültig von Köln nach Paris übergesiedelt, und er verstrickte sich gleich in eine der Lieblingsanekdoten, die man von der konfusen Truppe erzählt. Was heißt Anekdote: Es war eine wilde Leidenschaft, die sich zwischen ihm und Gala entfachte, der Frau seines besten Freundes und Kombattanten, des Dichters Paul Éluard. Der hatte einander vorgestellt, es kam zur *Amour fou*, Flucht des Gehörnten bis nach Indochina und Rückholaktion durch das verhinderte Traumpaar aus dem Fernen Osten. 1924 geschah das. Als wäre es eine Wiedergutmachung, durfte der Poet mit auf ein Bild, das zwei Jahre darauf entstand. Durch ein Fenster blickt Éluard, in der Mitte postiert, zusammen mit dem Künstler rechts und dem in lyrische Inspiration versunkenen André Breton, dem Unvermeidlichen in allen Dingen der Bewegung.

Sie sind Augenzeugen einer Szenerie, wie sie skurriler nicht sein könnte. In durchaus zeittypischer Pädagogik wird einem Kind der Hintern versohlt, seine Pobacken sind schon recht gerötet, und die Mutter holt nochmals aus, als wäre es nicht genug. Die beiden hatten offenbar einen Streit, von dem die Quellen indes nichts berichten. Die Quellen sind vor allem die Bibel, denn es sind eben das Jesuskind und die Gottesmutter Maria, die sich hier in sehr alltäglichen Dingen aufreiben. Heiligenscheine zeichnen sie aus, jener der Madonna ist vor Anstrengung ein wenig verrutscht. Der Nimbus des Messias kullert am Boden. Wer genau hinsieht, erkennt, dass dort die Signatur des Künstlers prangt.

Sehr altmeisterlich ist Ernst zu Werke gegangen, in der Manier der Heiligenbildchen aus dem 19. Jahrhundert, für die sich füglich das Wort Kitsch eignet. Und sehr surrealistisch ist er zu Werke gegangen, witzig, bösartig, blasphemisch, jedenfalls um keine Provokation verlegen. Vor allem aber, und auch darin ist die Truppe um Breton speziell ausgewiesen, scheinen sich jene Abgründe aufzutun, für die damals die Psychoanalyse zuständig war.

Es muss im Jahr 1896 gewesen sein, als der kleine Max eines Abends ausgebüxt war. Bei seiner Wanderung geriet er in eine Prozession, und vor Verzückung und katholischer Hingabe rief einer, als man des Kindes ansichtig wurde, aus: „Seht mal das Christkind!" Blond und blauäugig wie es war und wie man sich Jesus offenbar vorstellte, brachte es ein Polizist nach Hause zurück und erzählte diese Geschichte. Statt böse zu sein, nahm nun der Vater, der gern einmal zum Pinsel griff, die Begebenheit zum Anlass, seinen Sohn als Gottessohn zu porträtieren, erscheinungshaft, mit Segensgestus und zwei Engeln als Draperie. Begreiflicherweise musste sich der Künstler daran abarbeiten. Was er also zeigt, ist, in den Worten Sigmund Freuds, eine frühkindliche Erinnerung. RM

Die Jungfrau züchtigt das Jesuskind vor drei Zeugen, 1926
Öl auf Leinwand, 196 x 130 cm
Köln, Museum Ludwig

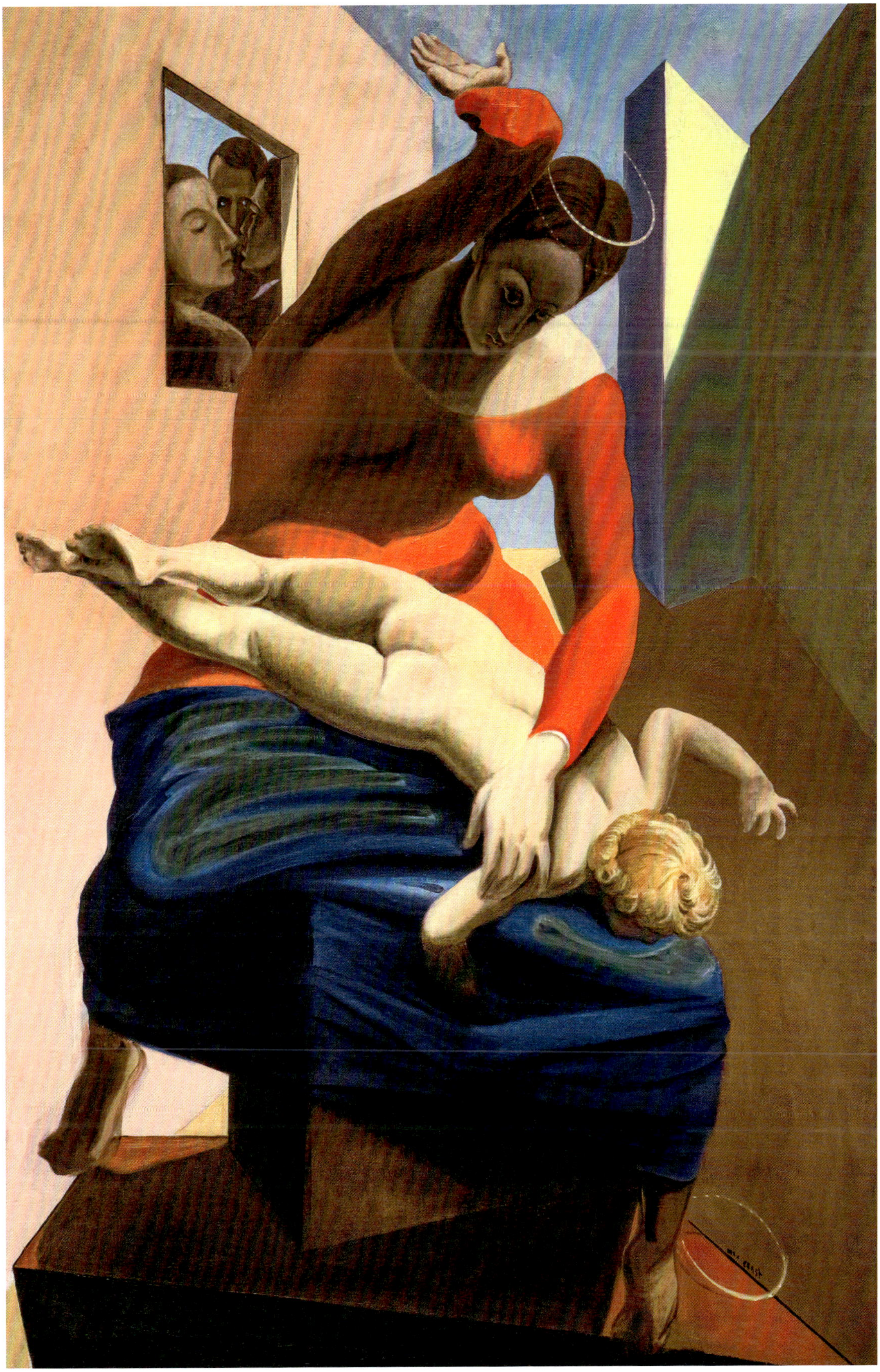

Yves Tanguy / Man Ray / Max Morise / Joan Miró

Cadavre Exquis: Nude, 1926

Yves Tanguy
* 1900 in Paris
† 1955 in Woodbury

Man Ray
* 1890 in Philadelphia
† 1976 in Paris

Max Morise
* 1900 in Paris
† 1973 in Paris

Joan Miró
* 1893 in Barcelona
† 1983 in Palma

„Die verletzten Frauen fälschen die Guillotine mit den blonden Haaren." – „Die Auster von Senegal wird das dreifarbige Brot essen." – „Der Streik der Sterne züchtigt das Haus ohne Zucker." Oder: „Der köstliche Leichnam wird den neuen Wein trinken." Laut Surrealismus-Chefdenker André Breton ist dieser letzte Satz der Präzedenzfall für ein Spiel, mit dem man sich auf das Köstlichste und auf das Einschlägigste die surrealistischen Abende vertrieb. Es ging darum, schreibt Breton in seinem Diktionär der Bewegung, „auf gefaltetem Papier einen Satz durch mehrere Personen konstruieren zu lassen, ohne dass ein Mitspieler von der jeweils vorhergehenden Mitarbeit Kenntnis erlangen kann". Nach den geschmackvollen Eingangsworten des ersten Versuchs nannte man das Spiel nun „Cadavre Exquis". Es ist in die Praxis der Zeitvertreibe weltweit eingegangen. Auf Deutsch spielt man es als „Onkel Fritz sitzt lustig plätschernd in der Badewanne".

So kindlich-naiv war es zunächst natürlich nicht gedacht. Es war programmatisch gedacht, als eines jener Medien des Zufälligen, des Aleatorischen, des Unvorhersehbaren und dadurch dem Unbewussten auf die Sprünge Helfenden, die der Surrealismus unentwegt auslotete. Offenbar war der Sog des Sichtreibenlassens ins Willkürliche unwiderstehlich. Simone Breton (1897–1980), von 1921 bis 1929 und damit in dessen wichtigsten Jahren mit dem Kopf der Bewegung verheiratet, erinnert sich folgendermaßen: „Die Suggestivkraft dieses Aufeinandertreffens von Wörtern war so betäubend, betörend, sie bestätigte so offensichtlich die surrealistischen Thesen und Mentalität, daß das Spiel System wurde, eine Methode der Erkundung, ein Mittel zur Exaltation und Stimulation, kurz und gut eine Fundgrube, vielleicht eine Droge."

Bald jedenfalls reduzierte man die Schrift zu Linien und setzte das Prinzip, Sätze sich formen zu lassen, in Bilder um. Gelungenheit spielt bei diesen buchstäblichen Kompositionen keine große Rolle, es ist das Schockhafte der Kombination, und sie soll frappieren. Hybride Gestalten entsteigen dem Papier, Mischwesen gerührt aus den Ingredienzien, die einem gerade durch den Kopf gehen. Erst die Gemengelage, die Addition der Einzelelemente ergibt den Effekt des Fremden und Verfremdeten. „Die eigentliche Entdeckung", schreibt Simone Breton, „war die Teilnahme derer, die kein Talent und keine Eignung zum schöpferischen Akt besaßen."

Eines der frühesten erhaltenen Blätter stammt aus dem Jahr 1926. Den daran Beteiligten ist Talentlosigkeit nicht vorzuwerfen, im Gegenteil, alle gehören sie früher oder später zum Kern der surrealistischen Bestrebungen. Von oben nach unten sind verewigt: Yves Tanguy, Maler von biotophaften Geländen, denen amorphe, bodenverwachsene Gestalten entsteigen, deren Vorhandenheit durchaus von Rätseln spricht; Joan Miró, Katalane, der nach dem Weltkrieg in Paris landete, mit seinen luftig mediterranen Gebilden der vielleicht ausgeprägteste Vertreter des surrealistischen Automatismus in der Malerei; Max Morise, Schriftsteller, Liebhaber von Madame Breton und früher Renegat der Bewegung; schließlich Man Ray, die Personalunion der literarischen und bildnerischen Experimente.

Ein Blatt, vier Autoren: Es muss viel Hingabe im Spiel gewesen sein, Ausgelassenheit und Vorfreude auf das Ergebnis. Dieses Ergebnis ist gegenüber dem Augenblick, in dem es entstand, womöglich eher eine Randnotiz. RM

***Cadavre Exquis: Nude*, 1926**
Tinte, Bleistift und Farbstift auf Papier, 35,9 x 22,9 cm
New York, The Museum of Modern Art

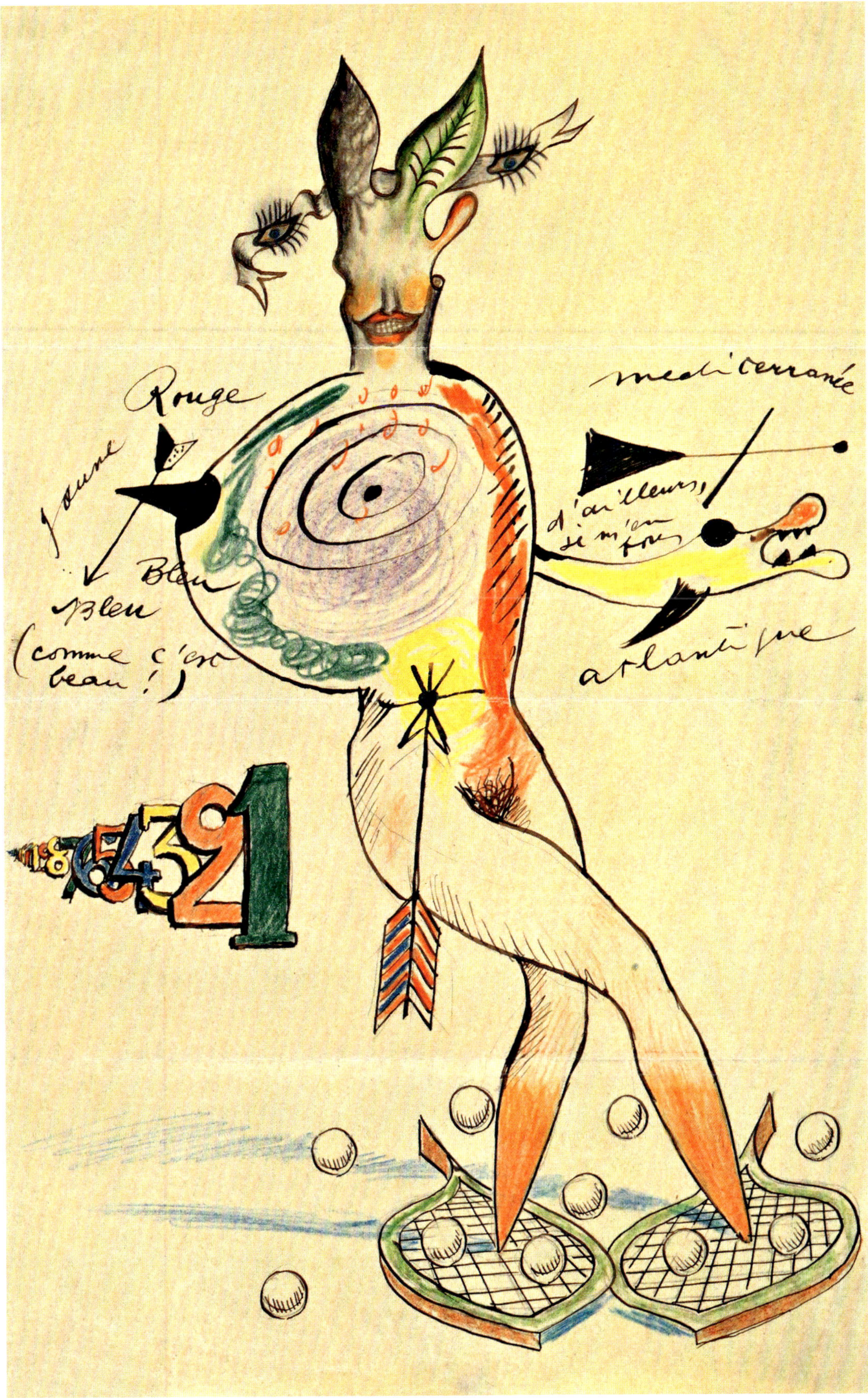
Rouge
Jaune
Bleu
Bleu
(comme c'est beau !)
méditerranée
d'ailleurs, je m'en fous
atlantique
987654321

Coco Chanel
Das kleine Schwarze, 1926/27

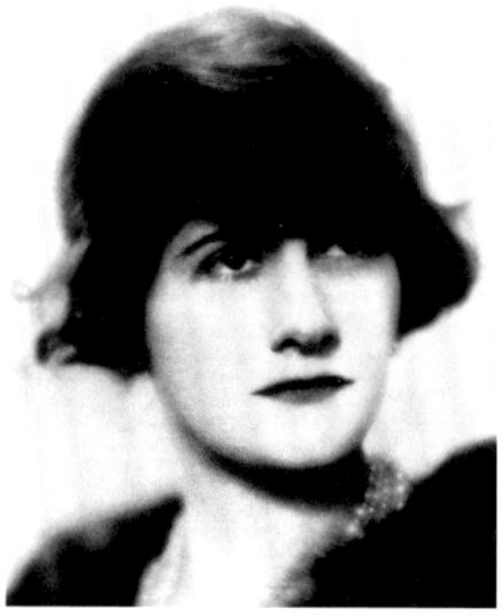

* 1883 in Saumur
† 1971 in Paris

Joan Bennett im kleinen Schwarzen von Chanel, um 1928

Das kleine Schwarze
Aus: *Vogue*, Paris, November 1926
Bildunterschrift: „La ligne simple" (Die klare Linie)

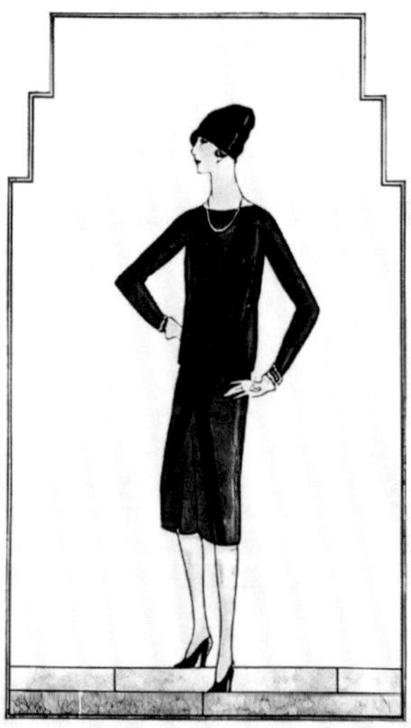

Man kann nicht behaupten, das kleine Schwarze wäre ein Entwurf, der Coco Chanel aus dem Nichts zugeflogen wäre. Derlei multifunktionale Stücke liegen in der Luft, der Bedarf an ihnen ist der Zeit geschuldet. Man kann nicht einmal mit Sicherheit sagen, ob es tatsächlich Coco Chanel war, die das erste kleine Schwarze entworfen hat. Karl Lagerfeld (1933–2019), seit 1983 künstlerischer Direktor des Hauses Chanel, meinte dazu einmal lakonisch: „Chanel kopierte alles und machte es zu einem kommerziellen Erfolg. Das ist doch genial, oder?" Jedenfalls stammte von ihr der Entwurf eines schwarzen Kleides, der im Mai 1926 in der amerikanischen *Vogue* erschienen war. Der Saum des Kleides aus Crêpe de Chine reichte bis unter die Knie, die Ärmel gingen bis zu den Handgelenken, der Ausschnitt war beinahe gerade und bot einer schlichten Perlenkette den idealen Hintergrund; die Taille war herabgesetzt, an ihr trafen sich das feine Plissee von Ober- und Unterteil mit der sanften Draperie, die die Hüfte umspielte.

Im begleitenden Text zum Entwurf wurde als Premiere die Bezeichnung zumindest eingeführt und eben jenem kleinen Schwarzen eine großartige Zukunft prophezeit. Der Entwurf wäre einsetzbar wie das T-Modell von Ford und würde zu einer Art Uniform aller Frauen mit Geschmack werden. Das mag fürs Erste gar gleichgeschaltet klingen, doch entspricht es exakt Chanels Haltung von Einfachheit, die sie als Schlüssel zur Eleganz bezeichnet, wohingegen Extravaganz nur der Persönlichkeit schaden würde. Das kleine Schwarze als Prinzip war auf den Weg gebracht und hat seitdem Generationen von Modedesignern eine Aufgabenstellung geliefert, die eben wegen des geforderten Understatements zur Königsdisziplin ihres Faches gehört.

Von den Damen der Gesellschaft über die berufstätige Frau bis hin zu jenem Typus der Flapper, die keck wie kess an den Grenzen des tolerierbaren guten Benehmens entlangflatterten – alle hatten sie ihr kleines Schwarzes. Und klein wie auch schwarz waren keinem modischen Zufall geschuldet, sondern den tatsächlichen Gegebenheiten der Zeit.

Mit den 1920er-Jahren waren die Frauen aktiv geworden. Sie standen im Berufsleben, übten vermehrt Sport aus, fuhren Auto (Abb. S. 20 unten) und Fahrrad, begeisterten sich für ausgelassene Tänze. Das alles erforderte Bekleidung, die sie in ihrem Tun nicht einschränkte und ihnen die nötige Bewegungsfreiheit schenkte; zudem bewirkte es Unabhängigkeit und ein neues Selbstbewusstsein. Im Mittelpunkt dieser Entwicklung stand die Frau und nicht ihr Outfit, das bestenfalls ihre Persönlichkeit unterstreichen konnte. Materialien wie Jersey sorgten aufgrund ihres geringen Gewichts für einen hohen Tragekomfort, die Schnitte waren stoffsparend, kamen meist ohne Futter aus und erforderten keine aufwändige und beengende Unterbekleidung. Schwarz als traditionelle Farbe der Trauer wiederum gehörte in den Jahren des Weltkrieges und darüber hinaus zum Alltag. Coco, die ab ihrem zwölften Lebensjahr innerhalb von Klostermauern in einem Waisenhaus erzogen worden war, konnte der Farbe ohnehin viel abgewinnen, „Ich werde sie alle in Schwarz stecken!", heißt es in ihrer Lebenserzählung. In Kombination mit dem Kleinen wurde das Schwarze elegant, chic, sexy.

Was macht es nun aus, das kleine Schwarze? Sind es Form, Fasson und jedwede Finesse? Egal. Das kleine Schwarze ist ein Statement. Formuliert wird es allein durch die Frau, die es trägt – bis heute. DG

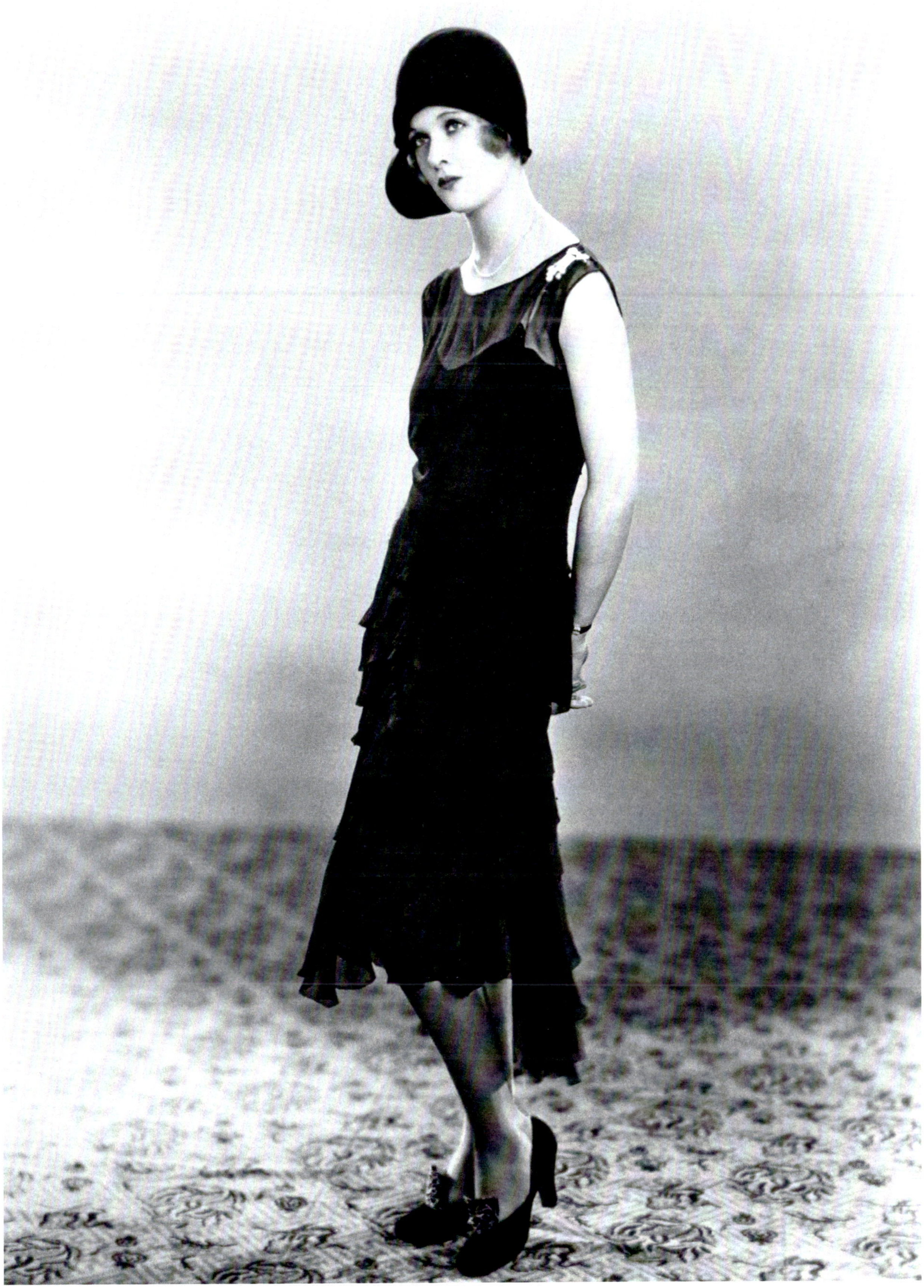

Eileen Gray

Tisch E-1027, 1927

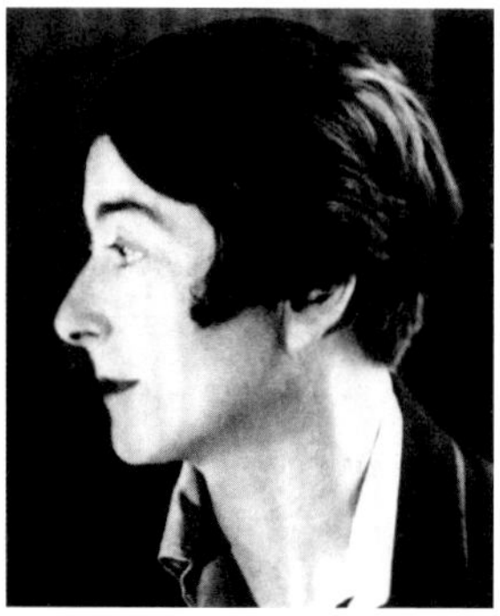

* 1878 in Enniscorthy
† 1976 in Paris

Ein einzelnes Möbelstück, in dem sich nahezu die gesamte Geschichte der Moderne und die fast 100 Jahre umspannende Biografie einer Designerin spiegelt. Als Eileen Gray den *Adjustable Table E-1027* entwarf, war sie fast 50 Jahre alt und auf dem Höhepunkt ihres Schaffens. Ein Beistelltisch von einfachster Raffinesse, konzipiert für eine einzelne, dezent dekadente Alltagssituation: das Frühstück im Bett. Eine Stahlrohrkonstruktion mit einseitiger Stütze, dank derer sich der Tisch mit einem Handgriff unters Bett schieben lässt. Eine kreisrunde, ebenfalls in Stahlrohr eingefasste Glasplatte, in verschiedenen Höhen arretierbar. Ein Tisch, den Eileen Gray im Grunde nur für den Eigenbedarf entwarf und der in den folgenden Jahrzehnten zum Welterfolg wurde, während seine Designerin immer mehr in Vergessenheit geriet.

Geboren in Irland, reist Eileen Gray 1900 erstmals nach Paris, die Stadt, mit der sie lebenslang verbunden sein sollte. Nach dem Kunststudium in London bezieht sie 1907 ein Appartement in der Rue Bonaparte Nr. 21, in dem sie fast 70 Jahre verbringen wird. Fern der irisch-katholischen Enge führt sie ein modernes und mondänes Leben mit allen Freiheiten der Großstadt: Sie hat Affären mit Frauen wie Männern, sie fährt Lkw, reist nach Nordafrika. Vor allem aber macht sie sich als Kunsthandwerkerin mit Vorliebe für Lackmöbel in der Spielart des Japonismus und aufwändige Paravents einen Namen.

In den 1920er-Jahren schließlich finden ihr moderner Geist und die moderne Welt zusammen. 1922 gründet sie ihre eigene Werkstatt und eröffnet eine Galerie, der sie einen fiktiven Männernamen gibt: Jean Désert. Sie lernt den rumänischen Architekten Jean Badovici (1893–1956) kennen, Herausgeber der Architekturzeitschrift *L'Architecture Vivante*. Sie begegnet Gerrit Rietveld (1888–1964) und Le Corbusier und beginnt, neben Möbeln auch Gebäude zu entwerfen. Badovici und sie werden ein Liebespaar, 1927 konzipiert und baut Eileen Gray für beide das Sommerhaus E-1027 auf den Klippen der Cote d'Azur bei Menton. Der so abstrakt klingende Name ist ein Code für die Liebe: E steht für Eileen, 10 für Jean (der 10. Buchstabe des Alphabets), 2 für B(adovici) und 7 für G(ray). Es ist das Haus, für das sie den gleichnamigen Tisch entwirft. Wie das Haus ist er praktisch, ökonomisch und elegant zugleich, eine Synthese des Art deco und des Konstruktivismus.

Dieses kongeniale Doppel aus Haus und Möbel hätte der Start einer Architektenkarriere werden können, markierte jedoch den Endpunkt ihrer erfolgreichen 1920er-Jahre. Der Pariser Herrenclub der modernen Architektur duldete keine Frau in seiner Mitte. Bis hin zur künstlerischen Aggression: Le Corbusier übermalte bei einem Besuch im Haus E-1027 alle Wände, ohne sie vorher zu konsultieren. Als Eileen Gray ihn wütend zur Rede stellte, lachte er sie aus.

Sie bricht mit Badovici und kehrt nach Paris zurück. Dort lebt sie zurückgezogen und wird – im Gegensatz zu den männlichen Heroen der Moderne – vergessen. Erst in den 1970er-Jahren arbeitete sie mit dem Londoner Möbelhersteller Zeev Aram an der Serienreife ihrer Möbel und Leuchten. 1976 stirbt sie im Alter von 98 Jahren. Das Haus in Menton verfällt zur Ruine und wird erst lange nach ihrem Tod restauriert und unter Denkmalschutz gestellt. Ihr *Tisch E-1027* dagegen tritt seinen Siegeszug um die Welt an und ist bis heute eines der meistplagiierten Möbelstücke des 20.Jahrhunderts. MN

Tisch E-1027, 1927
Verchromtes Stahlrohr, Stahlblech und Glas, 54–93 x 50,8 cm
Fotografie von Eileen Grays *Jean Désert Showroom*, 217, Rue du Faubourg Saint-Honoré, Paris
Dublin, National Museum of Ireland

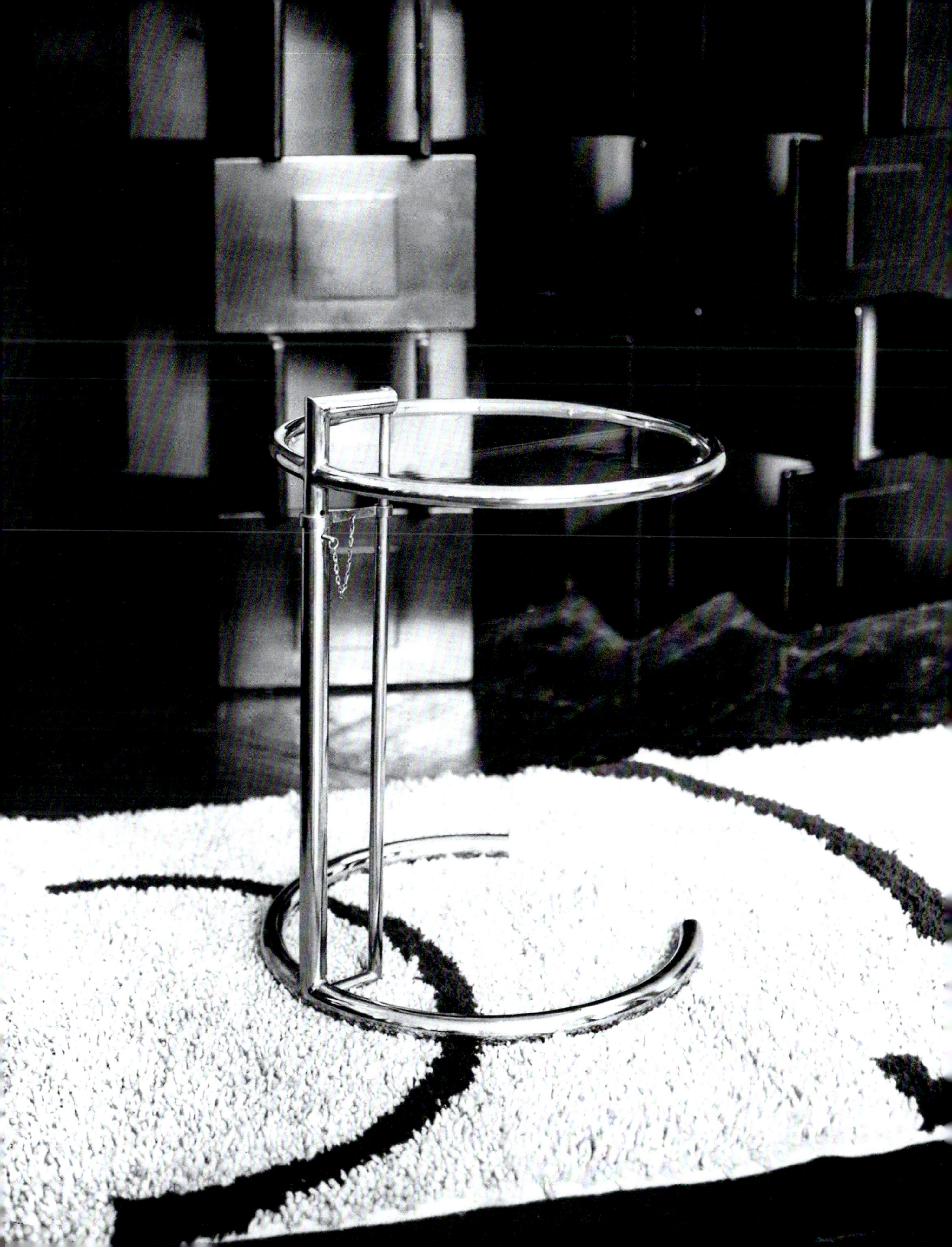

Paul Colin
Josephine Baker – Exotischer Tanz, 1927

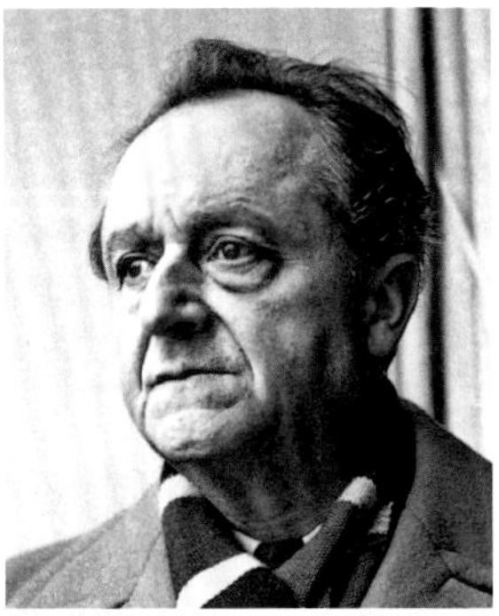

* 1892 in Nancy
† 1985 in Nogent-sur-Marne

Das Plakat für die Revue Nègre war die Pflicht gewesen und hatte beide in ihren angestammten Professionen gleichsam über Nacht zu gefragten Künstlern gemacht. Der junge Gebrauchsgrafiker Paul Colin hatte den Auftrag erhalten, für die Revue einer afroamerikanischen Truppe, die am 2. Oktober 1925 im Théâtre des Champs-Élysées Europa-Premiere feiern sollte, die Affichierung zu gestalten. Der eigentliche Star der Truppe war nicht nach Colins Geschmack, doch war ihm eines der Girls aufgefallen, das neben ihren grotesken Posen und ihrer unbändigen Ausgelassenheit herrlich proportioniert war. Das sahen die Verantwortlichen der Revue ähnlich, die „Kleine" sollte fortan ins Scheinwerferlicht rücken. Colin bestellte sie als Modell für das Plakat noch am gleichen Abend zu sich ins Atelier. Sprachbarrieren mussten ebenso überwunden werden wie die Schamhaftigkeit der jungen Frau. Doch steigt ihr Vertrauen in den Künstler zusehends, sodass dann selbst das Höschen fällt. Auf der Bühne werden es bald eine einzelne Flamingofeder oder das legendäre Bananenröckchen sein (Abb. S. 67), die ihre Scham spärlich bedecken.

„Unter seinem Blick fühlte ich mich zum ersten Mal schön", erinnert sie sich später. Freilich war die junge Frau mit Talent gesegnet, doch war es auch die so pointierte Werbung, die Josephine Baker (1906–1975) in Paris zum Star machte (Abb. S. 2). Es wird nicht lange dauern, bis sie auch in Berlin reüssieren sollte. Da war aus der Tochter einer dunkelhäutigen Wäscherin und einem jüdischen Schlagzeuger, aufgewachsen in den Slums von St. Louis, bereits „die Baker" geworden. Auf den Weg hatte sie sich 16-jährig, mit der Entscheidung, ihre Familie zu verlassen, begeben.

War das Plakat für die Revue die Pflicht gewesen, folgte mit der Mappe *Le Tumulte Noir* aus dem Jahr 1927 die Kür. Jazz und Charleston mochten Europa erobert haben, doch wurden in den Revuen weiterhin die gängigen, nach heutigen Gesichtspunkten rassistischen Klischees bedient. Colin findet für sein Konvolut, für das Baker das Vorwort verfassen sollte, diesbezüglich den ironischen Weg einer Umkehrung. Ein Jahr zuvor war der Stummfilm *Sur un air de Charleston* von Jean Renoir (1894–1979) herausgekommen, in dem ein Raumschiff aus einer fortschrittlichen Gesellschaft aus Zentralafrika aufbricht, um *Europa deserta* zu erforschen. Der dunkelhäutige Forscher trifft im postapokalyptischen Szenario auf eine Eingeborene, die für ihn Charleston tanzt. Das wilde Wesen wird den Besucher zurück in die eigentliche Zivilisation begleiten und dort „den echten Tanz der Weißen" einführen.

Auch Colin setzt mit *Le Tumulte Noir* auf dieses Wechselspiel von Schwarz und Weiß und stellt dem kolonialistischen Gehabe heitere Egalität entgegen: Protagonistinnen und Protagonisten der Pariser Revuen wie Maurice Chevalier (1888–1972), Mistinguett (1875–1956) oder Damia (1889–1978) werden dunkelhäutig dargestellt, im Gegenzug trägt Baker auf manchen Blättern ein gänzlich blasses Inkarnat.

Zahlreiche Kunstschaffende ihrer Zeit porträtierten sie, Alice B. Toklas widmete ihr ein Dessert, Adolf Loos entwarf ein Haus für sie, auch im Alltag war Josephine, nicht nur mit der Haarpomade Bakerfix, präsent. Doch verstand es keiner so trefflich, mit wenigen Strichen diesen begnadeten Körper in Bewegung festzuhalten, wie Paul Colin. Josephine Baker und das Bild, das wir von ihr im Bananenröckchen haben, sind längst zum Image des Jahrzehnts geworden. DG

Josephine Baker – Exotischer Tanz, 1927
Aus der Mappe *Le Tumulte Noir*
Lithografie mit Pochoir-Färbung auf Pappe, 41,7 x 27,8 cm

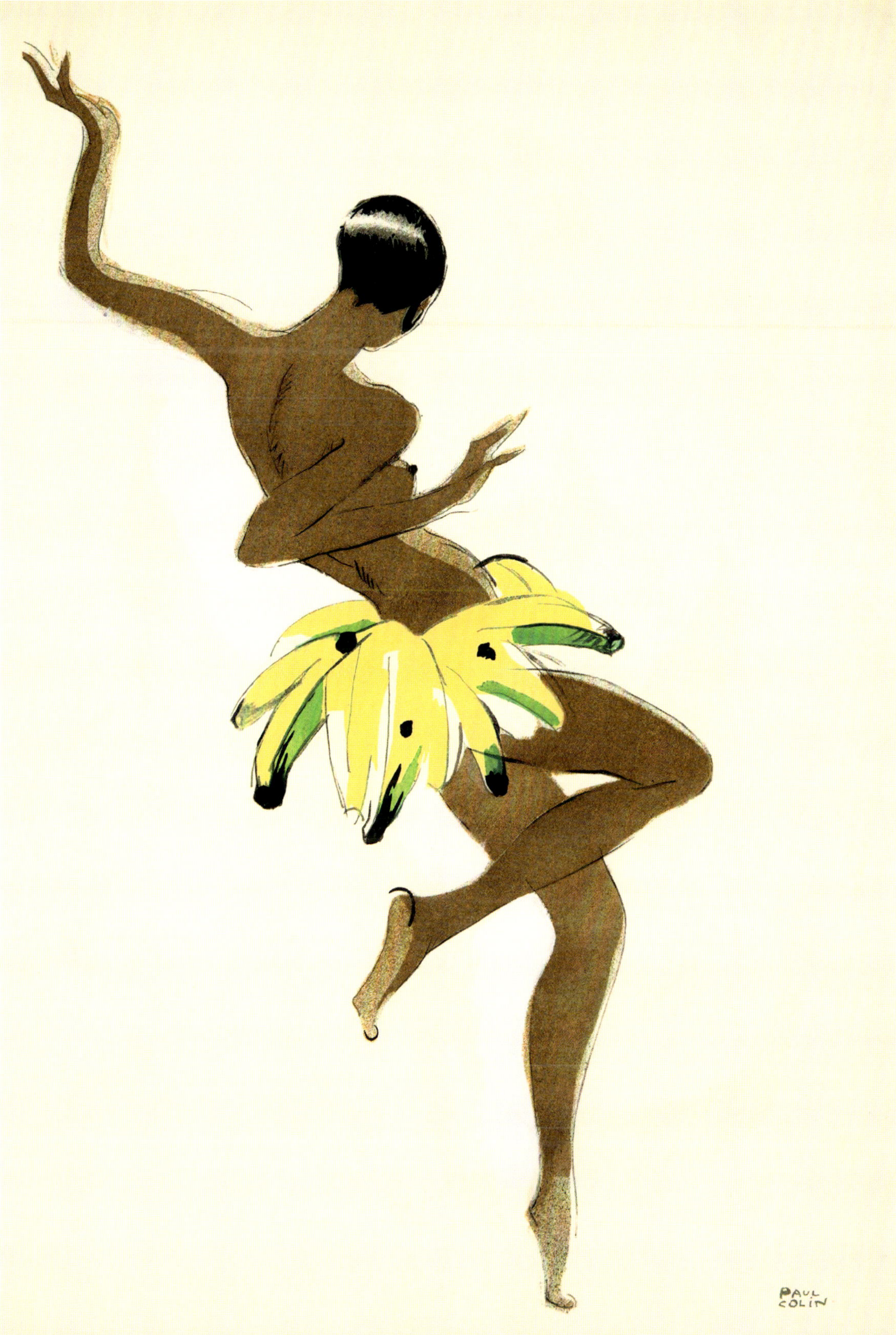
PAUL
COLIN

Luis Buñuel / Salvador Dalí
Ein andalusischer Hund, 1929

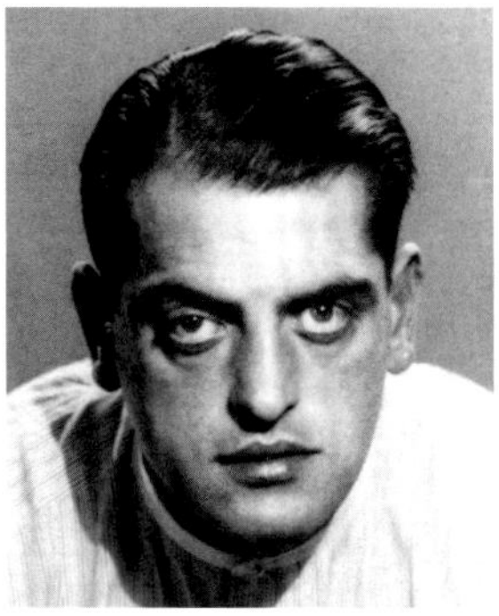

Luis Buñuel
* 1900 in Calanda
† 1983 in Mexiko-Stadt

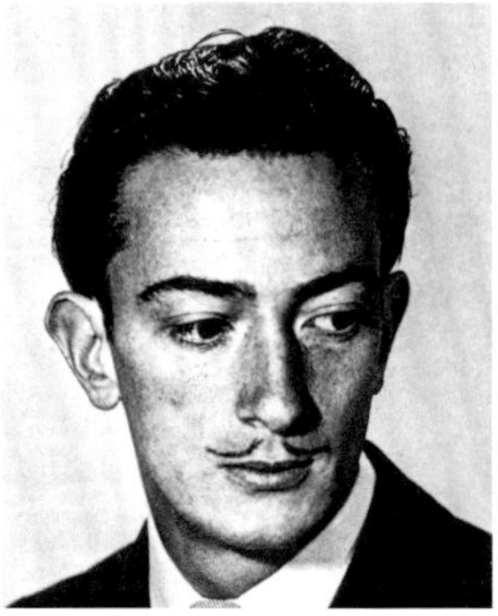

Salvador Dalí
* 1904 in Figueres
† 1989 in Figueres

Wenn sich die Dinge – seien sie lebendig oder nicht – zu nahe kommen, dann wird es gefährlich. Auch im Film, auch im einzelnen Bild: hier ein Auge und ein Rasiermesser, das Auge durch eine Hand geöffnet gehalten, das Rasiermesser in Stellung gebracht. Ein Bild des Schreckens und der Gewalt, oder genauer: ein Bild vor dem Moment der Gewalt. Was wird als nächstes passieren? Es gibt einen Aufschub. Denn die folgende Einstellung zeigt in einer Parallelmontage statt eines Auges den Vollmond, vor den sich – rasiermessergleich – eine schmale Wolke schiebt, so als würde sie ihn durchschneiden. Es wird also geschehen: Schon im kommenden Bild sehen wir, wie das Auge vom Messer durchgeschnitten wird und das Organ des Sehens sich in einer zähflüssigen Masse ergießt. Ein Bild der Gewalt, das im gleichen Zuge ankündigt: Ab jetzt wird vor nichts mehr haltgemacht – im Film nicht und auch nicht im Leben.

Die Bildsequenz zählt zu den berühmtesten der Filmgeschichte. Als Auftakt für den Kurzfilm *Ein andalusischer Hund* gedreht, wurde sie ein Skandal und zugleich Ikone des Surrealismus. Der 1929 in Paris uraufgeführte Film war in einer Kooperation des Regisseurs Luis Buñuel mit dem Künstler Salvador Dalí entstanden. Ein Jahr später wird aus der Feder der beiden spanischen Autoren der zweite große Klassiker des surrealistischen Films hervorgehen, *Das goldene Zeitalter*. Danach trennen sich ihre Wege. Während Dalí sich wieder der Malerei zuwendet, stellen die frühen Kooperationen für Buñuel den Auftakt für sein cineastisches Werk dar. Noch über die Jahre hinweg werden seine Filme eine gewisse Nähe zu diesem surrealistischen Ursprung bewahren.

Für die beiden jungen Künstler wird *Ein andalusischer Hund* zur Eintrittskarte in den Kreis des Surrealismus. Wie Pablo Picasso, Le Corbusier, Jean Cocteau und andere Repräsentanten der künstlerischen wie intellektuellen Elite von Paris sind auch André Breton und seine Mitstreiter bei der Uraufführung zugegen. Ein Jahr später wird *Ein andalusischer Hund* von dem ungarischen Filmkritiker Béla Balázs (1884–1949) zum „merkwürdigsten und genialsten Film des Surrealismus" erklärt.

Dass am Ausgangspunkt seiner Zusammenarbeit mit Dalí jene den Surrealisten so teuren Traumbilder standen, berichtet Buñuel 1982 im Rückblick: „Dalí hat von einer durchlöcherten Hand geträumt, aus der Ameisen krochen, und ich von einem durchtrennten Auge. So haben wir weitergemacht, entweder Bilder aus unseren Träumen hervorgeholt oder nach Bildern gesucht, die in nichts dem ähnelten, was wir kannten." Diese inneren, oft verstörenden Bilder, die keinem blickenden Auge entstammen, werden im Film eingewoben in eine bruchstückhafte Erzählhandlung. Bewusst verzichtet Buñuel auf die von der Avantgarde geschätzten Tricktechniken, um die irritierende Kraft der Bilder und ihrer Verkettungen inmitten der konstruierten Erzählung des Films aufbrechen zu lassen: Die Grenzen von Traum und Wirklichkeit verwischen sich.

So sind es denn auch vor allem die Bilder, die von *Ein andalusischer Hund* bis heute geblieben sind. Provokant oder schockierend, skandalös oder irritierend sind sie zu Ikonen geworden – nicht nur des Surrealismus, sondern überhaupt einer bildnerischen Moderne. Und was erstaunlich ist: Auch wenn sie längst von neuen Filmtechnologien eingeholt wurden, funktionieren sie immer noch – nach so langer Zeit und stets aufs Neue. CM

Ein andalusischer Hund, 1929
Szenenfotos mit Luis Buñuel und Simone Mareuil

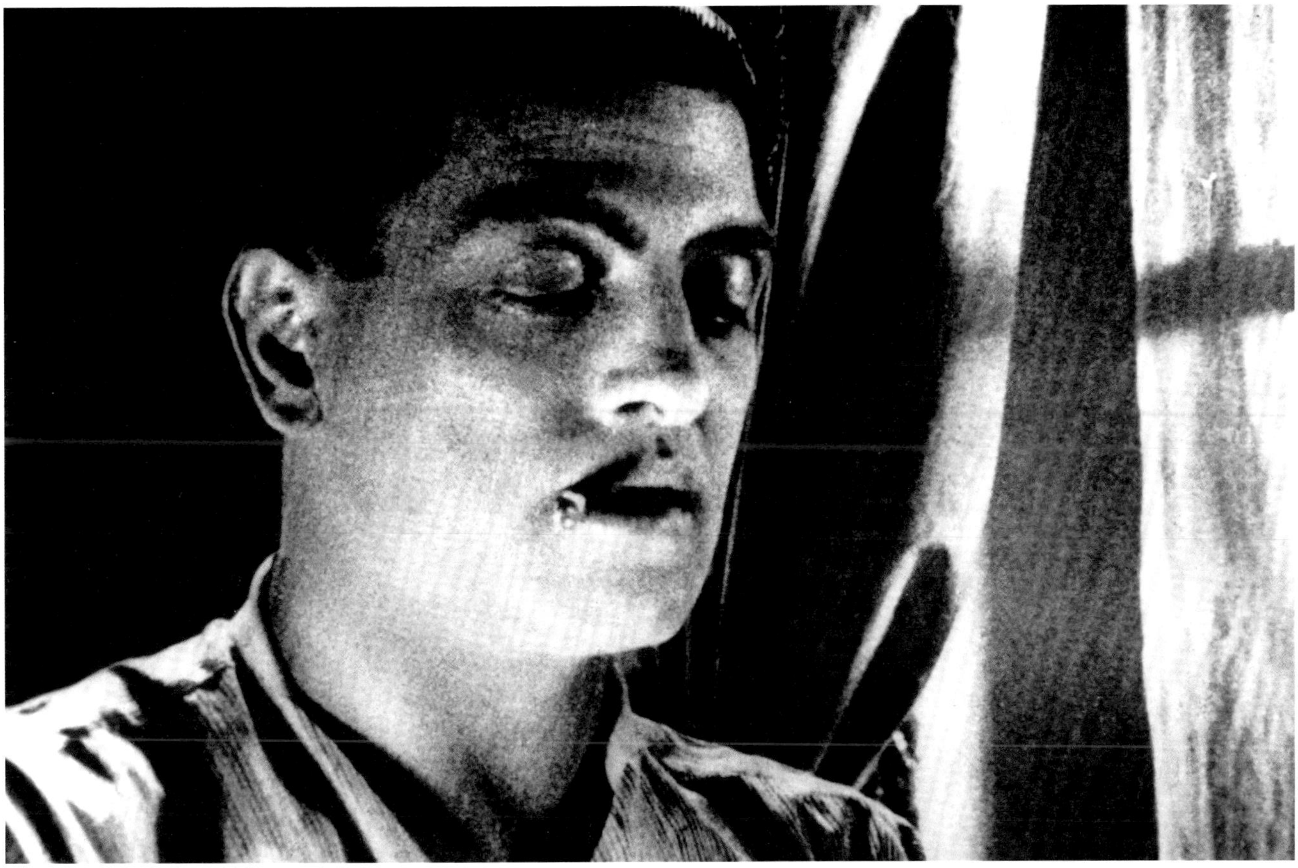

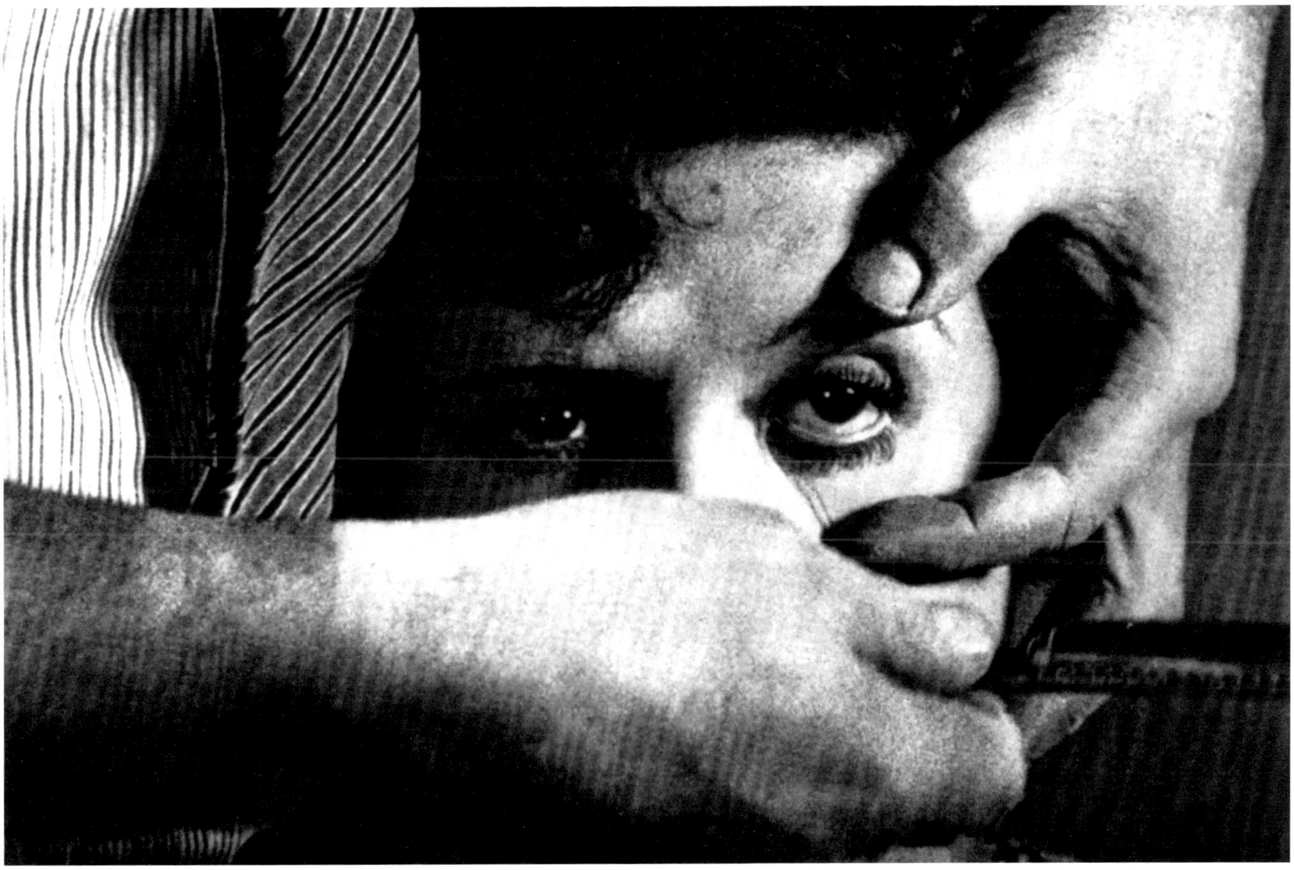

Lee Miller / Man Ray

Porträt Lee Miller, 1929

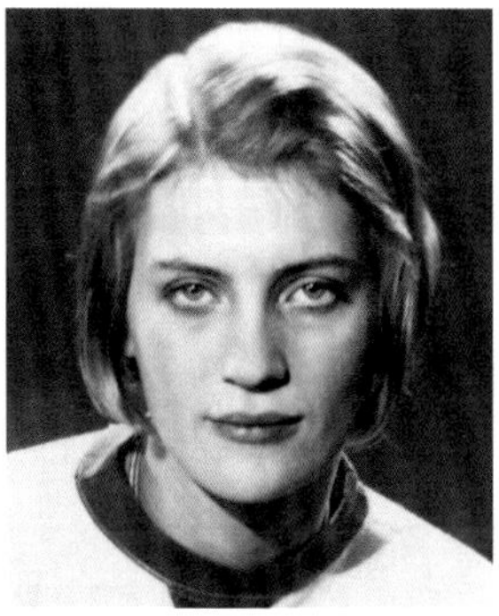

Lee Miller
* 1907 in Poughkeepsie
† 1977 in Chiddingly

Ein greller Schrei, das Licht geht an: Derlei sollte in einer Dunkelkammer während der Arbeit eher nicht passieren. Doch muss Lee Miller irgendetwas über den Fuß gekrabbelt sein, im Affekt kann ein Fehlgriff schnell geschehen, das Dutzend Negative im Entwicklerbad jedenfalls würde durch die zusätzliche Belichtung unbrauchbar geworden sein. Man Ray schimpfte nicht einmal über das Missgeschick, sondern warf das Konvolut, das einen weiblichen Akt vor dunklem Hintergrund zum Motiv hatte, in Fixiersalz, wo es vorerst blieb. Später entdeckten die beiden, dass der Hintergrund durch die plötzlich eingeschaltete Lampe nun auch belichtet worden war. Dort, wo der nun ebenfalls helle Hintergrund am Foto an den Körper grenzte, waren die Konturen wider Erwarten nicht ineinander verschmolzen. Vielmehr war eine unwirklich erscheinende Linie verblieben, ein gleichsam auratischer Effekt entstanden, den der Künstler fortan Solarisation nannte.

Nun liebt der Surrealismus Zufälle, er beschwört sie nachgerade herauf. Ein Problem allein ergibt sich, wenn man den Zufall steuern, seiner Herr werden will. „Es war mein Tun, das die zufällige Entdeckung verursachte, aber dann musste sich Ray Gedanken machen, wie man es kontrollieren konnte und es genau so wiederholbar machen, wie er es wollte", gibt sich Lee Miller später bescheiden. Nun waren die Solarisationen, ebenso wie Fotogramme überhaupt bereits bekannte Phänomene der Fototechnik, doch verstand es Man Ray wie kein anderer, ihnen einen surrealistischen Impetus zu verleihen. Lee Miller, Schülerin, Modell und Geliebte gleichermaßen, assistierte nicht nur, sie brachte ebenso ihre Ideen ein, sodass bei manchen der Aufnahmen aus jener Phase die Autorenschaft nicht eindeutig zuordenbar ist.

Die gemeinsame Zeit muss überaus intensiv gewesen sein. Was neben einer Reihe von Solarisationen bleibt, sind zwei Schlüsselwerke im Œuvre von Man Ray, die Fragmente des Gesichts der starken wie selbstbewussten Geliebten zeigen. Lee Millers Auge ziert den Zeiger des Metronoms des *Object of Destruction* von 1932, und über dem Horizont von *À l'heure de l'observatoire, les amoureux* aus den Jahren 1932 bis 1934 schweben ihre Lippen. In der Autobiografie des seinerseits mit Selbstbewusstsein reichlich gesegneten Künstlers findet Miller kaum bis lapidar Erwähnung, dennoch werden die beiden ihr Leben lang freundschaftlich verbunden bleiben.

Lee Miller, die 1927 als Modell entdeckt worden war, reüssierte nach ihrer Zeit in den Surrealisten-Kreisen vorerst in Paris und danach in New York als Porträt- und Modefotografin. Als U.S.-Kriegskorrespondentin wird sie dabei sein, wenn die amerikanischen Soldaten Buchenwald befreien, sie wird zerstörte Leben ebenso dokumentieren wie zerbombte Städte. In München geraten sie und ihr Kollege David E. Scherman (1916–1997) im Mai 1945 auf der Suche nach einem Quartier am Prinzregentenplatz 16 in Hitlers verlassene Wohnung. Das Heißwasser funktioniert und Lee Miller in Hitlers Badewanne wird zu einer Art intimem Zeugnis des befreiten Nazi-Deutschlands.

Nach dem Krieg heiratet Lee Miller den Künstler und Kunsthistoriker Roland Penrose (1900–1984) und zieht sich weitgehend ins Privatleben auf einer englischen Farm zurück. Erst Jahre nach ihrem Tod wird ihr beachtenswertes fotografisches Werk durch ihren Sohn Antony Penrose (geb. 1947) wiederentdeckt. DG

Porträt Lee Miller, 1929
Silbergelatine-Abzug,
26,7 x 20,6 cm
Privatsammlung

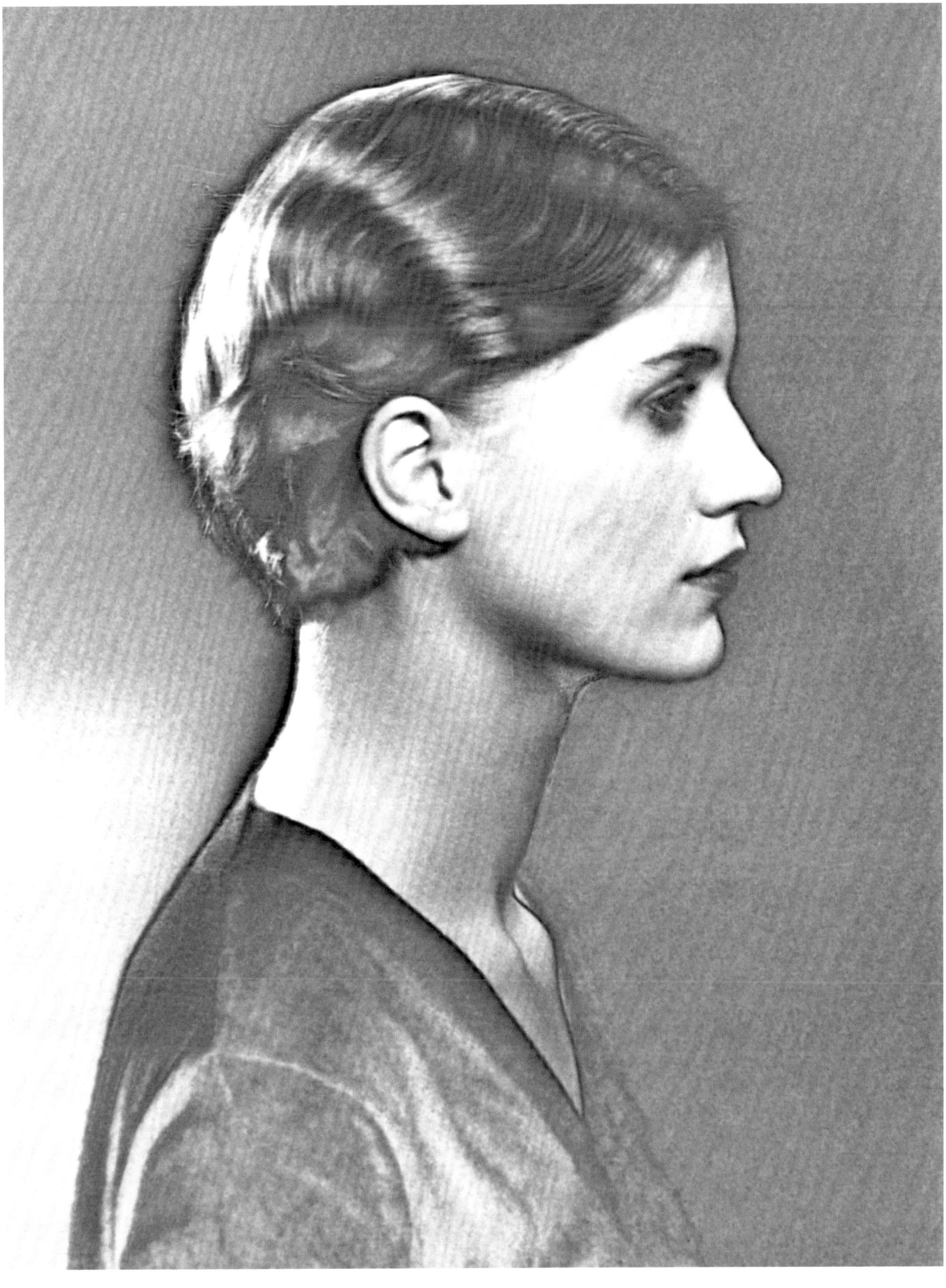

Tamara de Lempicka
Selbstporträt im grünen Bugatti, 1929

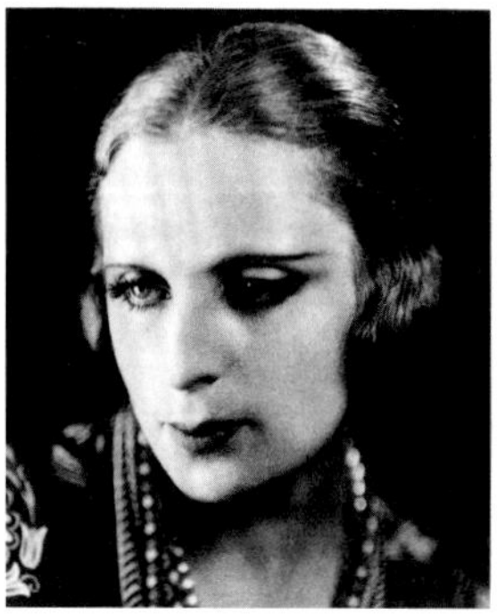

* 1898 in Warschau
† 1980 in Cuernavaca

Extreme Nahsicht, klare Farbaufteilung, wenige Details: Selbst wenn die Dame mit den leuchtend roten Lippen und dem gelangweilt, doch nicht uninteressiert wirkenden Blick in ihrem Sportwagen eher zügig an uns vorüberzöge, das Bild würde sich sofort einprägen. Das hat es sich auch. Längst ist diese Frau hinter dem Steuer zur Ikone des Art deco geworden. Wie keine andere steht sie für die Epoche im Allgemeinen wie für Mobilität und Selbstbestimmtheit der modernen Frau im Speziellen (Abb. S. 20 unten). Die Amazonen hatten das Pferd gegen das Automobil, wenn nicht gleich gegen das Flugzeug eingetauscht. Tamara de Lempicka, die mit *Autoportrait* – so der Originaltitel – ein Werk mit perfekt doppeldeutigem Titel schuf, wusste sich nicht nur hier – ganz eins mit dem Fahrzeug –, einprägsam zu inszenieren. Auch im wirklichen Leben schaffte es die Künstlerin, sich medienwirksam wie nachhaltig in Szene zu setzen.

„Sie sehen so großartig in Ihrem Wagen aus, dass ich gerne Ihre Bekanntschaft machen würde", wäre, so die Legende, auf einer Visitenkarte notiert gewesen, die Lempicka – wo sonst als in Monte Carlo – an ihrer Windschutzscheibe vorfand. Die von der Tochter der Künstlerin übermittelte Anekdote will es, dass es sich bei der Begeisterten um die Herausgeberin des deutschen Modejournals *Die Dame* handelte, die spontan den Auftrag für ein Cover-Bild erteilte. So ganz kann das nicht den Tatsachen entsprechen, denn die Lempicka hatte bereits zwei Jahre vor dem 1929 gemalten Selbstporträt für einen Titel verantwortlich gezeichnet.

Aus Unbehagen, es könnte ihnen der Gout des Unseriösen anhaften, war die Künstlerin wider ihre Neigungen anfangs darauf bedacht gewesen, keine Entwürfe dekorativer oder angewandter Art zu liefern. Ehrgeizig bis zur Verbissenheit hatte sie an ihren Porträts gearbeitet und bis 1925 ihr Geschlecht verleugnend mit T. de Lempicki signiert. Als sich endlich der Erfolg einstellte, wurde ein weibliches Lempicka daraus, mit dem Kürzel TdL. Einzig beim *Selbstporträt im grünen Bugatti* indes findet sich mit TJL ein Middle-Initial: J für Junosza, der Linie ihres adeligen Ehemannes – von dem sie sich allerdings eben getrennt hatte.

Der Zeitpunkt des Erscheinens im Juli 1929 war durchaus kein Zufall: Im Monat zuvor war Clärenore Stinnes (1901–1990) nach ihrer zweijährigen Weltreise im Automobil in Berlin angelangt. Auch was die Farbe und das Modell des Fahrzeugs betrifft, richtete sich Lempicka für ihre Auftragsarbeit, die erst 1972 als autonomes Kunstwerk ausgestellt wurde, nach den aktuellen Trends. Wenngleich die mondäne Künstlerin keinen grünen Bugatti fuhr, so ging sie doch mit der Mode, indem sie die Kleidung auf ihr Fahrzeug abstimmte: „Es war ein kleiner Renault, nicht grün, sondern hellgelb und schwarz. Wenn ich ihn fuhr, trug ich einen Pullover in derselben hellgelben Farbe, immer mit einem schwarzen Rock und schwarzen Hut. Ich war angezogen wie das Auto und das Auto wie ich."

Tamara de Lempicka zelebrierte dieses moderne, durchgestylte Leben bewusst und für die Öffentlichkeit. In ihrer Atelierwohnung, geplant von Robert Mallet-Stevens, eingerichtet von ihrer Schwester Adrienne Gorska (1899–1969), die sich gemeinsam mit ihrem Partner Pierre de Montaut (1892–1974) auf Kinobauten spezialisiert hatte, empfing sie durchaus divenhaft die Kunstszene wie die geneigte Presse. Mit ihrem Selbstporträt ist die Lempicka nicht nur auf der Höhe ihrer Zeit, sondern auch ganz bei sich. DG

Selbstporträt im grünen Bugatti, 1929
Öl auf Holz, 35 x 27 cm
Privatsammlung

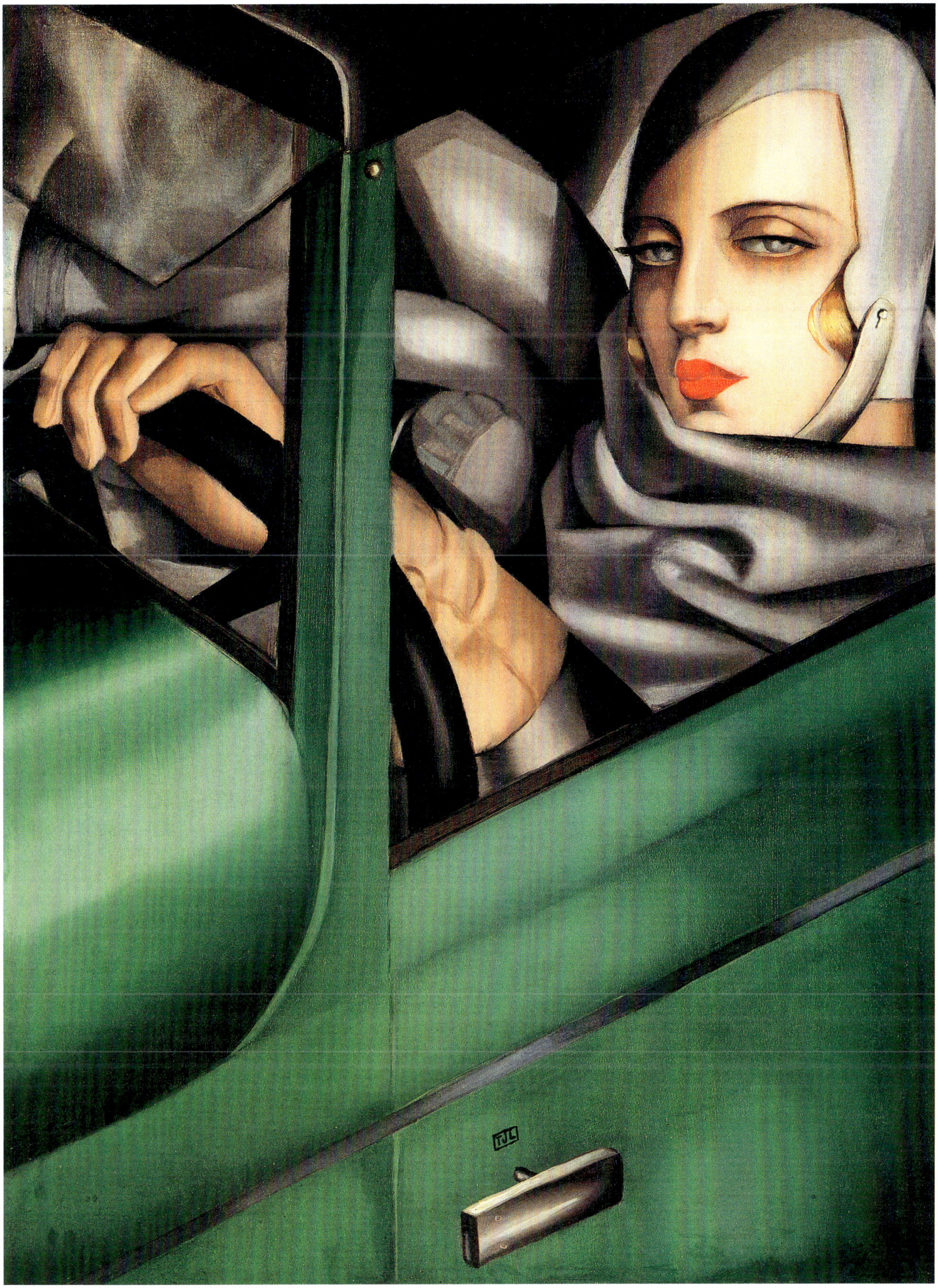

Salvador Dalí
Das finstere Spiel, 1929

„Diese Arbeit war eine der authentischsten und grundlegendsten, die der Surrealismus mit Recht für sich beanspruchen konnte."
— SALVADOR DALÍ, 1942

Inmitten des Krieges, 1941, bringt ein 37-Jähriger mit *Das geheime Leben des Salvador Dalí* seine Autobiografie zu Papier. Neben den vielerlei Begegnungen, Vorkommnissen und Obsessionen beschreibt er darin seine Arbeitsweise detailreich und fabuliert so gelebten Surrealismus: „Den ganzen Tag saß ich vor meiner Staffelei, starrte unverwandt darauf und versuchte wie ein Medium (ja wirklich), die in meiner Einbildung aufschießenden Bilder zu ‚sehen' [...] Ohne zu malen verharrte ich dann angespannt, eine Pfote, in der bewegungslos der Pinsel hing, hochhaltend, bereit, sofort wieder in die Traumlandschaft meiner Leinwand hineinzustürzen, wenn die nächste Explosion meines Gehirns ein neues Opfer meiner Einbildung blutend zur Strecke brachte." Ganz so unmittelbar wird es an der Leinwand nicht zugegangen sein, denn zum einen existieren durchaus Studien zu einzelnen Werken. Zum anderen hatte sich Dalí in seiner Annäherung an den Surrealismus eine ziselierte Malweise zugelegt, die in ihrer Feinheit und Brillanz nichts anderes als altmeisterlich ist.

Das finstere Spiel liefert eines der frühesten Werke, mit denen Dalí in surrealistischen Kreisen sowie in der Öffentlichkeit reüssierte und zugleich aneckte. All die kleinen, teilweise sexuell aufgeladenen Einsprengsel in diesem traumschweren Wirbel aus Detail und Dekor waren nicht der kritischen Rede wert. Was speziell zu anhaltenden Diskussionen führte, war der Herr, der aus der rechten Ecke ins Bild tritt. Dem Mann sind die Beinkleider abhandengekommen, nun fällt der Blick auf seine mit Kot verschmutzte Unterhose. Damit schien selbst für die Kollegen vom Surrealismus ein Tabu überschritten. André Breton findet sogar in der Broschüre von Dalís erster Galerieausstellung kritische Worte für den „Mann mit Scheiße am Hemd". Und Georges Bataille deutet in seiner Zeitschrift *Documents* im Dezember 1929 das Gemälde in einer Weise psychoanalytisch, die eine Verweigerung der entsprechenden Abbildung in der Publikation zur Folge hat.

Dem Werk freilich beschert dies noch mehr Prominenz. Das Ehepaar de Noailles, Marie-Laure (1902–1970) und Charles (1891–1981), Sammler und Förderer des Surrealismus der ersten Stunde, kauft das Bild aus der Ausstellung heraus, und nun hängt es, wie der Künstler „höchst geschmeichelt" feststellt, „zwischen einem Cranach und einem Watteau". Dalí selbst vergleicht die Reaktion seiner Kollegen auf die „skatologischen Elemente" mit jenen seiner Familie: „Das Blut war mir gestattet. Ein bisschen Kacke durfte ich drauf setzten. Aber Kacke alleine, das gab's nicht." Die Schmutzecke am Gemälde dürfte als Tabubruch durchaus kalkuliert gewesen sein. Eine Vorstudie zeigt zwar sexuelle Handlungen, die in dieser Deutlichkeit nicht auf die Leinwand kamen, doch ist der betreffende Herr, dessen Rückenansicht zum Skandal wurde, hier noch ganz korrekt und sauber mit einem Anzug bekleidet.

Nachhaltige Folgen hatte *Das finstere Spiel* allemal. Im Gespräch und seiner darin enthaltenen Beteuerung, mitnichten ein „Koprophage" zu sein, kommen sich Dalí und Gala Éluard, noch Ehefrau des Dichters Paul, näher. Sie wird die Muse und in weiterer Folge so etwas wie das Role Model der ehrgeizigen Künstlergattin. Unter ihrem Management wird Dalí zu einem der kommerziell erfolgreichsten Maler seiner Zeit: „Avida Dollars", wie Breton den Künstlernamen zum Anagramm macht – der hinter den Dollars her ist. DG

Das finstere Spiel, 1929
Öl und Collage auf Pappe,
44,4 x 30,3 cm
Privatsammlung

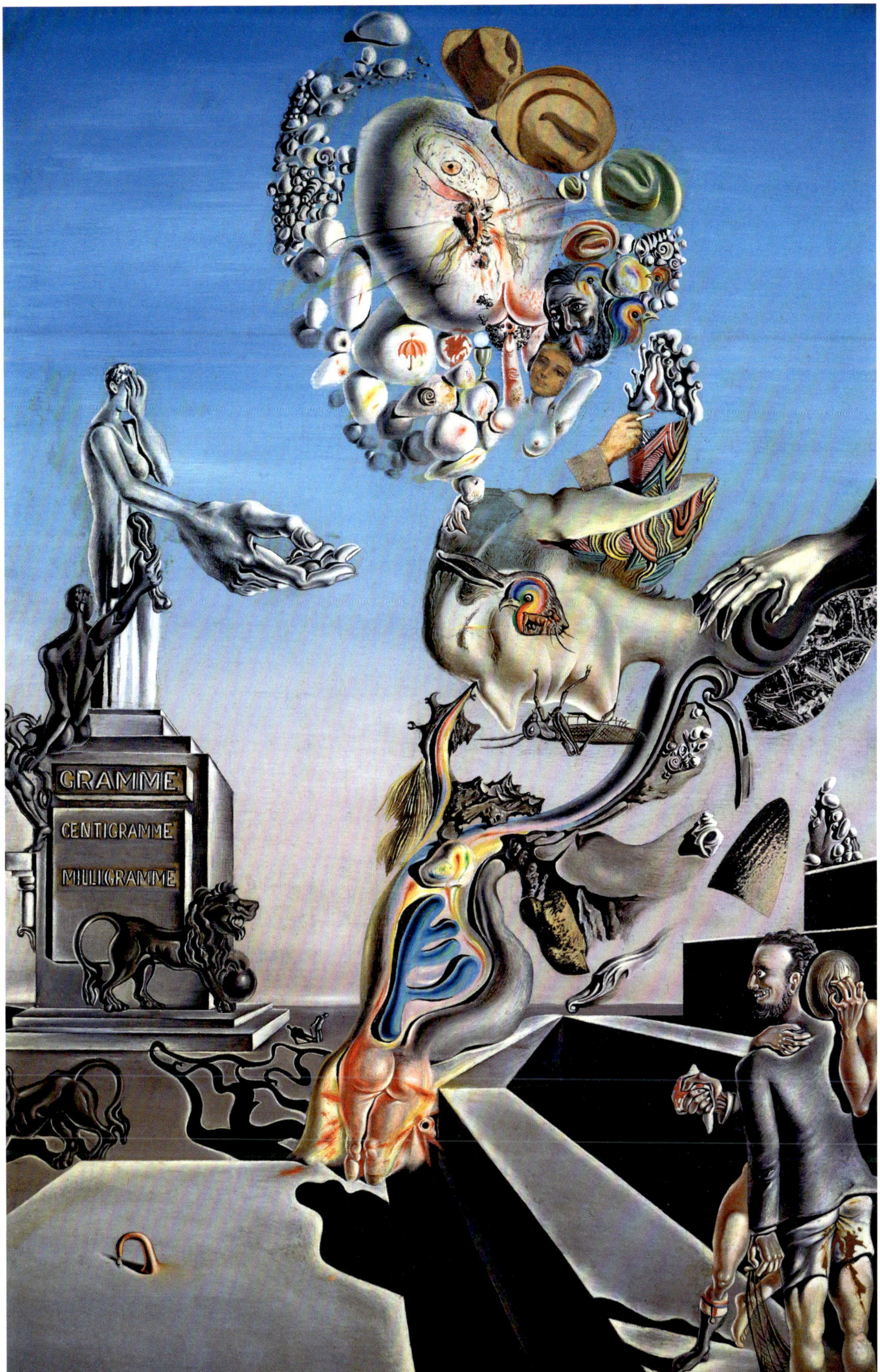
GRAMME
CENTIGRAMME
MILLIGRAMME

Séraphine Louis

Paradiesbaum, 1929/30

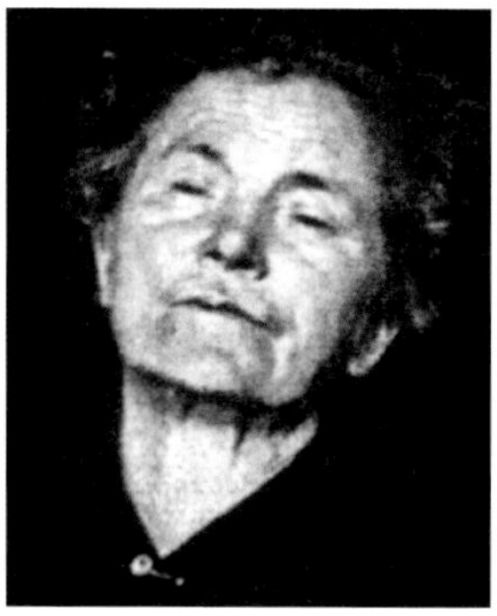

* 1864 in Arsy
† 1942 in Clermont-de-l'Oise

Am 7. Februar 1932 informierte der *Courrier de l'Oise* die Bürger der Stadt Senlis, dass man „Mademoiselle Séraphine Louis, 68 Jahre alt, die von sich sagt, daß sie Malerin sei [...] gewiß in ein Altersasyl einweisen werde, wo ihr alle Fürsorge zuteil werden wird, die sie benötigt. Denn diese unglückliche Frau ist unfähig geworden, sich zu kontrollieren, und kann nicht mehr für ihre wesentlichen vitalen Bedürfnisse sorgen." Sie starb am 11. Dezember 1942 in der psychiatrischen Anstalt in Clermont-de-l'Oise.

Der Kunstliterat und Kunsthändler Wilhelm Uhde hatte die erste Galerieausstellung für Henri Rousseau organisiert und die erste Monografie über ihn publiziert. Um das Jahr 1912 entdeckte er während eines Aufenthalts in der 50 Kilometer nordöstlich von Paris gelegenen Provinzstadt Senlis in seiner Aufwartefrau Séraphine Louis die Autodidaktin, in der er die legitime Nachfolgerin des Zöllners Rousseau erkannte. Die Relevanz der Entdeckung wurde ihm allerdings erst Jahre später bewusst, als er 1927 Bilder von Séraphine auf einer lokalen Kunstausstellung in Senlis wiedersah. Fortan förderte und vermarktete er die Kunst seiner vormaligen Putzhilfe. Erst jetzt, dank Uhde, verfügte sie über hinreichend Zeit für ihre künstlerische Tätigkeit und erhielt die Möglichkeit, auf große Leinwände zu malen.

Der *Paradiesbaum* aus den Jahren 1929 bis 1930 gehört zu den von Uhde so bezeichneten „Riesenbildern", jenen fast zwei Meter hohen apokalyptischen Visionen, zu denen sich die schlichten Blumenstillleben der frühen Arbeiten gesteigert hatten. Vor dem bizarren *Paradiesbaum*, der sich über den „Strom lebendigen Wassers" im „Himmlischen Jerusalem", wie es in der *Geheimen Offenbarung* des Johannes belegt ist, neigt, bringen botanische Bestimmungsversuche nicht viel: In den fantastischen Blattformen, die sich hier und dort zu Augen zu konkretisieren beginnen, macht sich eine sehr individuelle religiöse Ikonografie geltend, in der die Künstlerin ihre ganz persönlichen Endzeitvorstellungen zum Ausdruck bringt.

Séraphine Louis glaubte an das nahe Bevorstehen eines großen Krieges – was nicht so falsch war –, und sie sah das Ende der Zeiten kommen. Von der ungeheuerlichen Katastrophe erhoffte sie die große Reinigung. Gott werde die Bösen mit Feuer auslöschen, so sah sie voraus. Und da sie annahm, dass Gott für sein Werk sich der Hand des Menschen bedienen werde, forderte Séraphine Louis „die Guten" auf, leere Konservendosen zu sammeln, um diese in der Stunde der Wahrheit, mit Benzin gefüllt, brennend auf „die Bösen" zu schleudern.

Der kreative Freiraum, den die Förderung durch Wilhelm Uhde geöffnet hatte, trug wohl dazu bei, den Ausbruch der psychischen Krise zu verzögern. Im Verlauf des Jahres 1930 jedoch musste Uhde Séraphine Louis seine Unterstützung entziehen. Die Weltwirtschaftskrise hatte auch seine finanziellen Möglichkeiten erschöpft. Wie in früheren Jahren malte sie nun wieder auf zufällig gefundenen Holztafeln. In dieser finanziell verzweifelten Situation kam es zum mentalen Zusammenbruch. Wilhelm Uhde fasst es zusammen: „[N]ichts war in ihr zum innern Widerstand bereit [...], alle Substanz der Seele war ausgegeben, reichlich verschwendet an ein Werk, das jetzt von ihr gesondert in seiner Großartigkeit bestand. Geblieben war der zerstörte Geist und der verbrauchte Körper einer armen alten Frau, die ein Genie, eine Heilige und eine Heldin gewesen." MW

Paradiesbaum, 1929/30
Ripolin und Öl auf Leinwand,
195 x 130 cm
Senlis, Musée d'Art et d'Archéologie

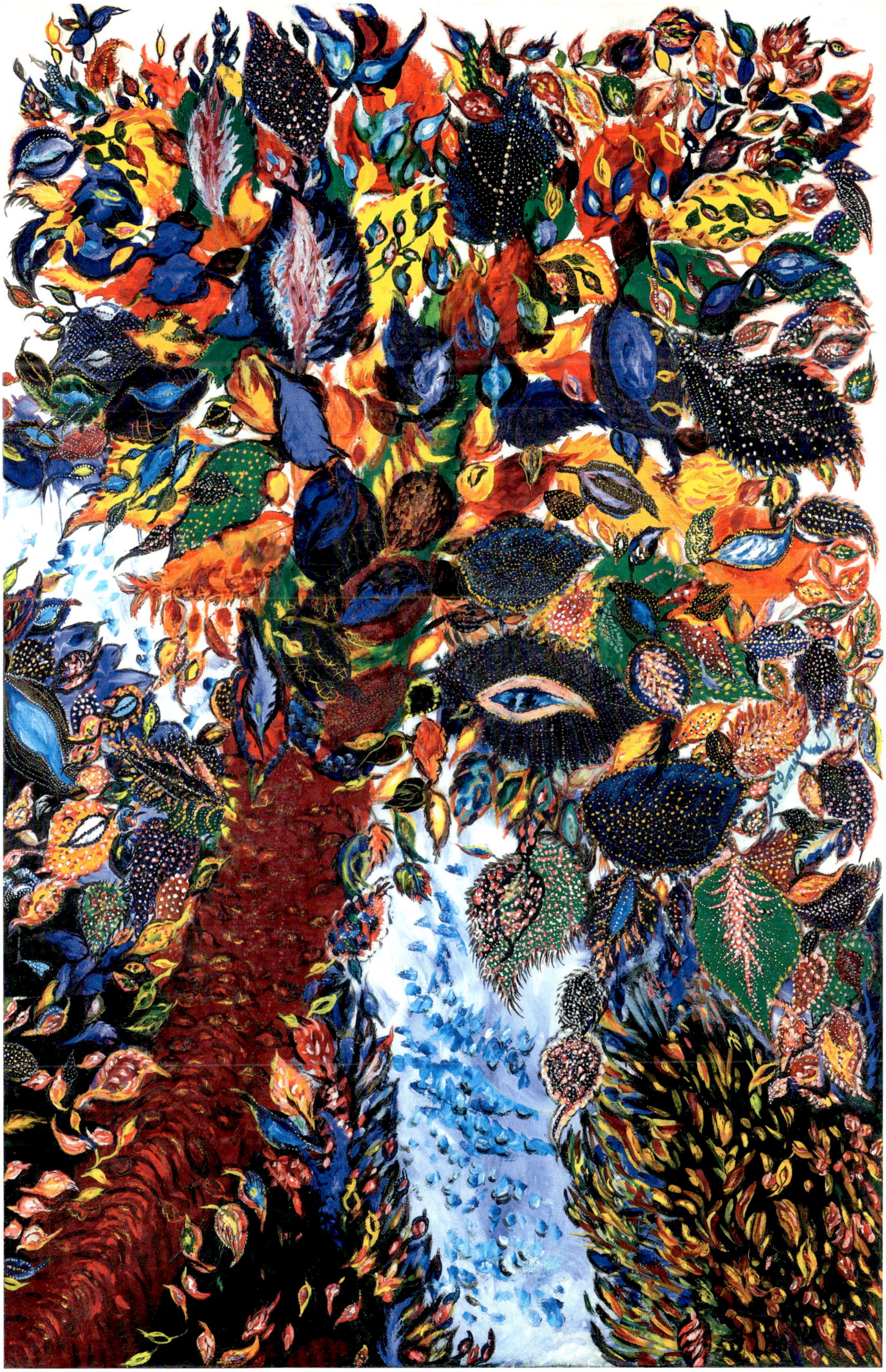

Fernand Léger

Mona Lisa mit Schlüsseln, 1930

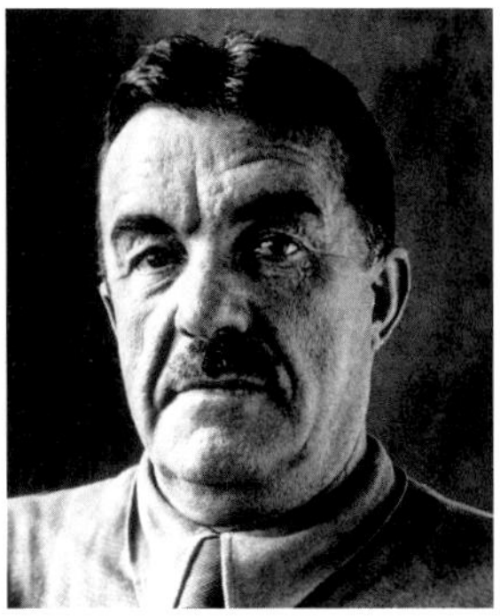

* 1881 in Argentan
† 1955 in Gif-sur-Yvette

Vom gleichen Jahrgang wie Picasso ist Fernand Léger so etwas wie ein Spätberufener. Die Haupt- und Staatsaktionen seines Werkes ereignen sich in den 1920er-Jahren. Wenn Art deco, jene Epochenbezeichnung, die sich vor allem auf Gestaltungen des Kunstgewerbes bezieht, auf Möbel, Lampen, Innenausstattung, ein Pendant in der Malerei hat, dann wäre Léger der herausragende Vertreter. Organische Materialien verbinden sich im Art deco mit artifiziellen, Handarbeit geht ein in industriell abgewickelte Herstellung.

Légers Motive verdanken sich einem bildnerischen Metier, der Malerei, die herkömmlicherweise manuell funktioniert. Doch die Tendenzen des Zeitalters, Anonymisierung, Mechanisierung, Uniformierung, haben sich unverkennbar auf sie ausgewirkt. Auf der großen, einen Stil und eine Stilbezeichnung hervorbringenden Ausstellung des Jahres 1925, der Exposition internationale des arts décoratifs et industriels modernes (Abb. S. 20, 21), war Léger prominent vertreten. Er ist einer der Kronzeugen des neuen Geistes, indem es seine Gemälde waren, die die Wände vor allem jenes Pavillons zierten, der heute als der wegweisendste gilt: Le Corbusiers Pavillon de l'Esprit Nouveau.

Das Aufeinandertreffen des Mechanischen mit dem Organischen ist beispielhaft in einem Gemälde Légers verhandelt, das sich buchstäblich als Schlüsselbild darbietet. Der Meister stellt dazu fest: „Eines Tages, nachdem ich einen Schlüsselbund gezeichnet hatte, fragte ich mich, welches das einem Schlüsselbund entfernteste Element sei, und ich sagte mir: das ist die menschliche Gestalt. Ich gehe auf die Straße hinaus und entdecke in einem Schaufenster das Bild der *Mona Lisa*. So habe ich das Bild *Mona Lisa mit Schlüsseln* gemacht, das eine gewisse Berühmtheit erlangt hat [...] Dann habe ich noch eine Sardinenbüchse hinzugefügt. Das ergab einen pointierten Kontrast! Das ist ein Bild, das ich behalte. Ich verkaufe es nicht." Tatsächlich hat sich Léger niemals von ihm getrennt. Es fiel dem Fundus zu, der heute im südfranzösischen Biot das ihm zu Ehren institutionalisierte Nationalmuseum Fernand Léger bildet.

Seit er im Jahr 1900 nach Paris gekommen war, hielt sich Léger in den Kreisen der Avantgarde auf. Er wird die Geste gekannt haben, die Marcel Duchamp kunstwürdig machte, als er einer Reproduktion der *Mona Lisa* einen Bart und jene Buchstaben applizierte, die der kanonischen Gestalt einen Fingerzeig von Schlüpfrigkeit hinzufügten (Abb. S. 33). Légers eigene Übernahme baut ebenso auf einem Kunstdruck auf. Anders als bei Duchamp, der mit Hinzufügungen hantierte, ist das Vorbild malerisch verändert. Es hat das Lächeln verloren, der Blick verweigert sich dem Gegenüber, und die Figur hat Züge angenommen, die an eine ganz reale Person erinnern.

War Leonardo da Vincis Schöne von Anfang an mehr ideales als konkretes Bildnis, Demonstration des bildnerischen Vermögens zu Anmut und Grazie, so ist die Ungreifbarkeit bei Léger ins Gegenteil verkehrt. Es mutet seltsam an, dass die Porträthaftigkeit bisher nicht bemerkt worden ist. In dieses Antlitz ist jenes eines Kollegen gewandert, und es ist eben derjenige, der für solche Anverwandlungen einschlägig bekannt ist. Diese Mona Lisa sieht Marcel Duchamp ähnlich, dem Jongleur mit Geschlechterrollen, dem Parodisten schlechthin des Prinzips Meisterwerk. Duchamps *Mona Lisa*-Adaption war eine Hommage an Leonardo. Légers *Mona Lisa*-Adaption ist eine Hommage an die Hommage. RM

Mona Lisa mit Schlüsseln, 1930
Öl auf Leinwand,
91 x 72 cm
Biot, Musée national
Fernand Léger

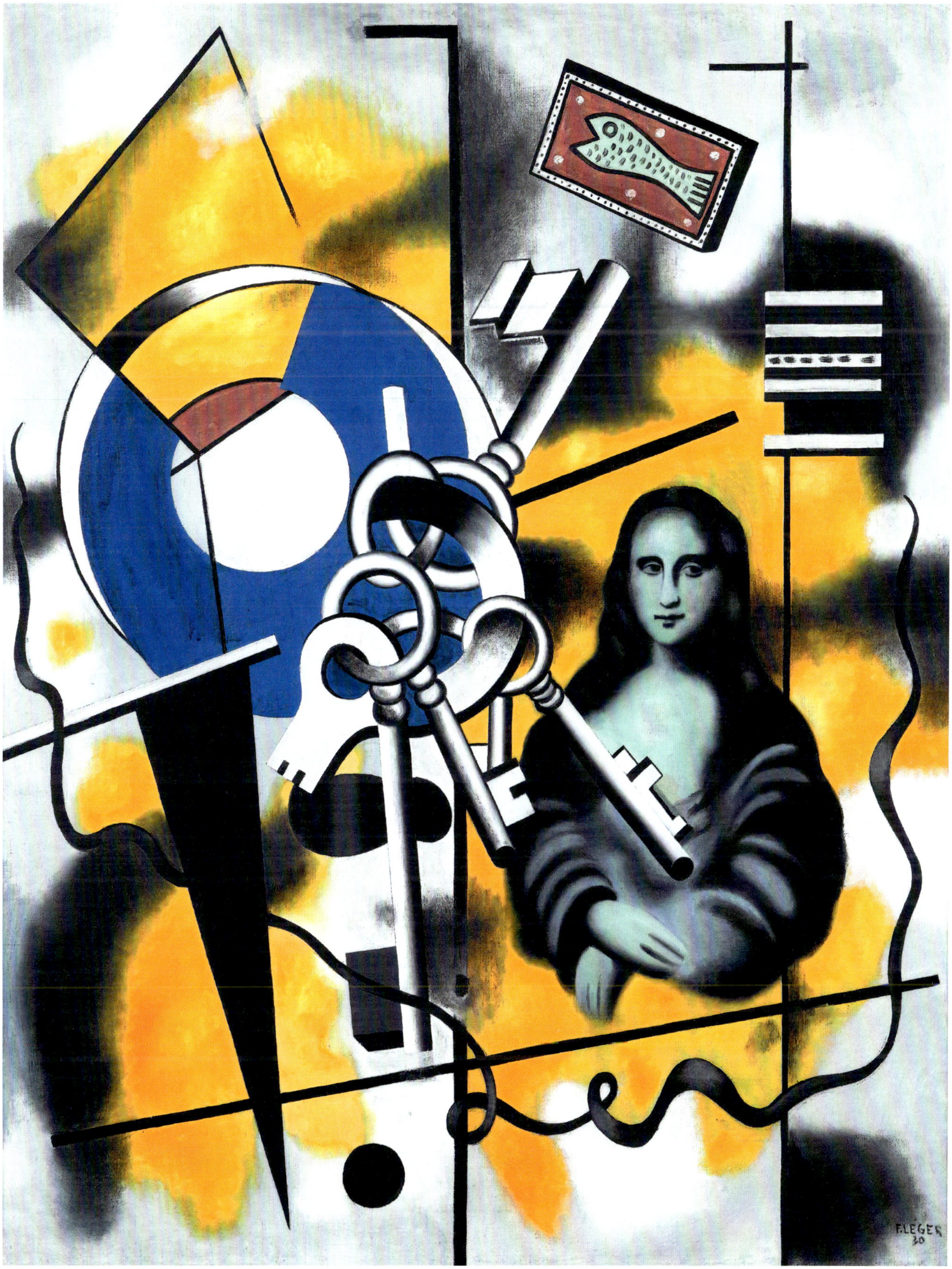
F.LEGER
30

Florence Henri

Am Ufer (Sur les Quais), 1930

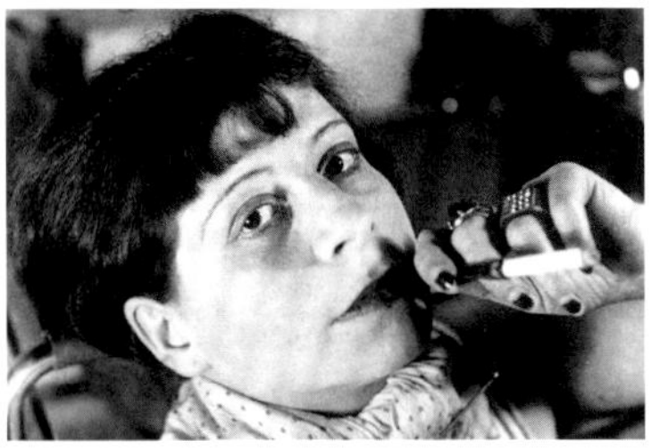

* 1893 in New York
† 1982 in Compiègne

„Die Photographen, die nicht aus opportunistischen Erwägungen, nicht zufällig, nicht aus Bequemlichkeit von der bildenden Kunst zum Photo gekommen sind, bilden heute die Avantgarde unter den Fachgenossen, weil sie durch ihren Entwicklungsgang gegen die größte Gefahr der heutigen Photographie, den kunstgewerblichen Einschlag, einigermaßen gesichert sind." Walter Benjamin, der treueste Weggefährte der Pariser Kultur seiner Zeit, hat dies 1931 geschrieben, in seiner *Kleinen Geschichte der Photographie*. Wer aus der Malerei ins fotografische Fach wechsle, der sei, so wird hier bündig festgestellt, eher davor gefeit, ins Geschmäcklerische eines überbordenden Art deco abzudriften.

Benjamin könnte seine Zeilen auf Florence Henri gemünzt haben. Tatsächlich hat sie ab 1924 eine Ausbildung an der von Fernand Léger und Amédée Ozenfant (1886–1966) geleiteten Académie Moderne absolviert, und sie schuf gediegen abstrahierende Leinwände in deutlicher Anlehnung an ihre Lehrer. Dann ging sie nach Deutschland, an die zeitgemäßeste aller Schulen, ans Bauhaus, und besuchte in dessen aufregend modernistischen Bauten in Dessau den sogenannten Vorkurs. Vor allem László Moholy-Nagy (1895–1946) hat sie dort geprägt. Als sie Anfang 1929 zurückkam nach Paris, war sie eine mit allen Wassern avancierter Ästhetik gewaschene Fotografin. Das Neue Sehen nannte man es in Deutschland. Der Begriff sollte sich als triftig erweisen.

Die Aufmerksamkeit fürs Kompositorische, Gebaute, Strukturelle eines Bildes, für das Gefüge aus Flächen und Linien, sieht man entsprechend der unscheinbarsten Szenerie an. *Sur les Quais* hält zunächst fest, wie sich am Ufer der Seine einige anonyme Gestalten einfinden, um hier dem Fluss beim Fließen und der Zeit beim Vergehen zuzusehen. Der Sinn des Treibens ist unergründlich, doch die Tristesse dabei umso greifbarer. Dann aber die Gemachtheit des Fotos: Die Treppe, die im Sog der Diagonale weiterleitet an die parallel verlaufende Kante, das Geländer, das ein Raster einzieht, die Gestalten selber, die Flecken markieren gegen das Lineare des Gebauten, all das setzt die Abstraktion in ihr Recht gegen das Übermaß an Realismus und Realität, die das Ambiente fordert. *Sur les Quais* ist ein Meisterwerk an Lichtbild, Dokument auch einer Zeit, die nicht weiß, wo sie den Menschen lancieren soll in einer Welt der Anonymisierung und Totalisierung.

1929 hatte die große Weltwirtschaftskrise auch Florence Henri zugesetzt. In New York von deutsch-französischen Eltern geboren, war ihr Erbe mit einem Mal ins Bodenlose abgestürzt, und die Studien, die so wertvoll wie unökonomisch waren, mussten einem Brotberuf weichen. Florence Henri blieb der Fotografie treu, doch fortan widmete sie sich der Werbung. Ihre Inszenierungen von Dingen, das Appetitliche, Appellative hervorkehrend, sind ihrerseits in die Geschichte des Metiers eingegangen.

Benjamins anfangs bemühter Text wurde illustriert mit Aufnahmen von Germaine Krull (1897–1985). Auch sie war Wahlpariserin, seit Mitte der 1920er-Jahre wohnte sie, von München kommend, in der Hauptstadt. Paris schien insgesamt jungen Frauen wohlgesonnen, die in der Fotografie reüssieren wollten. Ilse Bing (1899–1998) lebte, aus Frankfurt zugezogen, seit 1930 hier, die Berlinerin Gisèle Freund (1908–2000) seit 1931. Alle werden sie sich einen Namen machen vor Ort – und froh sein, ein paar Jahre Aufschub zu bekommen vor den Barbareien der Nazis. RM

Am Ufer (Sur les Quais), 1930
Silbergelatine-Abzug,
5,7 x 5,4 cm
Privatsammlung

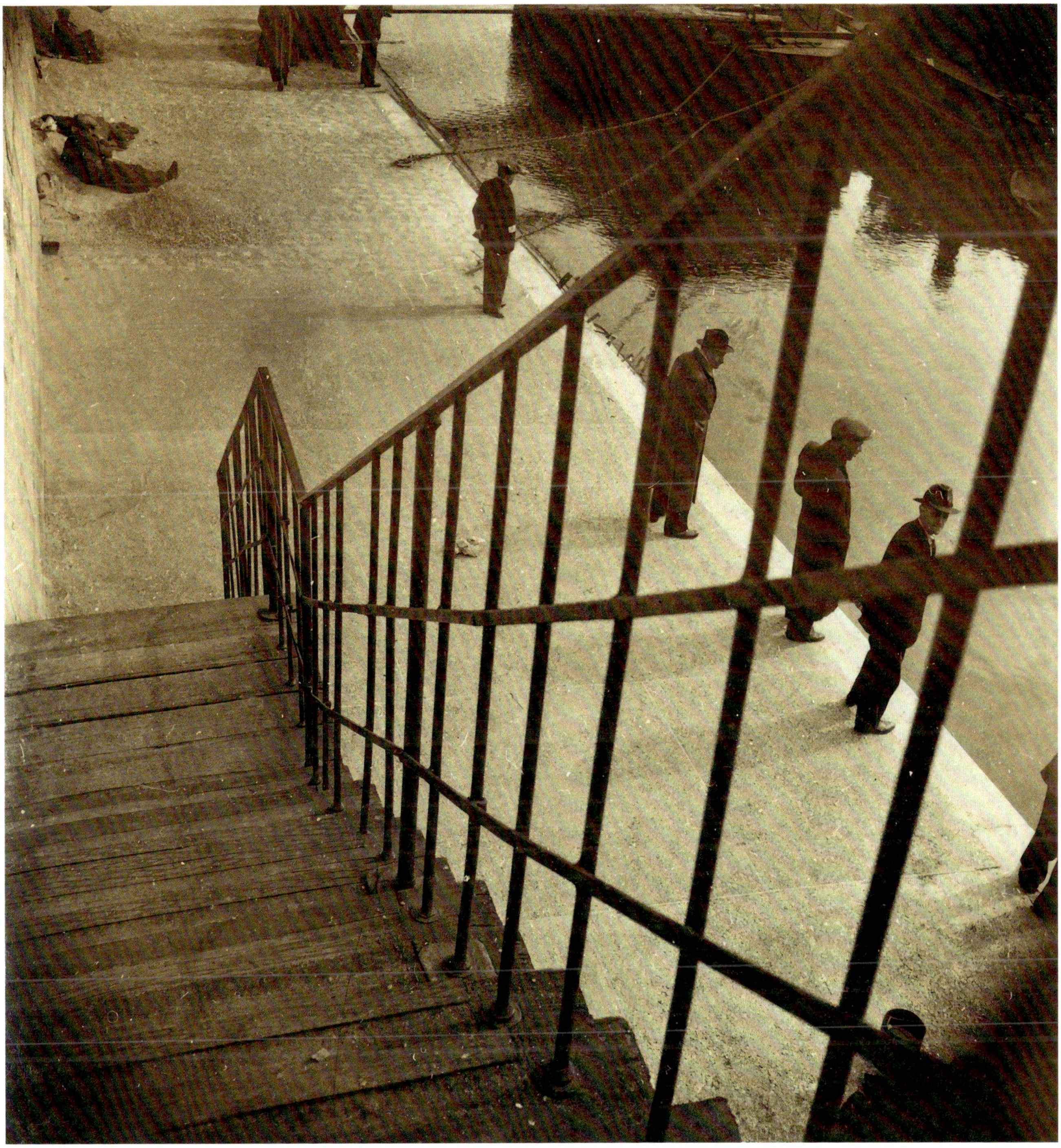

Pierre Chareau

Maison de Verre, 1928–31

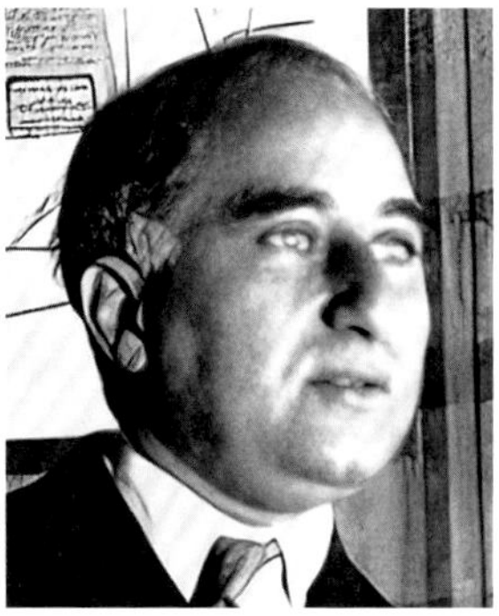

* 1883 in Le Havre
† 1950 in New York

Glas ist neben Stahl und Beton eines der Ur-Materialien der Moderne. Angefangen beim Londoner Crystal Palace von 1851 über Ludwig Mies van der Rohes (1886–1969) – unrealisierten – kristallinen Wolkenkratzer an der Friedrichstraße in Berlin von 1921 bis hin zu Philip Johnsons (1906–2005) Glass House von 1949, das sich nahezu komplett in Transparenz auflöst, beflügelte das Glas die Träume von Entmaterialisierung, von einer Architektur aus reinem Licht.

Die Maison de Verre, die Pierre Chareau gemeinsam mit dem Architekten Bernard Bijvoet (1889–1979) und dem Schlosser Louis Dalbet (1885–1950) für den Arzt Jean Dalsace (1893–1970) im 7. Arrondissement erbaute, trägt zwar den Namen Glashaus, ist jedoch alles andere als transparent. Seine Fassade aus Glasbausteinen erlaubt keinen Durchblick, sondern reduziert das Licht auf ein konturloses Schimmern.

Die Komplexität dieses geheimnisvollen Hauses ist nicht zuletzt zwei Sachzwängen geschuldet: Zum einen hatte sich eine Nachbarin geweigert, ihre Wohnung im 3. Stock aufzugeben, weswegen Chareau das Haus in die Geschosse darunter hineinzwängen musste. Zum anderen war im Erdgeschoss die gynäkologische Praxis von Dr. Dalsace unterzubringen – mit der erforderlichen Privatheit zwischen Patientinnen und Bewohnern. Chareau löste diese Aufgaben nicht durch blickdichte Wände, sondern durch die Auflösung alles Massiven. Opake Glasflächen lassen nur Schemen und Silhouetten erahnen, die Türen zu den Privaträumen sind drehbare Wandelemente, die je nach Position das Ambiente komplett verändern. Im Obergeschoss befindet sich der Hauptraum des Gebäudes, der zweigeschossige Salon. Alle weiteren Räume sind L-förmig um diesen angeordnet. Eine Nebentreppe verbindet Monsieur Dalsaces Arbeitszimmer mit der Praxis im Erdgeschoss, eine ausziehbare Leiter fungiert als Abkürzung von Madame Dalsaces Schlafzimmer ins Wohnzimmer. Wände lassen sich schieben und drehen, alles ist in Bewegung. Es ist ein eindeutig modernes Haus, aber ohne jegliche klinische Kälte. Industrieprodukte stehen gleichwertig neben dem Handwerk. Das Ergebnis ist eine Art wohnliche Wundermaschine mit einer Prise Surrealismus.

Chareau war als Architekt Teil der Moderne, jedoch immer mit einem Fuß in anderen Welten. 1928 Mitbegründer der Kongressreihe Congrès Internationaux d'Architecture Moderne (CIAM), arbeitete er ebenso als Inneneinrichter und Bühnenbildner für den Film. 1925 entwarf er für die Exposition internationale des arts décoratifs et industriels modernes ein flexibles Musterbüro. Schon hier experimentierte er mit Räumen, die sich zwischen beweglichen Kulissen verändern ließen.

In den 1930er-Jahren war die Maison de Verre Treffpunkt von surrealistischen Kunstschaffenden wie Paul Éluard und Joan Miró und Intellektuellen wie Walter Benjamin. Nach dem Zweiten Weltkrieg geriet sie in Vergessenheit. Erst der Architekturhistoriker Kenneth Frampton (geb. 1930) holte sie 1969 in einem ausführlichen Essay wieder ins Rampenlicht und verglich ihre sich allen Kategorisierungen widersetzende Einzigartigkeit mit Marcel Duchamp. Frampton ließ die zentrale Frage, ob es sich bei der Maison de Verre um Architektur oder ein Möbelstück handele, bewusst offen. Unstrittig ist, dass die Familie Dalsace mit ihrem Haus zufriedener war als die Bewohner der Villen von Le Corbusier oder von Philip Johnson mit den ihren. So oder so ist die Maison de Verre eines der ikonischen Häuser der Moderne und gleichzeitig eine Kategorie für sich. MN

Maison de Verre, 1928–31
31, Rue Saint-Guillaume, Paris

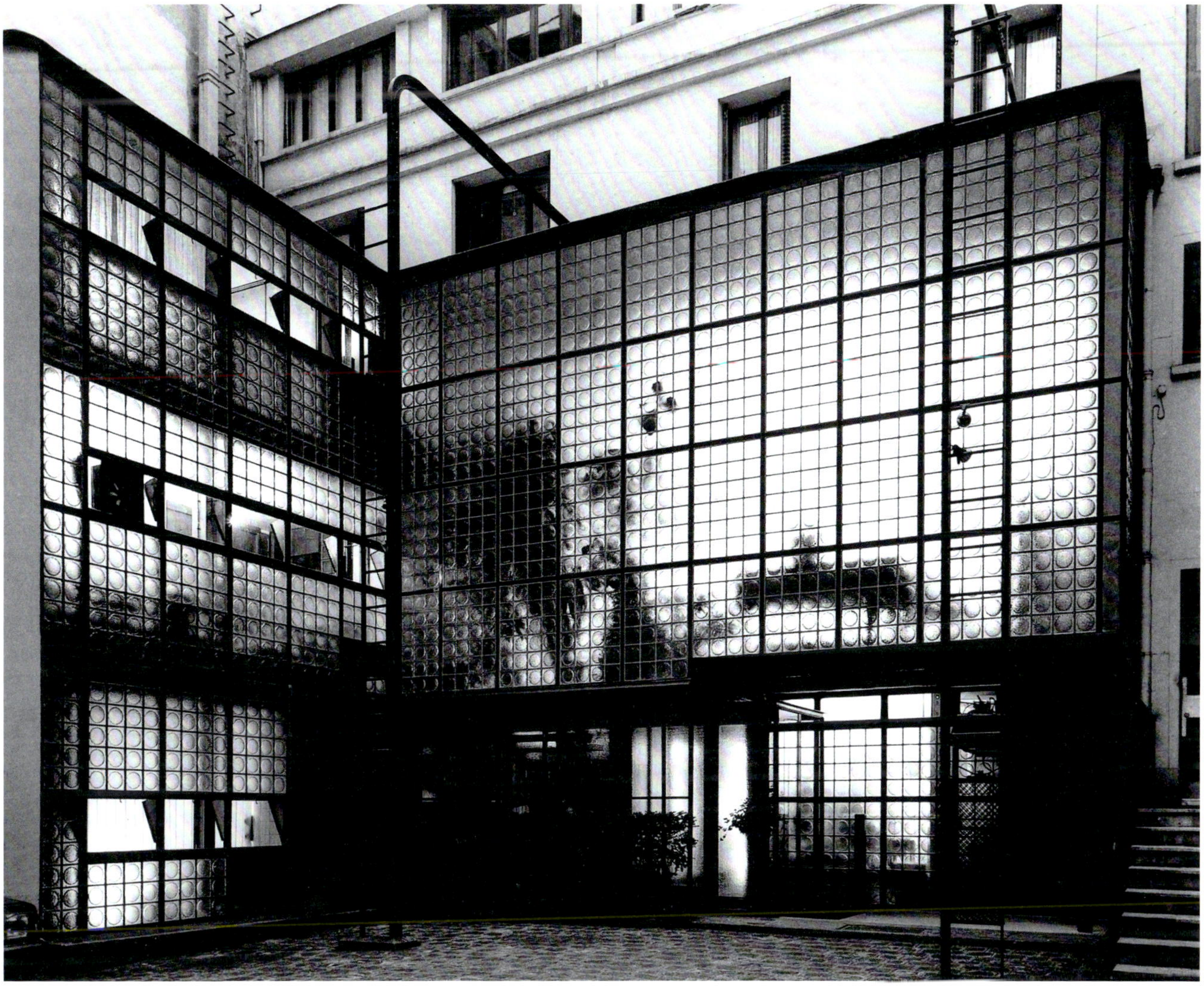

Le Corbusier / Pierre Jeanneret

Villa Savoye, 1928–31

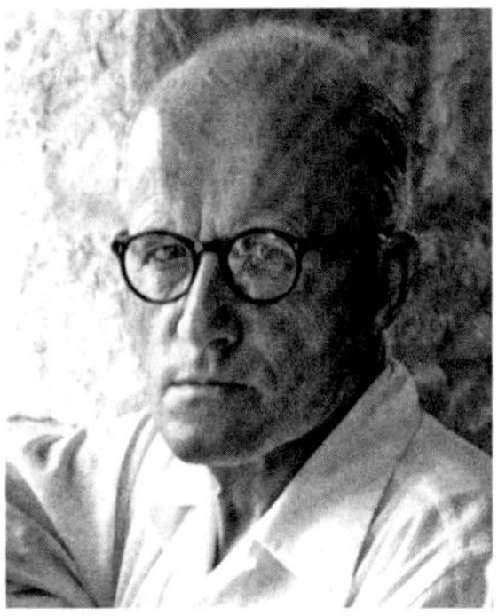

Pierre Jeanneret
* 1896 in Genf
† 1967 in Genf

Fragt man Architekten, welche Villa am ehesten die klassische Moderne verkörpert, werden sie neben Ludwig Mies van der Rohes Villa Tugendhat in Brünn (1928–30) zweifellos die Villa Savoye nennen. Das frei stehende Gebäude, das Le Corbusier gemeinsam mit seinem Cousin Pierre Jeanneret für einen Bauherren namens Savoye in Poissy bei Paris errichtete, ist ein gebautes Manifest des International Style. Hier exerzierte Le Corbusier seine „Fünf Punkte zu einer neuen Architektur" grundlegend durch, die er 1923 in seinem Buch *Ausblick auf eine Architektur* formuliert hatte: ein freies Erdgeschoss mit dünnen Stützen (Pilotis), auf dem die Wohngeschosse über der Landschaft schweben; ein nutzbares Flachdach mit Sonnenterrasse; ein freier Grundriss ohne tragende Wände; horizontale Panoramafenster; Fassaden mit freier Gliederung, bei der Statik und Tektonik keine Rolle spielen. Kurz: eine Abkehr von jeder Art von Massivität, eine Befreiung des Raums von der Wand. Die durchgehend weiße Farbe der Villa Savoye unterstreicht diese Entmaterialisierung zusätzlich. Die mediterrane „weiße Moderne", zu der sich Le Corbusier von Kreuzfahrtschiffen und nordafrikanischen Städten hatte inspirieren lassen, wurde dank der Villa Savoye zu einem Synonym für Gegenwart.

Von einem trockenen Durchexerzieren theoretischer Grundlagen kann dabei keine Rede sein. Die Villa ist zwar eine rationale Wohnmaschine, jedoch eine, die sich am besten in sinnlich-körperlicher Bewegung erfahren lässt. Das beginnt beim langen Zufahrtsweg durch die freie Landschaft, der unter dem Gebäude selbst endet – der leidenschaftliche Automobilist Le Corbusier stimmte das Erdgeschoss exakt auf den Kurvenradius eines Citroën-Pkw ab. Von dort setzt sich die Bewegung fugenlos im Gebäude fort: Eine zweiläufige Rampe zieht sich vom Eingang über die Wohnetage bis auf die Dachterrasse und erschließt so das komplette Raumgefüge. Der äußere Eindruck einer simplen Schichtung – eine weiße Kiste auf Stützen – entpuppt sich in dieser Promenade durchs Gebäude als Täuschung: Die Anordnung der Haupt- und Nebenräume ist alles andere als simpel, und hinter den Panoramafenstern verbergen sich mal Innen- und mal Außenräume. Das Dach schließlich ist ganz Skulptur: Geschwungene Wandscheiben, die an die Aufbauten eines Schiffs erinnern, bilden ein Sonnendeck, auf dem man dem Boden endgültig enthoben ist: Weiße Wände, blauer Himmel – die perfekte Abstraktion des Mittelmeers, mitten in Frankreich.

Nicht nur in ihrer Architektur bündelte die Villa Savoye die Ideen der Moderne, sondern auch in ihrer weiteren Geschichte: Zum einen die von Le Corbusier forcierte mediale Verbreitung, die sie schon 1932 in der Ausstellung Modern Architecture: International Exhibition am New Yorker Museum of Modern Art erfuhr. Zum anderen die Schwierigkeiten, mit denen ihre Benutzung verbunden war: Die Bewohner klagten bald über die undichte Terrasse und die schnell verschmutzende Fassade. 1965 wurde die Villa, noch zu Lebzeiten des Architekten, dennoch als erstes Bauwerk der Moderne unter Denkmalschutz gestellt, seit 2016 ist sie UNESCO-Weltkulturerbe. Für Le Corbusier markierte sie den Endpunkt seiner weißen Phase. Seine nächste Villa in Südfrankreich schlug mit ihrer Fassade aus grobem Naturstein eine ganz andere, regionale Richtung ein – während die Pilotis und Fensterbänder der Villa Savoye Teil des globalen Vokabulars der Architektur wurden. MN

Villa Savoye, 1928–31
Ansicht von Norden
Unbekannter Fotograf

Dachterrasse
Fotografie von Marius Gravot

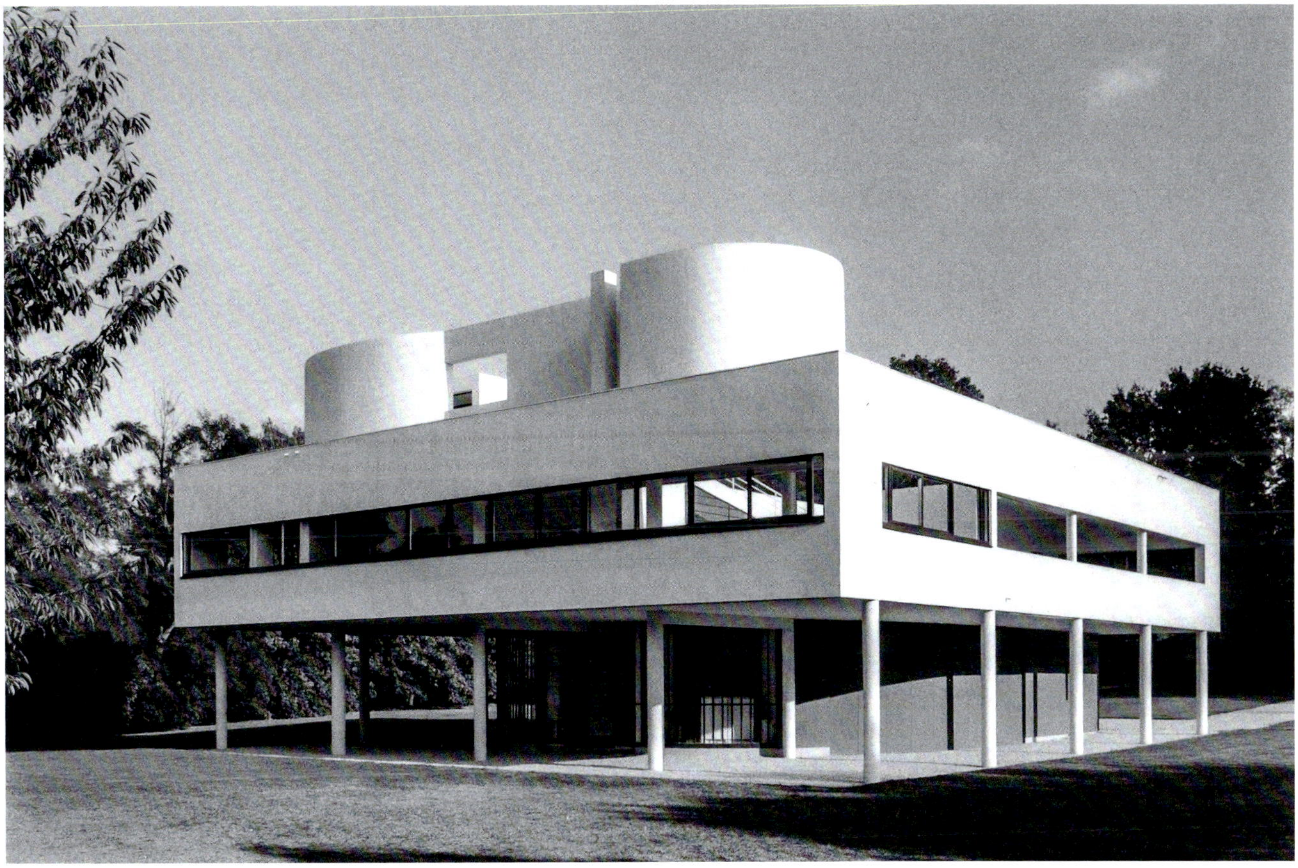

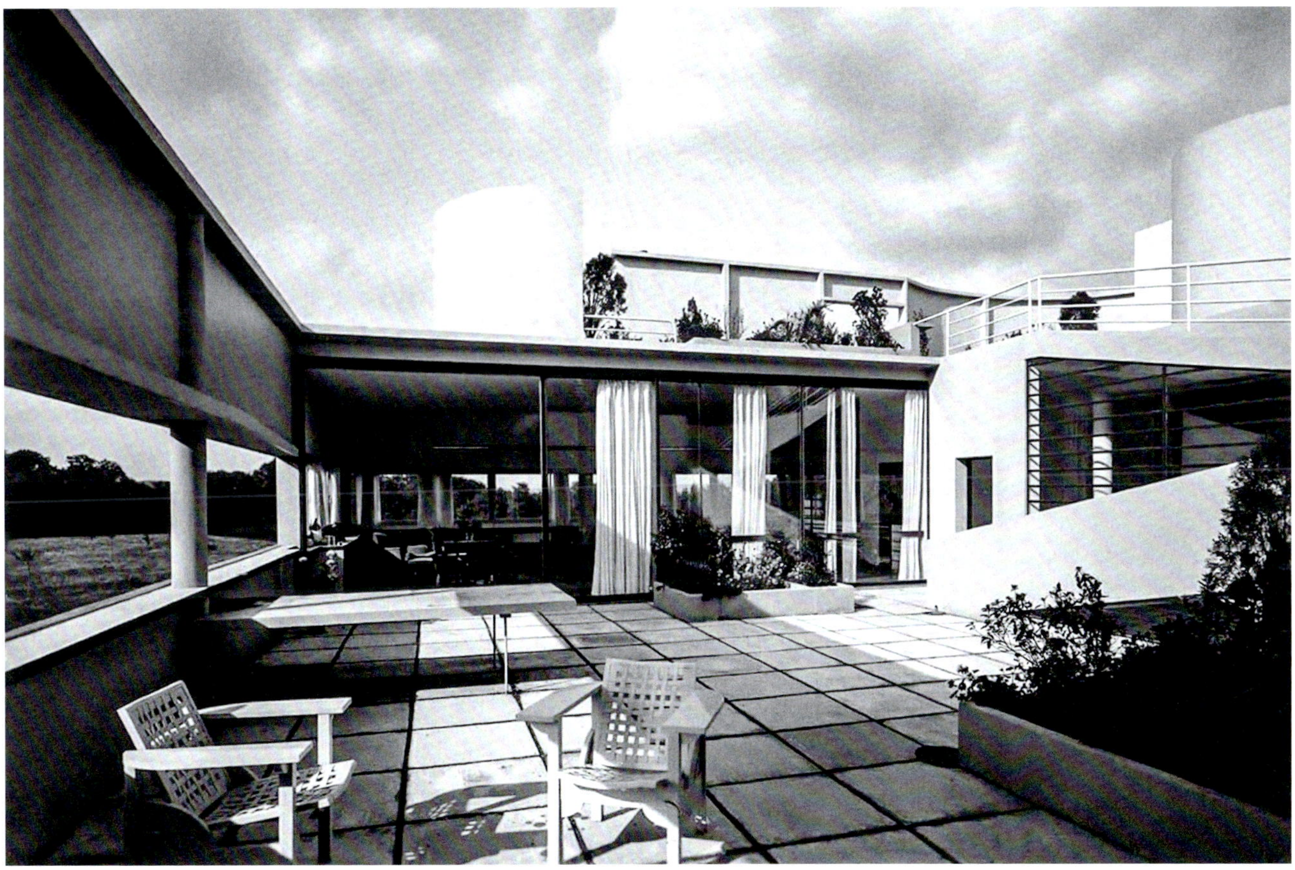

Alberto Giacometti
Die schwebende Kugel, 1930/31

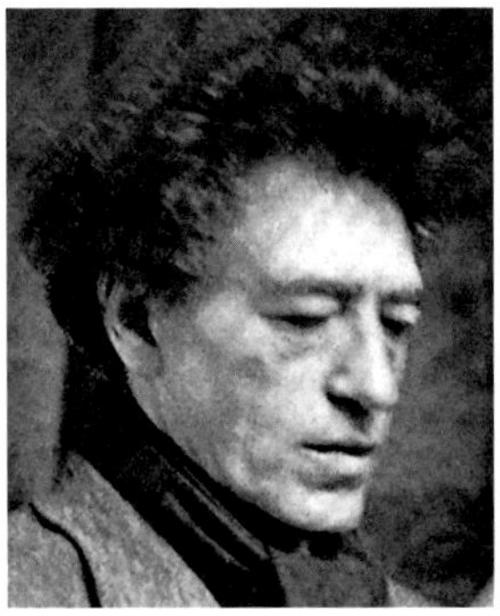

* 1901 in Borgonovo
† 1966 in Chur

Ein schwarzes Gestänge aus Stahl, das als Rahmen dient und ein Stück Raum isoliert wie eine Bühne; darin zwei Objekte zueinander in Beziehung gebracht: halbmondförmig, auf der eingezogenen Gipsplatte befestigt ein weißer Keil, der schräg in die Höhe ragt, seinem Gegenstück entgegen, das vom Gestänge herabhängt – eine weiße Kugel. Fast passgenau zum Keil ist in die Kugel eine Kerbe geritzt, sodass sie der spitzen Figur sehr nahekommen kann. Alles hängt hier davon ab, was zwischen den beiden Objekten geschieht: im Zwischenraum von Keil und Kugel.

Selten ist in der Kunstgeschichte die Wirkung einer Skulptur so sehr aus dem hervorgegangen, was nicht gegeben ist: der eingezirkelten Leere um die zueinander geneigten Formen, dem sich verengenden Spalt, der zwischen ihnen klafft, und dem Schwingen der Kugel über dem emporragenden Keil, das durch ihre Aufhängung als Möglichkeit im Spiel ist. Sodass man *Die schwebende Kugel* als eine Art Lehrstück über die Kraft der Latenz ansehen könnte – eine Kraft, die den jungen Alberto Giacometti im Jahr 1930 in den Kreis der Surrealisten katapultiert, nachdem diese das Werk bei einer Ausstellung in der Galerie Pierre Loeb in Paris entdeckt hatten.

Giacometti wird zum wichtigsten Bildhauer der Bewegung. Begeistert erklärt Salvador Dalí *Die schwebende Kugel* 1931 zum Prototyp für die „symbolisch funktionierenden Objekte" des Surrealismus. André Breton erwirbt 1934 die Holzversion des Werkes. Und auch die sogenannten surrealistischen Dissidenten begeistern sich für das Werk. Noch vor Dalí veröffentlicht 1929 der Autor und Ethnologe Michel Leiris (1901–1990) in Georges Batailles Zeitschrift *Documents* den ersten Beitrag über den jungen Künstler.Was er Giacometti dort zuspricht, ist nicht weniger als das Vermögen, der kraftlosen Kultur der westlichen Moderne „wahrhaftige Fetische" entgegenzuhalten, „objektive Formen unseres Begehrens".

Fast durchgängig wird die Faszination, die von *Der schwebenden Kugel* ausgeht, mit der Offenheit dessen, was sie bedeuten kann, begründet – mehr aber noch mit ihrer Auffassung als erotische Skulptur. So konnten nicht nur den beiden Objekten Kugel und Keil wechselweise die männliche oder die weibliche Rolle im Geschlechterspiel zugewiesen werden. Auch die Darstellung dieses Verhältnisses wurde ganz unterschiedlich interpretiert: Giacomettis Skulptur galt als Motor einer „Aufreizung, die wahrscheinlich mit unbewussten sexuellen Wünschen zu tun hatte", wie der Surrealismus-Historiker Maurice Nadeau (1911–2013) schreibt; sie wurde als Symbol für das unerfüllte Begehren gedeutet, als Bild für die Unmöglichkeit des Geschlechterverhältnisses angesehen oder gar als Ausdruck des sado-masochistischen Charakters der Liebe verstanden. Kurz: *Die schwebende Kugel* konnte mit zahlreichen Themen verknüpft werden, die zum Inventar des Surrealismus gehören.

Der Künstler selbst äußerte sich nüchterner: Er wolle eine Skulptur schaffen, die einen Eindruck von Bewegung erzeuge – und zwar durch die Beziehung zweier Objekte zueinander. Zweifellos ist es in *Der schwebenden Kugel* eine erotische Beziehung, die Kugel und Keil in Spannung zueinander bringt. Sie lädt die Skulptur mit einem Bewegungsimpuls auf: In der Aufhängung der Kugel hat er seine technische Voraussetzung, im Verhältnis beider Objekte aber seine gleichermaßen erotische wie ästhetische Motivation. CM

Die schwebende Kugel, 1930/31
Gips, Metall und Seil,
60,6 x 35,6 x 36,1 cm
(Version von 1965, Original zerstört)
Paris, Collection Fondation
Alberto & Annette Giacometti

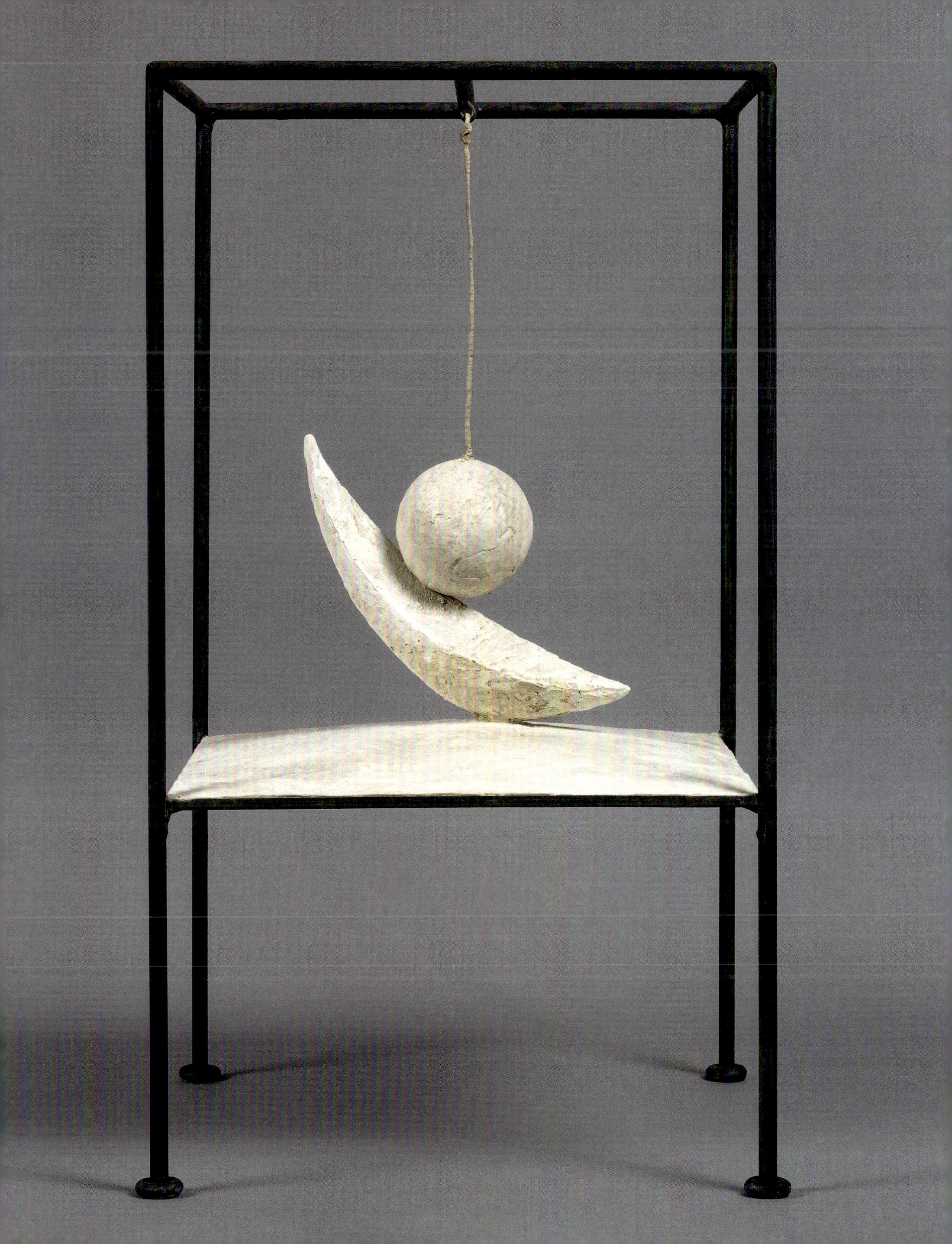

Studio Lecram / André Vigneau

Georges Simenon: Le Chien jaune, 1931

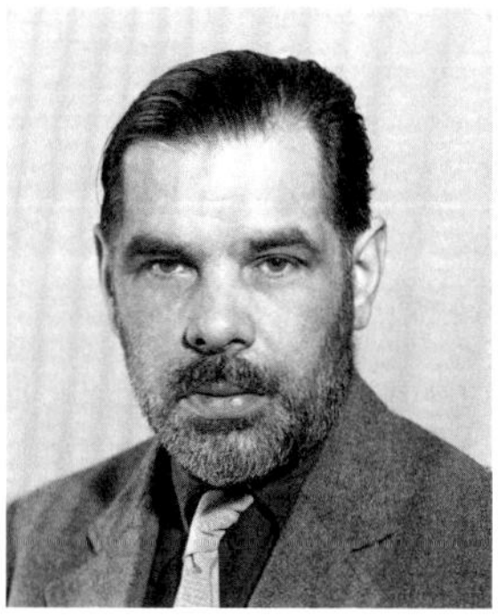

* 1892 in Bordeaux
† 1968 in Paris

Maigret hat es in die Provinz verschlagen. Der Kommissar sitzt in Concarneau in der Bretagne fest, denn dort treibt eine Gestalt ihr Unwesen, deren Absicht das Verbrechen ist. Zwar stand er auch bei *Pietr, der Lette*, seinem ersten Fall, bisweilen im Regen, doch hauptsächlich spielte sich das Geschehen in der Hauptstadt und noch dazu im splendiden Hotel Majestic in Sichtweite des Arc de Triomphe ab. Nun also Nässe und Kälte und ein schäbiges Gasthaus, in dessen Räumen sich die Untaten zu verdichten scheinen. Einer der Stammgäste war angeschossen worden, als er das Etablissement gerade verließ, die Herren, die sich darüber ihre Gedanken machen, haben in ihren Getränken Strychnin gefunden. Wenigstens haben sie nichts davon zu sich genommen, bis auf einen, der zu Hause dann tot aufgefunden wird. Man untersucht nochmals die Gläser, die sich nach wie vor auf dem Tisch befinden. In Kapitel vier der Geschichte wird es beschrieben.

Ein gelber Hund ist steter Begleiter der Umtriebe, und er gibt dem sechsten Fall, in dem der Pariser Polizist seine Hartnäckigkeit und seinen Spürsinn beweist, den Titel. Wie seine fünf Vorgänger und mehr als fünf Dutzend Nachfolger gehört *Maigret und der gelbe Hund* zu den populärsten Produkten aus der Werkstatt der Pariser Kultur insgesamt. Sein Autor Georges Simenon (1903–1989), wie gern einmal bei Detektiven und ihren Erfindern Belgier von Nationalität, hatte schon unter der seltsamen Abkürzung Georges Sim schriftstellerischen Erfolg. Doch was nun kommen würde, ereignete sich weltweit. Maigret, er heißt mit Vornamen übrigens Jules, macht Paris zur Hauptstadt schlechthin des Verbrechens und seiner Aufklärung – Edgar Allan Poe (1809–1849), der das Genre Kriminalroman initiiert hatte, ließ seinen Helden Auguste Dupin auch bereits an der Seine die Arbeit verrichten.

1931 erschien das Buch im Pariser Verlagshaus Fayard. Und zu aller literaturhistorischen Bedeutung kommt damit nun auch eine kunstgeschichtliche. Gestaltet vom Studio Lecram, einem, wie man heute sagen würde, Büro für Design, bedient sich der Umschlag einer Fotografie – eine Praxis, die so neuartig wie zukunftsträchtig war. Der künstlerische Direktor von Lecram ist André Vigneau, Multitalent auf allen Gebieten bildnerischer Ausstattung. Die Fotografie, die Vigneau für das Cover ausgewählt hat, zeigt eine Art Stillleben, allerhand Gläser auf einer Tischplatte, ein Motiv, das so alltäglich ist, dass es sich in aller Vertrautheit auch auf den Text beziehen lässt, dem es als Illustration dient. Wer *Maigret und der gelbe Hund* kennt, hat das Strychnin hier förmlich auf der Zunge.

Nicht nur die Idee, Buchumschläge mit Fotografien auszustatten, wird stilbildend. Zudem macht sich eine Formensprache geltend, die Prägnanz mit Nüchternheit verbindet und einem kühlen Konstatieren des Gegebenen verpflichtet ist. Es ist die Bildwelt der Nouvelle Objectivité, die als Neue Sachlichkeit von Deutschland ausging und dem Begriff entsprechend changiert zwischen den aktuellen Tendenzen von Avantgarde zum einen und Klassizismus zum anderen. Das, was ist, festhalten, wie es ist, wäre das Programm. Mit großer Selbstverständlichkeit, ohne Zorn und Eifer, tritt eine neue Ästhetik ihren Weg an. RM

Georges Simenon: Le Chien jaune, 1931
Buchumschlag der Originalausgabe,
19 x 12 cm
Paris, A. Fayard & Cie

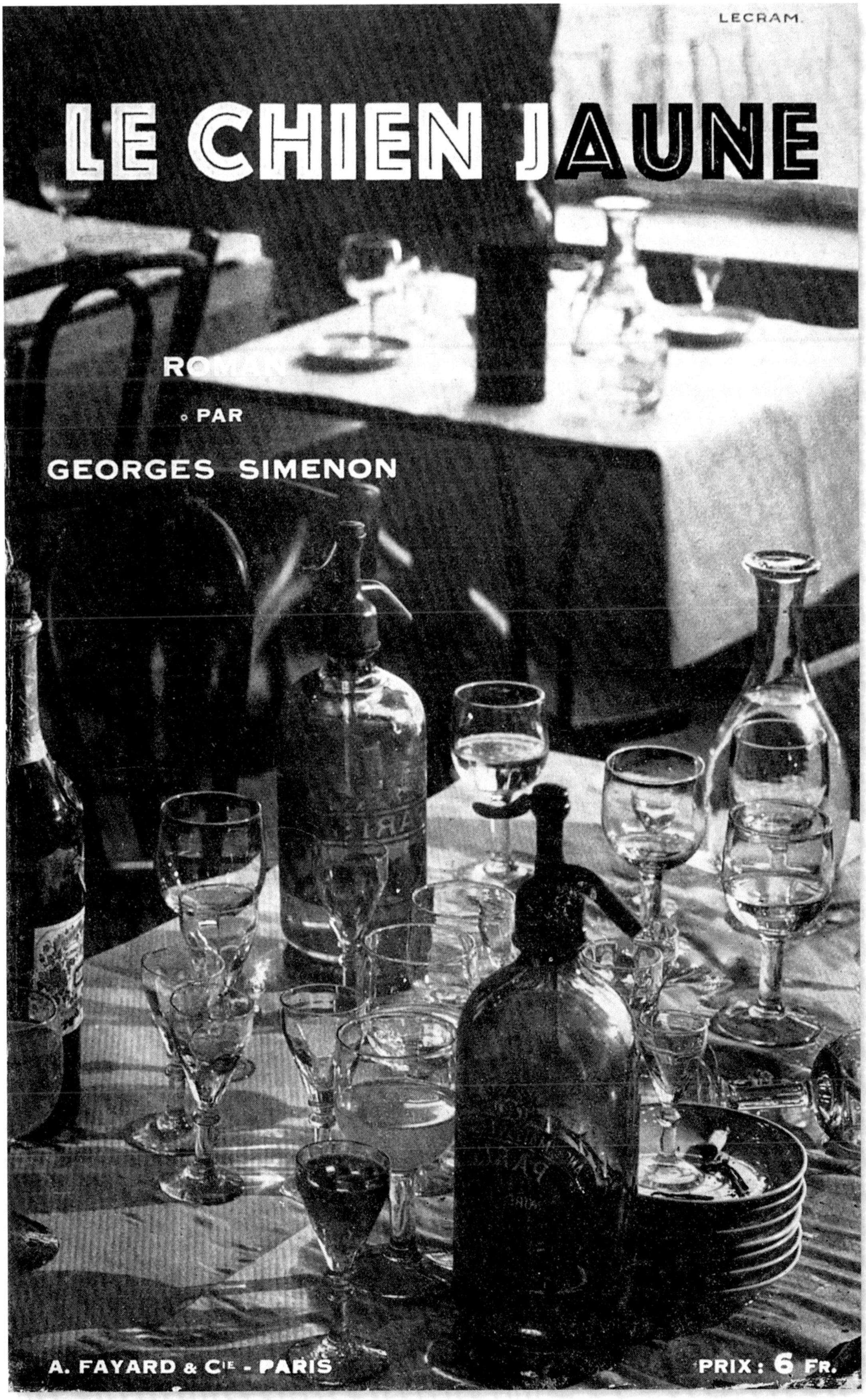
LECRAM.
LE CHIEN JAUNE
ROMAN
PAR
GEORGES SIMENON
A. FAYARD & Cie - PARIS
PRIX : 6 FR.

Auguste Bluysen

Das Kino Le Grand Rex, 1931/32

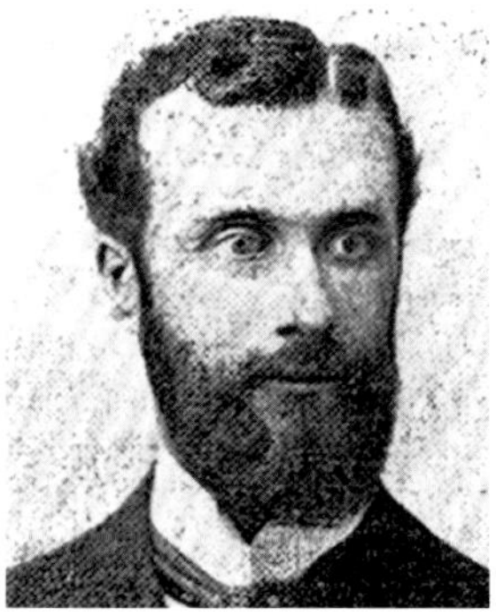

* 1868 in Corbeil-Essonnes
† 1952 in Louveciennes

„Ein neuer Typ Kino!" – so ehrfürchtig urteilte die Fachzeitschrift *Cinémagazine* im Januar 1933. Sie hatte nicht unrecht. Denn Le Grand Rex, am 8. Dezember 1932 am Boulevard Poissonnière eröffnet, war in der Tat ein Filmpalast, wie ihn Paris noch nicht gesehen hatte. Zum einen die schiere Größe: 4 054 Zuschauende fasste das Kino, allein 2 700 davon der große Saal. Wenn es noch eines Beweises bedurft hatte, dass der Film in den Jahren nach dem Ersten Weltkrieg zum kulturellen Massenphänomen geworden war, so war er mit diesem Gebäude erbracht.

Auch baulich war das Grand Rex ein neuer Typus Kino, und zwar ein aus den USA importierter. Sein Architekt Auguste Bluysen tat sich dafür mit dem rumänisch-amerikanischen Ingenieur John Eberson (1875–1954) zusammen. Eberson hatte sich 1926 in New York niedergelassen und baute im Laufe seiner Karriere rund 100 Kinos in den gesamten Vereinigten Staaten. Er gilt als Begründer des Atmospheric Theatre der 1920er-Jahre. Hier wurde der Filmkonsum erstmals zum ganzheitlichen Erlebnis: Anstatt schlicht-funktionelle Schachteln mit Sitzen und Leinwand waren die Lichtspiele des Atmospheric Theatre innen wie außen als opulente Fantasiewelten inszeniert und bedienten sich dabei eines oft bunt gemischten historischen Formenvokabulars. Die Interieurs waren garniert mit Palmen und ausgestopften Vögeln, die Kinosäle überspannt mit gewölbten Sternenhimmeln, auf denen Projektoren Wolken in Bewegung simulierten. Die cineastische Illusion wurde so in eine architektonische Illusion gehüllt, eine doppelte Flucht vor dem Alltag in einen Raum, dessen Grenzen sich auflösen.

Bluysen wiederum brachte seine Erfahrung als Architekt im Kolonialministerium ein, bei der er bereits in Kontakt mit außereuropäischen Baustilen gekommen war. Überdies hatte er schon 1900 für das Unternehmen Lefèvre-Utile einen Pavillon auf der Weltausstellung in Paris entworfen. Beim Grand Rex fusionierte die amerikanische Themenpark-Architektur mit der Noblesse der Pariser Boulevardfassaden und der in den Weltausstellungen des frühen 20. Jahrhunderts etablierten Kulissenarchitektur. Die über 30 Meter hohe Decke des großen Saals ist auch hier als leuchtender Sternenhimmel dekoriert, die Seitenwände liefern eine fantastische Stadtsilhouette aus provenzalischen, venezianischen und maurischen Versatzstücken – mit Elementen des damals in Frankreich populären Orientalisme. Den Zuschauenden wurde so die Illusion vermittelt, in einer mediterranen Sommernacht unter freiem Himmel zu sitzen. Die riesige Bühne konnte mit bis zu 330 Projektoren farbig beleuchtet werden, denn im Rex wurden nicht nur Filme, sondern auch Bühnenshows gezeigt – vorzugsweise „Les girls", wie das *Cinémagazine* schrieb. Neben aller Theatralik war das Grand Rex eine hochfunktionelle Kinomaschine: vollklimatisiert, mit integrierter Polizeistation und Kinderbetreuung.

Der tempelartig gestaffelte runde Art deco-Turmbau am Eck erinnert an die auffälligen Fassaden der amerikanischen Eberson-Kinos und wurde mit seiner effektiven indirekten Beleuchtung und den Leuchtbuchstaben REX zu einer Art Signatur im Stadtbild. Dem Grand Rex folgten binnen kurzer Zeit eine Reihe Pariser Großkinos wie das Marignan und das Eldorado, beide 1933. Seit 1981 steht das Haus unter Denkmalschutz, es überlebte alle Krisen der Kinogeschichte. Seine Grande Salle ist noch heute einer der größten Kinosäle Europas. MN

Das Kino Le Grand Rex, 1931/32
An der Ecke Boulevard Poissonnière und Rue Poissonnière
Silbergelatine-Abzug

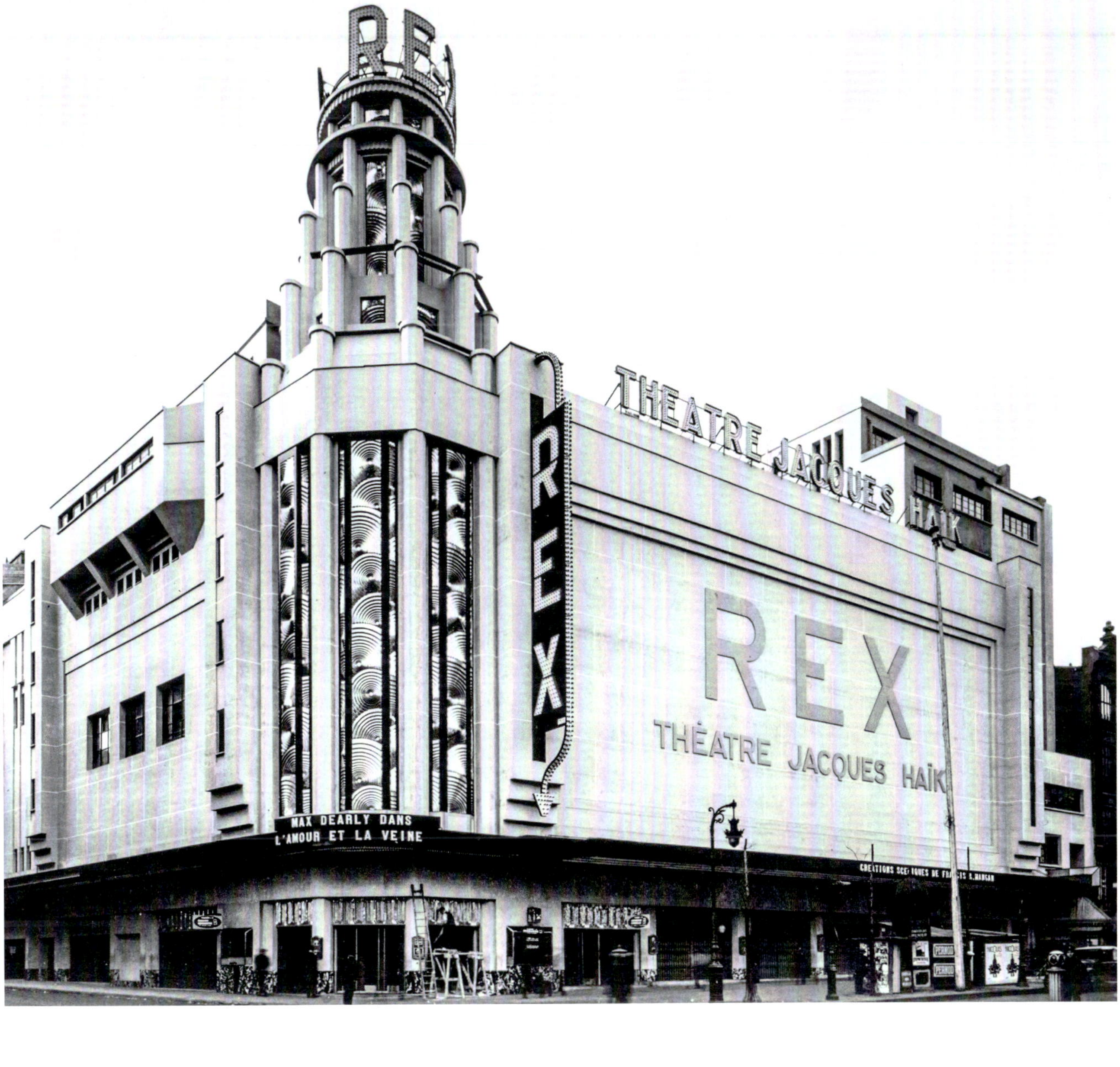
REX
THEATRE JACQUES HAÏK
REX
REX
THÉATRE JACQUES HAÏK
MAX DEARLY DANS
L'AMOUR ET LA VEINE

Brassaï

Groupe joyeux au bal musette des Quatre Saisons, Rue de Lappe, 1932

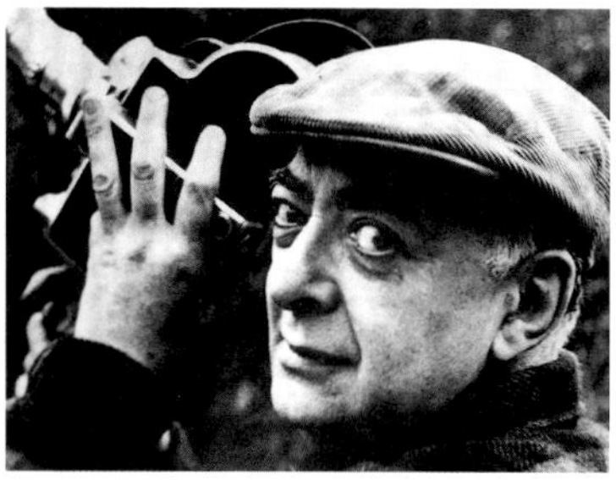

* 1899 in Kronstadt
† 1984 in Beaulieu-sur-Mer

Das Jahr 1932, in dem dieser Blick auf ein nächtliches Treiben, das nicht so recht in Stimmung kommen will, festgehalten wurde, war ein besonderes für den Fotografen. Geboren 1899 im damals österreichisch-ungarischen Kronstadt, war er seit acht Jahren in Paris ansässig; sein Name war Gyula Halász, doch jetzt würde er sich ein Pseudonym zulegen, das ihn tatsächlich berühmt machen wird; fortan nennt er sich Brassaï, nach dem ungarischen Wort für seine Heimatstadt, Brassó. Er wird in diesem Jahr 1932 auch sein erstes Buch herausbringen: *Paris de Nuit* ist es betitelt und setzt einen zentralen Akzent für das fotografische Metier seines Autors (Abb. S. 30). Unabhängig von seinen vielerlei Kontakten zum Surrealismus oder zur politischen Prominenz ist Brassaï vor allem ausgewiesen als der Spurensicherer der nächtlichen und dabei gern einmal auch umnachteten Stadt.

Die Fotografie, die *Groupe joyeux au bal musette des Quatre Saisons, Rue de Lappe* heißt, war nicht in der Anthologie zum Paris bei Nacht. Sie wird erst 1976 in ein Buch aufgenommen – Brassaï stirbt 1984 –, das zurückblickt auf das geheime Paris der 1930er-Jahre. Um zu verstehen, was es zeigt, lohnt es sich, den Titel des Fotos in Augenschein zu nehmen.

Bal musette ist eine Art spontanen Feierns mit Akkordeon-Musik und Tanz, wie es speziell von Auvergnaten, den Landflüchtigen aus der Auvergne, im 19. Jahrhundert eingeführt worden war; als Landsmannschaft schlossen sie sich in der Gegend um die Place de la Bastille zusammen, und eben hier liegt die *Rue de Lappe. Marchands des quatre saisons* wiederum sind die Gemüsehändler, die ihre Waren aus und in vier Jahreszeiten feilboten und daraus ein Prädikat machten. Zu einem dieser bunten Abende hat sich also eine *Groupe joyeux* eingefunden, die so ausgelassen gerade nicht wirkt.

Im Jahr davor hatte Brassaï einen Schriftsteller kennengelernt, der es zu einigen Einträgen in der *Chronique scandaleuse* bringen wird. Henry Miller (1891–1980) bewegte sich mit vielerlei Hin und Her zwischen Paris und den heimatlichen USA und hinterließ davon ausufernde Rechenschaftsberichte aus seinem Leben als Journalist, Bohemien und wahllosem Liebhaber. Sein erster Roman wird zur Sensation unter den Ladentischen, *Wendekreis des Krebses*, 1934 in Paris auf Amerikanisch als *Tropic of Cancer* publiziert. Hier bringt Miller in gestelzte Worte, was Brassaï lapidar festgehalten hatte: „Es ist das obszöne Grauen, der trockene, ausgeleierte Aspekt der Dinge, was diese verrückte Zivilisation wie einen Krater aussehen läßt. Es ist dieser gähnende Abgrund des Nichts, den die schöpferischen Geister und Mütter des Menschengeschlechts zwischen ihren Beinen tragen."

Er gähnt wieder, der Abgrund, der noch jede Beschreibung des Paris bei Nacht in Bann hält. Brassaïs Inszenierung ist in diesem Sinn von besonderer Raffinesse. Man muss zweimal hinblicken, um das Spiel mit dem Reflexionsmoment zu genießen und festzustellen, dass es ein Bild im Bild ist, das im Spiegel zugleich eine andere Dreiergruppe einführt – speziell die Doppelung der Hand sorgt für den Vexiereffekt. André Gide (1869–1951), der bedeutende Literat der Zeit, hatte in seinem Tagebuch über diese Doppelung von Vorder- und Hintergrund eines Bildes nachgedacht und den Mechanismus *Mise-en-abyme* genannt. Das heißt wörtlich: An den Abgrund gestellt. Es ist, als hätte Brassaï genau das zeigen wollen. RM

Groupe joyeux au bal musette des Quatre Saisons, Rue de Lappe, 1932
Silbergelatine-Abzug, 30 x 24 cm
Paris, Centre Pompidou –
Musée national d'art moderne –
Centre de création industrielle

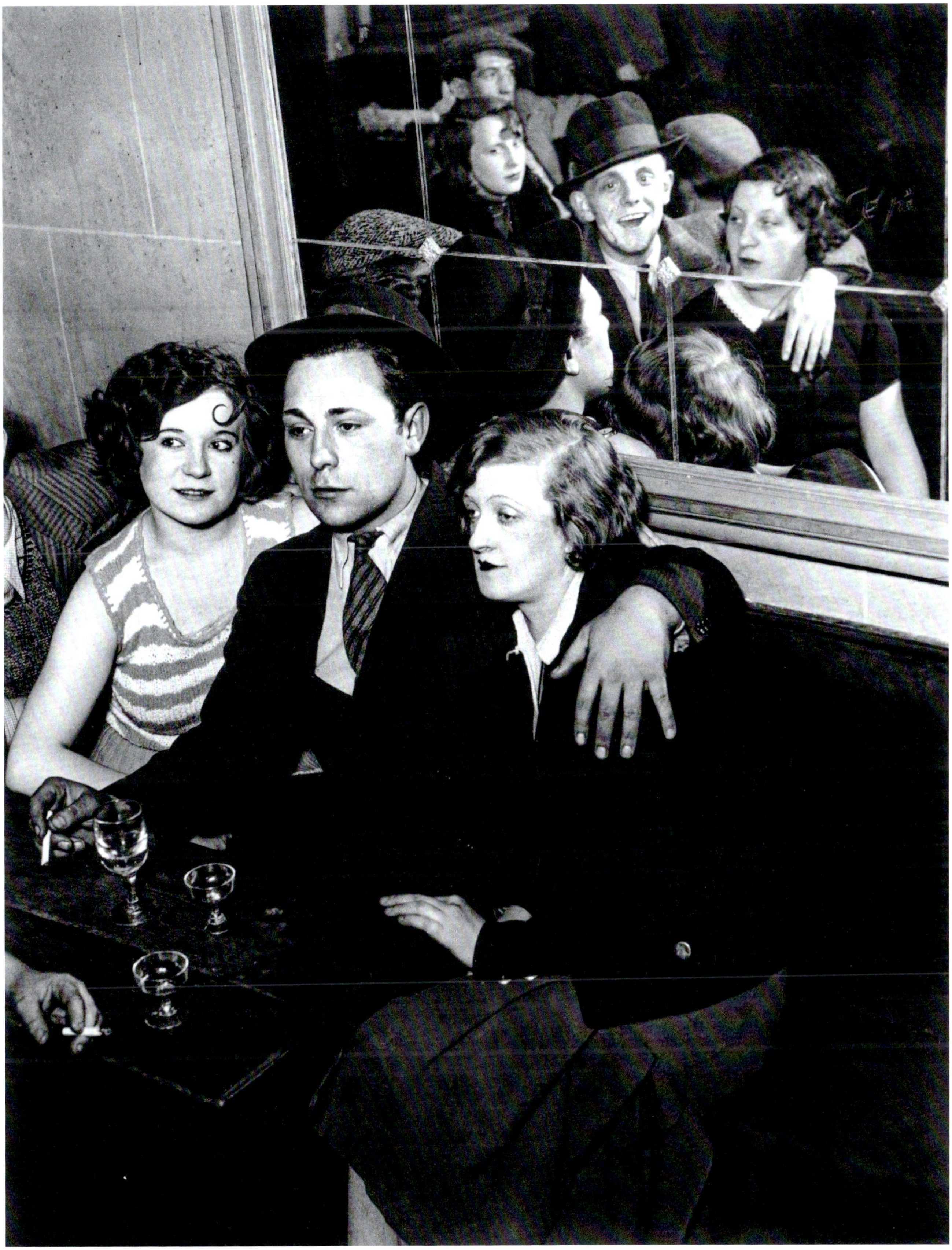

Pablo Picasso
Die Rettung, 1932

„Ich würde gerne wissen, ob jemand schon einmal ein Kunstwerk der Natur gesehen hat. Natur und Kunst sind zweierlei. Durch die Kunst formulieren wir unsere Auffassung von dem, was die Natur nicht ist."
— PABLO PICASSO, 1923

„Mein Fräulein, Sie haben ein interessantes Gesicht. Ich möchte Sie malen. Ich bin Picasso." Zwar sagt der Name der angesprochenen 17-Jährigen mit den blonden Haaren und dem markanten Profil nichts, doch wird Marie-Thérèse Walter (1909–1977) sein Modell, dann seine Geliebte und dann noch die Mutter von Picassos zweitem Kind Maya. Man schreibt das Jahr 1927, der 46-jährige Picasso ist bereits am Zenit seines Erfolgs angelangt und wird dort bleiben. Nach einer „Blauen" und einer „Rosa Periode" sowie nach einer kubistischen Phase war der Meister klassizistisch geworden (Abb. S. 37). Nun wandte er sich wieder Neuem zu, beschäftigte sich zunehmend mit der Bildhauerei. Das Plastische, das Grafische und das Gemalte gehen in dieser Zeit einher, ein Skizzenbuch zeigt amorphe Figuren mit gestreckten, oftmals verlängerten und zugespitzten Extremitäten, deren Schattierungen an Entwürfe für Skulpturen denken lassen. Doch tauchen eben diese Figuren in den folgenden Jahren nicht nur als Bronzen auf, sie tummeln sich gleichermaßen als amöbenhafte Badende auf Leinwänden.

Kaum bis gar nicht modelliert, meist allein durch ihre Umrisslinie definiert, in der Farbigkeit ungewöhnlich reduziert, lassen die Badenden etwa an Picassos Überlegungen zu einem Denkmal für Guillaume Apollinaire denken, an dem der Meister gleichzeitig arbeitete. Ein Motiv aus dessen 1916 erschienenem *Le Poète assassiné* aufgreifend, wollte Picasso für den 14 Jahre zuvor gestorbenen Freund ein „Denkmal aus Nichts, aus Leere" schaffen. Angereichert mit einem Seitenblick auf den Kollegen Alexander Calder experimentiert er mit Drahtkonstruktionen, zeichnet förmlich im Raum, umschließt und begrenzt Leere durch ein feines Lineament. Die Leinwände werden entsprechend sehr flächig angelegt. Eine Horizontlinie wird gezogen, über und unter der sich, umrisshaft gezeichnet und gleichmäßig koloriert, das Personal in Ferienlaune bewegt.

Es ist ein durchaus vergleichbares Formen- und Motivrepertoire, dessen sich Picasso in den Jahren von etwa 1925 bis 1936 bedient. Neben den anfänglich beschwingt leichten Szenen am Strand wird es von Marie-Thérèse Walter beherrscht, die sitzend, liegend, lesend, schlafend und vor allem in großem Wiedererkennungswert gezeigt wird. Im Profil geht der Nasenrücken direkt in eine hohe Stirn über, am Hinterkopf ein blonder Haarschopf, die Brüste prall wie kugelrund. Er bemühe sich stets, die Natur nicht aus den Augen zu verlieren, erklärt Picasso seinen Zugang zum Surrealismus. „Mir geht es um Ähnlichkeit, die realer ist als die Realität und so das Surreale erreicht." Und so gelangt Marie-Thérèse in *Le Sauvetage*, als Gerettete und als Retterin, zu Wasser und zu Lande, gleich dreimal ins Bild. Das heitere Geplantsche der früheren Jahre ist zugleich um eine gefahrvolle Dimension reicher geworden – formal bekommen die ehemals weichen Rundungen nahezu aggressive Ecken und Kanten.

Doch auch im wirklichen Leben spitzt sich die Situation zu. Die amourösen Verstrickungen zwischen Ehefrau Olga und der Geliebten – später sollte mit Dora Maar (1907–1997) noch eine dritte Kandidatin hinzukommen – hatten den narzisstischen Meister in eine Krise schlittern lassen. Die Weltwirtschaft schlittert ihrerseits, und der Faschismus breitet sich zunehmend aus. Diese Entwicklung kulminiert dann in Picassos Œuvre wie als sinnbildhaftes Schlüsselwerk der Zeit überhaupt 1937 in *Guernica*. DG

Die Rettung, 1932
(Le Sauvetage)
Öl auf Leinwand, 130 x 97,5 cm
Basel, Fondation Beyeler

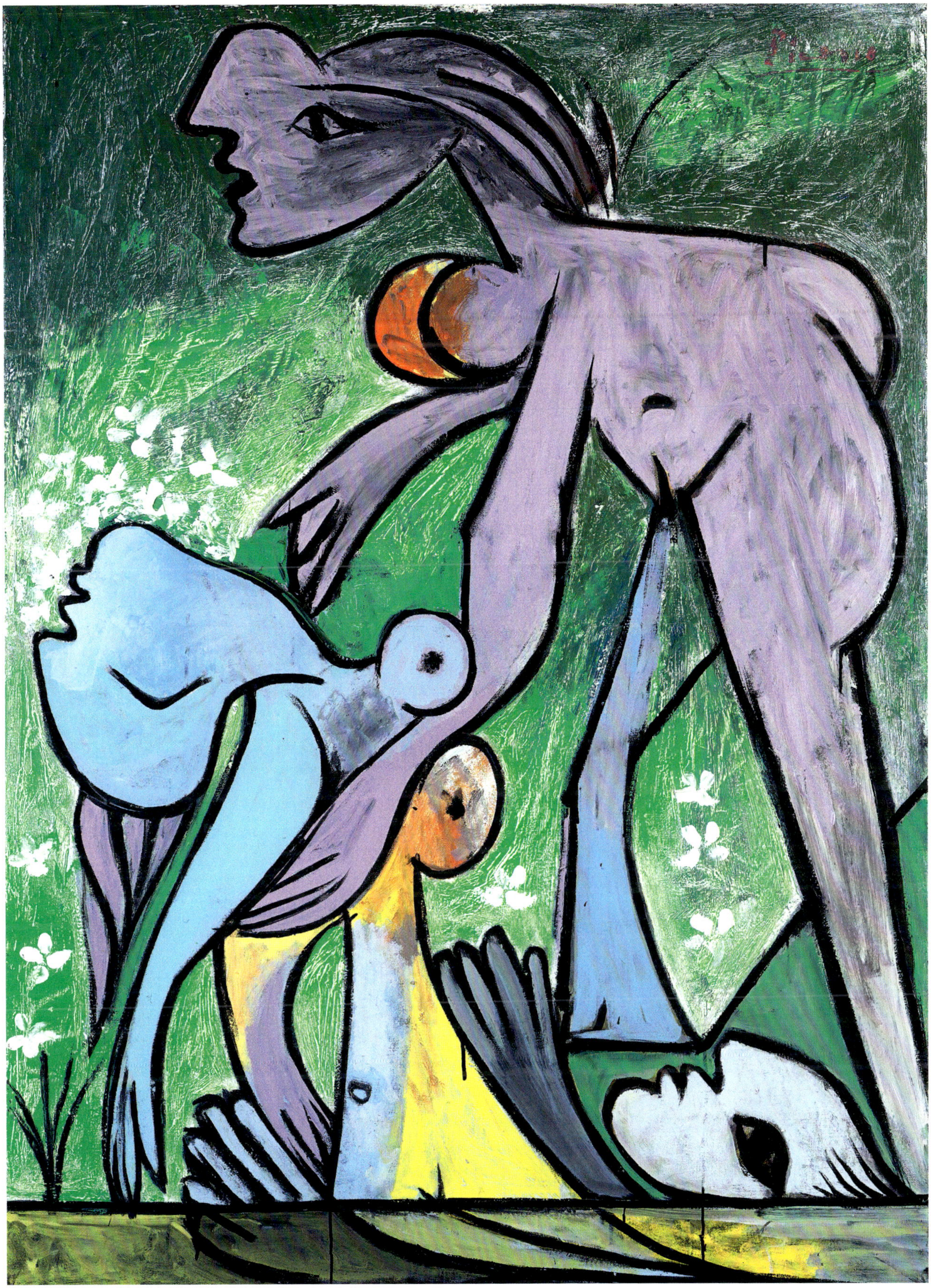

Anmerkungen

1 Green 1991, S. 243; das Eingangszitat S. 20 **2** Aragon, 2015, S. 79, S. 76 **3** Baudelaire, Leipzig 1990, S. 300 **4** Frisch, zit. n. Kat. *Die Erfindung von Paris*, 2018, S. 240 **5** Stein, 2006, S. 272 **6** Hemingway, 2011, S. 283 **7** Stein, *2006*, S. 301 **8** Zit. n. Hörner, 1998, S. 136 **9** Zit. n. Harrison/Wood (Hg.), 2003, S. 326 **10** Morand, 2011, S. 173 **11** Ebd., S. 126 **12** Zit. n. Stein, 2017, S. 293 **13** Valéry, 2011, S. 28 **14** Zit. n. Hammond/O'Connor, 1992, S. 116 **15** Zit. n. Lottman, 1999, S. 430 **16** Ebd., S. 424 **17** Colette, 2017, S. 94

Literatur

Braude, Mark, *Kiki Man Ray. Kunst, Liebe und Rivalität im Paris der 20er Jahre*, Berlin 2023

Couples modernes, Ausst.-Kat., Centre Pompidou-Metz, 2018

Dada, Ausst.-Kat., Centre Pompidou, Paris 2005

Die Erfindung von Paris, Ausst.-Kat., Deutsches Literaturarchiv Marbach, 2018

Hammond, Bryan/O'Connor, Patrick, *Josephine Baker. Die schwarze Venus*, München 1992

Harrison, Charles/Wood, Paul (Hg.), *Kunst/Theorie im 20. Jahrhundert*, Ostfildern/Ruit 2003

Hörner, Unda, *Die realen Frauen der Surrealisten. Simone Breton, Gala Éluard, Elsa Triolet*, Frankfurt (Main) 1998

Neolithische Kindheit. Kunst in einer falschen Gegenwart, ca. 1930, Ausst.-Kat., Haus der Kulturen der Welt, Berlin 2018

Pionnières. Artistes dans le Paris des années folles, Ausst.-Kat., Musée du Luxembourg, Paris 2022

Une aventure moderne. Union des artistes modernes, Ausst.-Kat., Centre Pompidou, Paris 2018

Weiss, Andrea, *Paris war eine Frau*, Berlin 2015

Dokumente der Zeit

Aragon, Louis, *Der Pariser Bauer*, Frankfurt (Main) 4. Aufl. 2015

Baudelaire, Charles, *Der Künstler und das moderne Leben. Essays*, Leipzig 1990

Colette, *Diese Freuden*, Frankfurt (Main) 2017

Green, Julien, *Treibgut*, München/Wien 1991

Hemingway, Ernest, *Paris – Ein Fest fürs Leben*, Reinbek bei Hamburg, 3. Aufl. 2011

Lottmann, Herbert, *Colette. Eine Biographie*, Frankfurt (Main) 1999

Morand, Paul, *Die Kunst, Chanel zu sein. Coco erzählt ihr Leben*, München, 6. Aufl. 2011

Stein, Gertrude, *Autobiographie von Alice B. Toklas*, Zürich/Hamburg 2006

Stein, Gertrude, *Das große Lesebuch*, Frankfurt (Main) 2017

Valéry, Paul, *Monsieur Teste*, Frankfurt (Main) 2011

Copyright

Künstlerporträts

S. 40 *Brancusi* (Detail), 1914, Centre Pompidou, Paris (CP); S. 48 Florence Henri, *Sonia Delaunay* (Detail), um 1932, CP; S. 52 Berenice Abbott, *Eugène Atget* (Detail), 1927, Privatsammlung; S. 66 René Saint Paul, *Paul Colin* (Detail), um 1963; S. 70 Man Ray, *Lee Miller* (Detail), um 1930, CP; S. 78 Rogi André, *Fernand Léger* (Detail), CP; S. 80 Annelise Kretschmer, *Florence Henri*, um 1932, CP. S. 88 André Vigneau, *Selbstporträt* (Detail), 1930-1940, Bibliothèque historique de la Ville de Paris

Fotonachweis

Der Verlag dankt den Archiven, Museen, Privatsammlungen, Galerien und Fotografen für ihre freundliche Unterstützung bei der Realisierung des Buches und die Bereitstellung der Bildvorlagen. Falls nicht anders erwähnt, stammen die Reproduktionsvorlagen aus dem Archiv des Verlages. Neben den in den Bildlegenden genannten Institutionen und Sammlungen seien hier besonders erwähnt: Photo by Berenice Abbott/Getty Images: S. 26; Adagp Images, Paris/Scala, Florenz: S. 55; akg-images: S. 23, 29, 37, 59; Albertina, Wien: S. 13; Architectural Press Archive/RIBA Collections: S. 83; © Archives Charmet/Bridgeman Images: S. 19; Foto: Archives Charlotte Perriand/Adagp Images: S. 24; BnF, Bibliothèque nationale de France: S. 49 o., 49 u., 89; bpk/adoc-photos: S. 68 o.; bpk/Rheinisches Bildarchiv Köln/Sabrina Walz: S. 23; bpk/The Metropolitan Museum of Art: S. 8; bpk/Staatsgalerie Stuttgart: S. 12; Bridgeman Images: S. 20 u., 87; Buffalo AKG Art Museum/Art Resource, NY/Scala, Florenz: S. 51; Photo © Centre Pompidou, MNAM-CCI, Dist. RMN-Grand Palais: Image Centre Pompidou, MNAM-CCI (S. 25 r., 35, 40, 45, 80), Georges Meguerditchian (S. 47, 78), Guy Carrard (S. 48, 70), Bertrand Prévost (S. 77, Umschlagvorderseite), Adam Rzepka (S. 93); Christie's Images, London/Scala, Florenz: S. 10; ClassicStock/Alamy Stock Foto: S. 4; © Collection Hans-Michael Koetzle. Reproduction Hans Döring: S. 30; DeAgostini Picture Library/New Picture Library/Scala, Florenz: S. 75; © Fine Art Images/Heritage Images: S. 25 l.; Fondation Beyeler, Riehen/Basel, Sammlung Beyeler, Foto: Robert Bayer: S. 95; Photo: F.L.C./Adagp Images: S. 85 o.; © Foundation Le Corbusier (F.L.C.), Foto: Marius Gravot: S. 85 u.; General Photographic Agency/Hulton Archive by Getty Images: S. 63; © Grands Magasins de la Samaritaine, Maison Ernest Cognacq: S. 57; Granger/Bridgeman Images: S. 18, 42, 46, 62 o.; © Jersey Heritage Trust/Bridgeman Images: S. 31; The Metropolitan Museum of Art, New York, © 1985/90 by the Metropolitan Museum of Art Museum of Art: S. 16; Photo © Ministère de la Culture – Médiathèque de l'architecture et du patrimoine, Dist. RMN-Grand Palais: S. 15; © Minneapolis Institute of Art/Gift of Mr. and Mrs. Donald Winston and an anonymous donor/Bridgeman Images: S. 17; Musée de la Publicité, Paris: S. 20 o.; Digital image: Museum Associates/LACMA/Art Resource NY/Scala, Florenz: S. 22; Digital image: The Museum of Modern Art, New York/Scala, Florenz: S. 53, 61; © National Museum of Ireland: S. 65; Philadelphia Museum of Art: The Samuel S. White 3rd and Vera White Collection, 1957, 1957-49-1 (S. 11), Bequest of Lisa Norris Elkins, 1950, 1950-92-9 (S. 39), The Louise and Walter Arensberg Collection, 1950, 1950-134-17 (S. 41); photo-fox/Alamy Stock Foto: S. 2, Umschlagrückseite; Privatsammlung: S. 21, 52, 71; PVDE/Bridgeman Images: S. 28, 76; Photo © RMN-Grand Palais: Michèle Bellot (S. 14), Brassaï/RMN (S. 6), Musée de l'Orangerie/Hervé Lewandowski (S. 9, 43), Musée Fernand Léger/Gérard Blot (S. 79); © René Saint-Paul. All rights reserved 2024/Bridgeman Images: S. 66; © Scala, Florenz/The Philadelphia Museum of Art/Art Resource: S. 33; Science History Images/Alamy Stock Photo: S. 7, 27; Photograph Courtesy of Sotheby's, 2008, Quillan Collection (Courtesy Jill Quasha, New York): S. 81; The Stapleton Collection/Bridgeman Images: S. 67; © Tallandier/Bridgeman Images: S. 34; © André Vigneau/BHVP/Roger-Viollet: S. 88

Impressum

TASCHEN ARBEITET KLIMANEUTRAL.
Unseren jährlichen Ausstoß an Kohlenstoffdioxid kompensieren wir mit Emissionszertifikaten des Instituto Terra, einem Regenwaldaufforstungsprogramm im brasilianischen Minas Gerais, gegründet von Lélia und Sebastião Salgado. Mehr über diese ökologische Partnerschaft erfahren Sie unter: www.taschen.com/zerocarbon
Inspiration: grenzenlos. CO2-Bilanz: null.

Stets gut informiert sein: Fordern Sie bitte unser Magazin an unter www.taschen.com/magazine, folgen Sie uns auf Instagram und Facebook oder schreiben Sie an contact@taschen.com.

Hohenzollernring 53, D–50672 Köln
www.taschen.com

Projektmanagement: Ute Kieseyer, Köln
Design: Birgit Eichwede, Köln
Produktion: Tina Ciborowius, Köln

Texte: Daniela Gregori (DG),
Carolin Meister (CM), Rainer Metzger (RM),
Maik Novotny (MN), Manja Wilkens (MW)

Printed in Slovakia
ISBN 978-3-8365-6700-8